교사의 전문성 함양을 위한

교사론

교사의 전문성 함양을 위한 교사론

지 은 이 | 강성빈

초판1쇄 인쇄 | 2010년 9월 10일
초판1쇄 발행 | 2010년 9월 20일

펴 낸 이 | 김대성
펴 낸 곳 | 경성대학교출판부
출판등록 | 1985년1월28일 제331-1985-000001호
주　　소 | 부산광역시 남구 대연동 110-1
전　　화 | (051) 663-4195, 4196
팩　　스 | (051) 663-4199
홈페이지 | www.ks.ac.kr/~press

잘못된 책은 구입하신 서점에서 바꾸어 드립니다.

ISBN 978-89-7314-221-7 (93370)

교사의 전문성
함양을 위한

교사론

강 성 빈 지음

경성대학교 출판부

머리말

교사론 책을 집필하기로 결정하고, 제일 먼저 생각한 것은 어떤 구도로 책을 만들까하는 것이었다.

한 사람의 교사로서 행복한 삶을 영위하는데 일조하도록 구성할까 했는데, 현재의 나로서는 역부족인 상황이었다. 차선책으로 생각한 것이 '교육은 삶이다'라는 명제를 바탕으로, 교사의 삶에서 상호작용하는 요인들을 추출하여 구도를 짜기로 하였다. 그래서 추출한 요인은 학생, 학부모, 학급·학교, 교사, 사회·문화의 다섯 요인이며, 이를 <표>로 나타내면 다음과 같다.

<표> 교사가 상호작용하는 다섯 요인

	학생	학부모	학교·학급	교사			사회·문화
				교사자신	동료교사	관리자	
교사							

구체적으로는, 한 사람의 교사가 위 다섯 요인과 상호작용하는 상황에서, 각 상호작용의 상황을 분석할 수 있고, 그럼으로써 각 상황에서 바람직한 교사의 능력을 갖출 수 있으며, 결국, 이러한 능력을 갖춤으로써 교사로서의 전문적 능력을 함양시킬 수 있도록 구성하였다.

교사의 전문적 능력함양에 도움이 될 수 있도록 하기 위해, 각 장 혹은 절의 후반부에 '생각시루에 물주기'를 첨부하였으며, 책 말미에 각 '생각시루'를 모두 합하여 '생각시루를 바탕으로 한 교사의 전문성 함양 평가지표'를 제시하였다. 물론, 평가지표는 '~를 할 수 있다'는 능력동사로 표현하였다.

항상, 그리고 삶이 그렇듯이, 막상 출간을 앞두고 부족함을 바라보면서, 부끄러움이 앞선다. 미래라는 존재에 이 부끄러움을 맡겨본다.

책이 나오기까지 많은 분의 도움이 있었다. 같은 학과 김희복 교수님은 또래집단과 학교의 압박요인과 학교 밖의 유인요인, 그리고 교육과 법에 관한 자료를 수집하는데 도움을 주었고, 우정기 교수님은 교사와 학교의 상호작용을 구성하는데 아이디어를 제시해 주었다. 강성미 교장선생님은 근무평정과 성과급여제에 관한 자료를, 이균제 교장선생님은 관리자로서 기대하는 바람직한 평교사상에 관한 인터뷰에, 이숙희 선생님은 Neis, 학생생활기록부, 교원능력평가제 및 2007 개정 교육과정과 2009 개정 교육과정의 차이에 관한 자료와 평교사로서 기대하는 바람직한 관리자상에 관한 인터뷰에 응해주었다. 학부모로서 김은숙님은 학부모에게 어필할 수 있는 책의 구도를 제시하였고, 홍경희님은 학부모의 요구를 확인해 주었다. 학부 황유배군과 이동용군은 특히 4장과 5장의 자료를 수집하고 정리하는데 수고 하였다. 이 분들의 도움이 없이는 이 책이 빛을 보기 어려웠을 것이다.

기꺼이 책의 출판을 맡아준 경성대학교 출판부와, <표>가 많아 편집의 껄끄러움에도 불구하고 애써주신 편집부 여러분께도 감사의 마음을 전한다.

2010년 여름, 광안리 바닷가에서

신뢰받는 공교육의 중심에 서 있을 수 있는 교사상을 기대하며

저자 드림

차례

제1 장

교사와 학생의 상호작용

제1장의 짜임 : 핵심내용, 학생의 특성 파악, 그리고 수업

〈핵심 내용〉

첫째, 교사가 학생이 상호작용하는 상황을 분석할 수 있고,
둘째, 이 상황에서 바람직한 교사의 능력을 갖출 수 있으며,
셋째, 결국, 이러한 능력을 갖춰 교사의 전문성을 함양할 수 있다.

교사와 학생의 상호작용 장면을 분석하여, 이를 그림으로 나타내면 다음과 같습니다.

1) 학생의 특성을 파악한다.
2) 수업한다.
3) 교실 밖에서 학생과 만남을 갖는다.

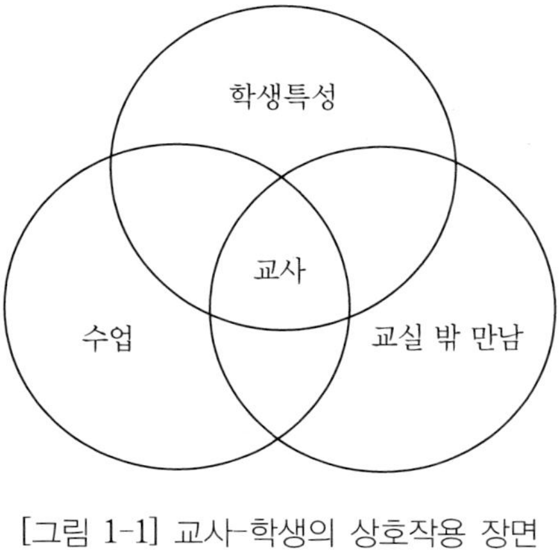

[그림 1-1] 교사-학생의 상호작용 장면

위 상호작용 장면 중에서, 제1장은 학생의 특성을 파악하는 장면과 수업장면을 다루고 있습니다.

<학생의 특성 파악>

교사가 학생의 특성을 올바르게 파악하는 것은 교사가 행복해질 수 있는 길 중의 하나입니다. 거꾸로, 학생의 특성을 제대로 파악하지 못하고 행복해할 수 있는 교사를 상상해 보십시오.

학생의 특성을 파악하고 난 후, 교사가 학생이 행복해질 수 있도록 도와주면, 그 교사도 행복해질 수 있습니다. 그러니까, 학생 특성 파악 ⇒ 학생을 도움 ⇒ 교사 행복의 논리입니다.

먼저, 학생의 특성을 파악하기 위해 학생이 상호작용하는 요인을 살펴보면 다음과 같습니다.

<표 1-1> 학생이 상호작용하는 요인들

	자기 자신	가정	교우	교사·수업	학교	사회·문화	기타
학생							

위 표에 의거하여, 제1장은 1-1. 학생-자기 자신, 1-2. 학생-가정, 1-3. 학생-교우, 1-4. 학생-교사/수업, 1-5. 학생-학교, 1-6. 학생-사회/문화의 상호작용을 살펴보면서, 각 상호작용에서 학성의 특성을 파악하고, 이런 특성에 교사가 무엇을, 그리고 어떻게 대처해야 하겠는지를 성각해보도록 구성하였습니다.

<수업>

한편, 수업장면은 1-4. 학생-교사 상호작용에서 살펴봅니다.

1-1. 학생 - 자기 자신

학생은 다음과 같은 장면에서 자기 자신과 상호작용합니다.

제 2인생기의 불안정성 정도, 신체적/정신적 건강상태, 장애의 종류와 정도, 성장도, 외모, 성숙도, 성격, 사회성, 사고방식, 도덕성, 자살, 비행, 지능, 자아정체감, 불안감, 소외감, ADHD, 약물 남용의 중독성, 흡연/음주, 성(性), 장래 진로, 좋아하는 것, 싫어하는 것, 능력, 공부, 꿈(희망)

위 각 요인에서 학생들이 나타내는 정도는 다양하며, 각 요인을 조합한 경우의 수를 따진다면, 실로 학생들은 학생들의 얼굴만큼이나 다양하며, 각 학생은 60억 인구 중에서 유일하게 독특한 존재인 것입니다.

그러니까 총칭으로서의 학생은 다양하며, 개인으로서의 학생은 독특(unique)합니다.

교사는 이렇게 서로 다르게 다양하면서도, 독특한 학생들과의 만남에서, 학생들을 대하는/도와주는 형태도 다양하고 독특해야 하겠죠?

다양함과 독특함에 관해, 직업의 종류를 잠시 살펴봅시다. '2003 한국직업사전'에 의하면, 한국에서 직업의 종류는 10,000여 가지라고 합니다. 이것도 예를 들면, 교사직종을 세분화하지 않고 즉, 초등과 중등의 구분이 없고, 교과목별로도 구분 하지 않은 채, 하나의 직종으로 분류한 조사보고입니다.

33년을 근무한 선생님이 매년, 35명인 학급 담임을 맡으면, 1155명의 담임교사 역할을 하겠죠. 중등의 경우, 교과수업을 위해 담임학급을 포함해서 다섯 학급에서 학생들과의 만남을 갖는다면, 35명 × 5학급 × 33년 = 5,775명입니다.

한 교사로서 평생 만나는 학생수보다 더 많은 직업의 종류가 있는 것이지요. 지금 이 다양한 직종에 근무하는 성인들은 과거 학교를 다녔고, 담임선생님과 교과담당 선생님과의 만남을 가졌습니다. 각 성인이 과거 그 때 학생이었을 때, 자신의 다양성과 독특함을 이해하고 계신 선생님과의 만남을 가졌다면 좋았겠죠. ……

이런 좋은 일이 일어날 가능성을 높이기 위해 제목에 '청년' 또는 '청소년'이라는 단어가 포함된 책, 보고서 등을 권합니다. 말이 아닌 문자로 된 글을 일컫는 겁니다. 예를 들면, 정영숙 등이 2009년에 번역한 '청소년 심리학 제12판(시그마프레스)' 등입니다.

여자고등학교를 졸업한 한 학생이 여고시절 자기 자신과의 상호작용을 회상하며 쓴 '깨어 있는 것 자체가 고통이었다'를 소개하면서, 교사의 학생에 대한 관심도 다양하고 독특해야 함을 다짐해 봅니다.

나는 여고시절을 동경했었다. 아름답고, 꿈많고, 운치있고, 낭만과 문학을 얘기하는 화

기애애하면서도 진지한 그런 생활을 그려왔었다. 그러나 내 상상이 너무 비현실적인 탓이었을까? 나의 기대는, 입학 첫날부터 있는 10시까지의 자율학습을 시작으로 깡그리 무너지기 시작했다. 숨 돌릴 틈도 주지 않았다. 수업분위기는 살벌함 그 자체였고, 낯설움으로 인한 뜻밖의 삭막함은 내 숨통을 조이는 듯했다.
성적순으로 차례로 간부들이 임명되는 것을 보면서, 비로서 내가 싸움터에 나왔다는 사실을 인식하기 시작했다. 난 학교의 엄격한 규율에 무조건 복종하면서 경쟁에서 살아남기 위해 눈을 부릅뜨고 싸워야 했던 것이다. 난 내가 하고 싶은 그 무엇도 할 수 없었다. 난, 공부만 해야 했다. 난 두려웠고 용기가 나지 않았다. 난 무서웠다.
입학 초기부터 나는 절망과 회의에 빠지기 시작했다. 무엇으로 크게 한 방 얻어맞은 기분이었다. 내 가슴은 불만과 갈등, 억눌림으로 터질 것만 같았다. 중학교 때는 생각지도 못한 엄청난 등수로 밀려남이 거듭되면서 패배감, 열등감, 소외감으로 한없이 위축되어 갔다. 걷잡을 수 없는 혼란에 빠져 중학교식의 안이한 태도는 통할 수 없음을 느꼈을 때는 이미 늦은 시기였다. 어머니가 싸주시는 도시락조차 내게는 과분하다고 느낄 정도로 난 자신을 경멸하고 혐오했다. 그리고 정신적으로 끊임없이 나를 학대했다.
학교가 싫었다. 내게 있어서 학교생활은 말 그대로 '지옥'이었다. 내겐 희망이 없었다. 모든 것이 밉고 싫었다. 미칠 것만 같았고, 극단적으로는 죽고 싶다는 생각도 여러 번 했던 것이 사실이다. 나의 유일한 안식은 잠잘 때뿐이었다. 나에게는 깨어있는 것 자체가 고통이었다. ……
난 쉬고 싶었다. 여유를 가지고 싶었다. 나를 속박하고 괴롭히는 그 모든 것으로부터 자유롭고 싶었다. 그러나 내 주위의 그 누구도 그 무엇도 나를 도와주지 않았고, 나를 참고 기다려 주는 인내심을 가져 주지 않았다. 단지 시간이 나를 적응시켜 주기를 바랄 뿐이었다. 맘 편한 선생님과의 상담도 생각해 보았지만, 성적 부진으로 인한 자격지심으로 선뜻 용기가 나지 않았다. 그런 내게 담임선생님의 관심이 절실했지만, 선생님은 관심을 보여주지 않았고, 그런 선생님이 싫었다. 그때 그 선생님께서 담당하신 과목이 수학이었는데, 안 그래도 별 흥미가 없던 과목이 선생님으로 인해 더욱 싫어졌다.
그러던 중, 어느 날 내가 좋아하는 국어선생님을 통해 알게 된 시는 내게 나머지 고교생활에 적응할 수 있는, 앞으로 닥칠 많은 시련에 적응할 수 있는 평범한 진리를 가르쳐 주었다. 그 시를 소개하고 싶다.

-(새의 자유)-

……

이동순

이 시의 내면적 의미야 어떻든 간에, 난 이 시를 알고부터 내 생활의 변화를 가지기 시작했다. 그리고 새장은 어느새 낯익어 가고 있었다. 중요한 고 3 시기에 이르러서는 조금씩 변화하여 불완전하나마 내 열과 성의를 다할 수 있었다(강성빈, 1995, pp. 197-199). ……

생각시루에 물주기

<학생 - 자기 자신> 상호작용에서

☺ 학생의 특성에 관해 읽은 글을 열거해 보세요.
☺ 학생집단이 얼마나 다양한지 설명해 보세요.
☺ 개개 학생이 얼마나 독특한지 설명해 보세요.
☺ 학생이 당면할 수 있는 고뇌를 설명해 보세요.
☺ 교사로서 학생에게 줄 수 있는 관심의 종류/정도를 설명해 보세요.

1-2. 학생 - 가정

학생은 가정의 사회경제적상태(social economic status), 부모와의 관계, 형제자매와의 관계, 외동인 상황, 친척과의 관계, 가출, 가정폭력 등에서 상호작용합니다. 그런데, 요즘 이혼율의 증가(통계청, http://kostat.go.kr/. 혼인율과 이혼율)와 교통사고 사망자 발생에 따라 편부모인 상황도 있고, 소년/소녀 가장인 상황도 있죠. 앞의 상호작용 모두가 중요하나 그중 문제가 되고 있는 청소년 가출에 대해 살펴봅시다.

경찰청 자료(통계청, http://kostat.go.kr/. 2008 청소년통계.xls, 8.2)에 의하면, 2007년 가출청소년수는 12,240명으로, 우리의 청소년은 하루에 33.5명꼴로 가출하고 있습니다. 어제도, 그리고 오늘도, 또 내일도……

<표 1-2> 가출 청소년 현황 (단위 : 명)

	1997	1998	2000	2001	2002	2003	2004	2005	2006	2007
가출청소년	19,320	15,316	18,442	18,276	14,865	13,374	16,894	13,294	9,390	12,240

청소년 범위 : 2005년 이전(9세~20세미만), 2006년(실종아동법 시행 이후 14~20세미만)

한국청소년쉼터협의회(2007)의 가출청소년 및 청소년쉼터 실태 조사에 따르면, 쉼터를 찾은 가출청소년의 귀가 의사에 대한 응답이 '전현 원하지 않는다'가 29.7%, '별로 원하지 않는다'가 23.8%, '반반이다'는 20.7%, '매우 원한다'는 13.2%, '조금 원한다'는 12.7%로 나타났습니다. 가출청소년 중 가정으로 돌아가길 원하는 청소년은 약 1/4이고, 가정으로 돌아가길 원하지 않는 청소년은 약 1/2인 거죠.

첫 가출의 연령도 점차 낮아져가고 있습니다. 첫 가출시기는 13세 이하가 50.3%로 가장 높은 비중을 차지하고 있으며, 이어 14~16세가 39.5%, 17~19세가 9.9%입니다. 13세 이하의 첫 가출청소년 비율이 2004년 조사 때의 35%보다 15.3%가 높아진 것으로, 이들을 포함하면 우리의 청소년은 하루에 67명꼴로 가출하고 있는 것입니다.

가출의 원인 중에서 가정요인은 부모간의 불화, 부모의 지나친 간섭, 부모의 무관심, 부모의 폭행, 부모와의 갈등, 부모의 알코올 중독, 형제간의 간섭·폭행, 부모의 차별, 경제적 어려움 등이고요(p. 71).

청소년 쉼터 입소 전에 잠을 해결한 곳으로는 친구·지인집, 피시·만화방, 찜질방, 아파트 계단·옥상·지하실, 놀이터·공원, 다른 수용시설, 종교기관, 여관·모텔·여인숙, 기타 등입니다(pp. 78-79).

어렵지 않게 짐작할 수 있는 일인데, 가출에는 폐해가 동반됩니다.

'생존형 범죄'인 금품갈취, 절도 등이 증가하고, 이에 따른 폭행이 수반되겠죠. 성범죄에 노출될 가능성이 높아지고, 여기에 감염, 임신, 출산, 낙태 등이 뒤따르겠죠. 자살시도도 더욱 빈번해 집니다.

쉼터 거주 가출청소년의 경우, 가출경험 6회 이상이 65.1%라는데, 머리 뉘어 쉬면서 잘 곳을 찾아야 하는 이들의 고뇌에, 공교육의 주요 역할자인 학교와 교사가 어떤 도움을 줄 수 있고 또한, 주어야 하겠습니까.

생각시루에 물주기

<학생 - 가정> 상호작용에서

☺ 학생이 당면할 수 있는 고뇌를 설명해 보세요.
☺ 위 고뇌에 교사가 도움 줄 수 있는 방법을 설명해 보세요.

1-3. 학생 - 교우

학생이 교우와의 상호작용에서 형성되는 것은 또래집단(peer group)이고, 이 외에 집단따돌림(왕따), 학교폭력, 불량서클 등의 상황이 있습니다.

또래집단은 청소년기에 중요한 기능을 합니다.

아동기 초기에는 부모와의 관계에 큰 비중을 두지만, 성장할수록 또래와의 관계를 중요시 하게 되고, 특히 아동기와 청소년기에 맺은 또래관계는 이후의 성격 발달과 사회적 발달에도 커다란 영향을 미칩니다(위키백과, 2009, '또래집단'). "청소년기에는 대다수의 청소년들이 소집단이나 또래집단의 구성원이 되기를 원하는데, 또래집단은 그 구성원에게 고유한 안정감과 지지를 부여함으로써 청소년들의 불확실한 자아의식에 편안함을 주며 또한, 또래집단 내에서의 사회적 상호작용을 통해 행동규범과 가치를 발달시킵니다(이희연, 1994, p. 156)". 정재걸(이희연, 1994, pp. 156-157에서 재인용)은 청소년 또래집단의 기능을 다음과 같이 분류하고 있습니다.

① 청소년들의 또래집단은 청소년들 개개인을 가족으로부터 독립시키는 개체화, 분리화의 과정을 돕는다.

② 또래집단은 사회화의 기능을 한다. 청소년들의 또래집단은 남과의 대등한 관계에서 인간관계를 맺어볼 수 있는 유일한 곳으로, 청소년들은 또래집단 속에서 자신의 주장을 관찰시켜보기도 하고, 다른 친구의 주장에 굴복하기도 하며, 서로 타협해 나감으로써 장차 시민사회 성원으로서의 자질을 배우는 사회화의 기능을 담당한다.

③ 또래집단은 유희성의 충족기능을 한다. 청소년 또래집단은 학생들의 삶 속에 잠재되어 있는 유희성을 충족시켜 그들의 삶을 보다 윤택하게 만들어 준다.

④ 또래집단은 정보의 확인기능을 한다. 청소년들이 정보를 얻는 통로는 교사, 부모, 매스컴 등 다양하다. 그러나 학습과 관련된 정보를 제외한 일체의 정보는 또래집단의 준거를 통해 수용되거나 혹은 배제된다. 청소년들은 어른들이 하는 이야기나 매스컴에서 얻은 지식의 타당성을 같은 집단의 성원으로 이루어진 또래집단을 통해 확인하게 된다.

이들에게 인기 있는 학생은 어떤 특성의 학생일까요? 오래된 자료이지만, 고등학교 2학년 학생들을 대상으로 '인기 있는 학생의 특성'을 조사한 것이 있습니다(민무숙, 1993, pp. 36-38).

<표 1-3> 인기 있는 학생의 특성 (N=792) (단위 : %)

항목	여학생의 특성			남학생의 특성		
	전체	남자	여자	전체	남자	여자
공부 잘 하는 아이	10.2(4)	6.4	13.1	16.5(5)	11.0	20.9
부자집 아이	4.2	5.3	3.0	7.8	3.9	11.2
얼굴이 예쁜 아이	54.8(2)	86.4	30.4	43.5(3)	25.2	61.1
운동을 잘 하는 아이	2.8	1.3	3.7	26.5(4)	21.0	31.6
힘센 아이	1.8	1.3	2.2	7.9	7.4	8.2
성격 좋은 아이	64.9(1)	48.2	77.4	64.6(1)	61.5	67.2
미술/음악 잘 하는 아이	8.8(5)	8.3	9.0	8.6	5.5	11.6
아이들을 재미있게 하는 아이	44.8(3)	16.3	65.9	51.8(2)	56.8	46.9

* 복수응답이므로 전체 합계가 100%를 넘음.
* ( )의 수치는 5위까지의 빈도수 순위임.

응답한 남녀의 평균으로 보면, 남녀 공히 '성격 좋은 아이'가 가장 인기 있군요. 남들로부터 성격 좋다는 말 듣기가 뜻대로 되는 것은 아니지만 어쨌든, 성격 좋고, 유머감각 있고, 잘 생기고, 운동·미술·음악에 능력 있고, 공부 잘하는 아이들은 정도의 차이는 있지만 인기가 있다고 조사됐네요.

무릇 세상 모든 현상이 그렇지만, 장점·단점, 좋음·나쁨, 인기·비인기가 동전의 앞뒷면 같이 동시에 존재하는 거죠. 그러니까 숙명적으로 교사는 성격, 유머감각, 생김새, 운동·미술·음악, 공부 등에서 정도의 다양성을 나타내는 각각의 모든 학생들을 도와주어야 하겠죠. 인기 있는 학생은 인기 있는 대로, 인기 없는 학생은 또 인기 없는 대로 어떻게 도와주어야 할까요?

또한 알아두어야 할 것은 또래집단 내에서 친구에 대한 친밀감과 신뢰성은 매우 강한 편으로, 고민 또한 대부분 소속 집단 내에서 해결하게 된다는 것입니다.

통계청의 사회통계조사보고서에 의하면, 거의 대부분의 학생들은 고민이 있고(고민이 없는 문제상황의 학생들도 5%임), 이들의 고민상담 대상은 선생님이 1%, 친구·동료가 49.9%로 나타나 있습니다. 굳이 비율로 따지자면 선생님의 50배인 것이죠.

<표 1-4> 청소년 고민상담 대상 (단위 : %)

	계	고민있음										고민없음
		부모	형제자매	친구동료	선후배	스승	청소년상담가	스스로해결	성직자	기타	계	
15-24세	100	18.0	5.6	49.9	2.3	1.0	0.1	17.2	0.4	0.4	95.0	5.0

생각시루에 물주기

<학생 - 교우> 상호작용에서

☺ 또래집단의 기능을 설명해 보세요.
☺ 손가락질/눈총 받는 학생을 도울 수 있는 방법을 제시해 보세요.
☺ 학생이 고민을 선생님과 나누게 할 수 있는 방법을 제시해 보세요.

1-4. 학생 - 교사

1-4-1. 학생과 교사의 차이

학생 - 교사의 상호작용은 '학생과 교사의 차이', '교사의 인품', 그리고 '수업'의 세 가지 측면에서 살펴보겠습니다.

학생집단과 교사집단은 배우는 자와 가르치는 자, 미성년자와 성인이라는 점에서 다른데, 또 다른 한 가지는 걸러지지 않은 집단과 걸러진 집단이라는 차이입니다.

먼저, 각급 학교별 학생수와 교원수를 알아봅시다(교육과학기술부, 2009).

초·중등·특수학교의 학생 747만 여명은 우리 사회가 지닌 전체 학생수 그대로입니다.

그러나 이에 상응하는 교원 41만 여명은 사회의 구성원 중에서 일정한 기준에 의해 걸러진 사람들입니다. 2급 정교사의 경우, 교육대학이나 사범대학 혹은 교직과정을 이수하여 교원자격증을 발급받은 후, 국·공립의 경우에는 현재 3차에 걸친 임용고시에 합격해서 교사로 발령받은 집단입니다.

<표 1-5> 각급 학교별 학생수와 교원수

		학교수	학생수	교원수
초등학교		5,829	3,474,395	175,068
중학교		3,106	2,006,972	109,075
고등학교	일반계	1,534	1,484,966	88,997
	전문계	691	480,826	36,077
특수학교		150	23,720	6,793
합계		11,310	7,470,879	416,010

어렵지 않게 짐작할 수 있는 일이지만, 한 사회에서 일정한 기준에 의해 걸러진 집단은 기준의 성격에 따라 걸러지는 과정에서 사회전체의 특성이 아닌, 사회의 부분적인 특성을 지니게 됩니다. 그러니까 사회전체의 특성이 반영된 학생집단과 사회전체의 특성 중, 일부분의 특성을 지닌 교사집단의 만남이 이루어지는 것입니다.

일정한 특성을 지닌 집단은 그 특성의 눈으로 사물과 현상을 보는 경향이 생깁니다. 그러니까 교사가 학생을 보는 눈도 자칫 이 일정한 특성을 지닌 채 보게 되는 것이지요. 학생집단은 그 특성을 지니지 않았는데 말입니다. 이 현상을 '특성과 비특성의 필연적 만남'이라고 규정해 놓도록 하죠. 어떻게 하면, 특성의 눈을 지닌 채로, 비특성의 존재를 더욱 잘 이해하고 도와줄 수 있겠습니까?

학생과 교사의 만남은 개인과 집단이라는 요인에 따라 다음과 같이 4종류로 분류할 수 있습니다. 즉, 학생개인과 교사개인, 학생집단과 교사개인, 학생개인과 교사집단, 그리고 학생집단과 교사집단의 만남입니다.

개인교사의 입장에서 볼 때, 학생집단을 대하는 것은 '1-1. 학생-자기 자신'에서 살펴봤듯이, 다양성의 측면이고, 개인학생을 대하는 것은 독특함의 측면입니다. 또한, '특성과 비특성의 필연적 만남' 측면에서 교사집단은 비특성의 학생집단을 대하고 있는 것입니다. 한편, 개인학생의 입장에서는 여러 교사 즉, 교사집단과의 만남을 갖게 되는 것이지요.

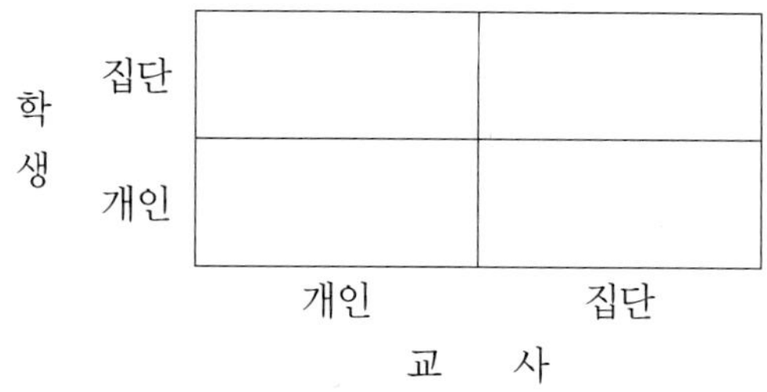

[그림 1-2] 개인과 집단 요인에 따른 학생-교사 만남의 4종류

1-4-2. 교사의 인품

교사의 인품은 몇 가지 다른 용어로도 불리는데, 인격, 성품, 성격, 인성 등이 그것이고, 이것이 중요한 이유는 학생과의 만남에서 무엇인가 필수적인 역할을 수행하기 때문입니다.

오늘날 교사에게 기대하는 최우선의 교사상이 '효율적 학습지도'인 것과는 달리(강성빈, 2009), 약 30년 전에는 최우선의 기대 교사상이 '교사의 인품'이었습니다.

김정자(1985)가 1980년대에 연구한 '중등학교 학생이 바라는 바람직한 교사의 자질'에서 기대순서는 인성·성격(33.8%), 교육관·교육방법(25.6%), 교육기술·교수법(22.2%), 기타(7.4%), 교양(6.2%), 용모(4.8%)의 순으로 나타났었습니다.

그러니까 시대구간을 1970~2000년대로 설정할 때, 과거로 갈수록 교육관과 교사의 인품을 상대적으로 더 강조하고 있는 반면, 현재에 가까울수록 수업기술을 더욱 강조하는 추세인 것이지요. 효율적 학습지도에 관해서는 다음 '1-4-3. 수업'에서 보다 자세히 알아보겠습니다.

그런데 이 교사의 인품이라는 것이 학교현실에서 왕왕 문제가 됩니다.

김대유(1995, pp. 24-35)는 1993년에 4백여 명의 남녀 중·고생을 대상으로 '아이들에게 스트레스를 유발하고 마음의 상처를 주는 교사들의 일상적인 행동과 말 습관'을 조사했는데, 이를 표로 나타내면 다음과 같습니다.

<표 1-6> 교사의 긍정적/부정적 행동

교사의 행동	
부정적 행동	긍정적 행동
• 사소한 일에 지나치게 감정 표현을 하고, 체벌을 가한다. • 자기 기분에 따라 아이들을 대하는 태도가 달라진다. • 자주 토라지고, 조그만 일에도 신경질을 낸다. • 말을 함부로 하고, 잘난 척한다. • 아이의 자존심을 무시하고, 여러 아이들 앞에서 망신을 준다. • 숙제검사할 때, 건성건성 사인만 해 준다. • 볼을 꼬집거나, 머리를 툭툭 친다. • 머리를 사정없이 가위로 자른다. • 외모를 갖고 약점을 잡는다. • 교과서에 자습서 내용을 베껴서 그냥 읽어 준다(걸어 다니는 자습서). • 자기 고상하던 옛시절 이야기를 장황하게 늘어 놓는다. • 요새 아이들은 버릇없다고 늘 세대 탓만 한다. • 차별대우가 심하다. • 엉덩이, 어깨 등 몸을 함부로 만진다(남학생들조차 아주 싫어함). • 플라스틱 자, 책, 출근부 등을 이용하여 구타한다. • 잘못을 추궁하다 말이 막히면, 말대꾸한다고 몰아부친다. • 걸핏하면 따귀를 때리고 손찌검을 한다. • 대걸레 자루 등을 부러뜨리며 힘을 과시한다. • 성적을 갖고 인격을 매도하며, 심지어 부모까지 들먹인다. • 배우자나 자녀에 대한 자랑을 늘어 놓는다(대체로 여교사가 심함). • 외설적인 이야기나 술자리 경험담을 거리낌없이 털어 놓는다(남교사가 심함). • 남자는 도둑질 빼 놓고 다 해 보아야 한다는 등 시대에 맞지 않는 논리를 편다. • 남존여비의 관습에 늘 젖어 있다. 여자를 경	• 인사를 잘 받고, 칭찬을 많이 한다. • 실수를 시인하며, 이해를 부탁한다. • 대화를 통해 문제를 풀어 나간다. • 인신 공격보다는, 1대 1의 상담을 통해 잘못을 바로 잡는다. • 결과만 추궁하지 않고, 과정을 밝혀 조치한다. • 적절한 꾸중으로 분위기를 잡느다. • 친구와 싸울 때, 이해하도록 설득한다. • 미래에 대한 정보를 재미있게 알려준다. • 유익한 경험담을 차근차근 얘기해 준다. • 사소한 일에도 관심을 보여주며, 친근미가 넘친다. • 권위 의식보다는 함께하려는 의지를 보여준다. • 적당히 유머가 있고, 흥미 있는 수업을 한다. • 감명 깊은 책을 권하거나, 유익한 영화 이야기를 적당한 때 해준다. • 학급 행사에 관심을 보여준다. • 성적부진을 몰아세우기보다는 격려를 아끼지 않는다. • 늘 미소 띤 모습으로 대해준다.

교사의 행동	
부정적 행동	긍정적 행동
멸한다. • 하기 싫은 자질구레한 일을 학생에게 시킨다. • 모질도록 기를 팍팍 죽여 주눅들게 한다. • 혼자 설명하다 종치면 그냥 나간다. • 얼굴 예쁜 아이들, 공부 잘하는 아이들에게만 시선을 준다. • 지나치게 야한 화장과 요란한 옷차림을 한다. • 지각생, 떠든 아이에게 벌금을 물리고, 툭하면 부모님을 오시라고 한다. • 수업 중에 코를 후비거나, 팽팽 풀어 댄다. • 질문에 성의 없이 답한다. • 차가운 말투로 거리감을 둔다. • 일본식으로 허리를 90도 이상 굽혀 절하도록 강요한다.	

<표 1-7> 교사의 긍정적/부정적 언어

교사의 언어	
부정적 언어	긍정적 언어
• 그래, 그러니까 공부를 못하지. • 공부는 할 사람이나 해야지, 너희는 공장이나 가라 • 넌 상고가 제격이야(실업계 학교 경시). • 알았나? 돌탱이들아. 빈 깡통 같으니라고. • 너 그 정도밖에 안되니. 다음 것은 하나마나겠지. • 부모도 없는 자식 같으니라구. • 파출부 같으니라고, 가서 살림이나 해라. • 공돌이도 너보단 낫다. • 너 같은 것을 낳고도, 네 엄마가 미역국 잡쉈니? • 학교 다니지마. 내 손에서 해결할 테니까. • 싫으면 전학가라. • 병신 꼴값떠네. • 미친년 꽃다발 같구나. • 입닥쳐! 똥 넣고 쌈이나 싸 먹어라. • 건방진 것. 네가 대학을 가면 내 손에 장을 지진다.	• 조금만 더 노력하면, 너도 할 수 있어 • 너는 미술에 소질이 있으니까, 최선을 다해 봐라. • 어디 아픈 데는 없니? • 그래, 다음부터는 잘 해. • 네 머리 모양이 참 예쁘구나. • 녀석, 참 남자답군. • 이 반은 분위기를 참 포근하게 꾸몄구나. • 그것은 참 미안하게 되었다. 이해해 주면 고맙겠다. • 내가 뭘 도와줄까? • 얘들아, 힘들더라도 함께 하자. • 자, 우리 마음 놓고 차근차근 얘기해 보자. • 항상 웃으면서 지내자. • 성적보다 중요한 것은 바르게 사는 거다.

교사의 언어	
부정적 언어	긍정적 언어
• 잘못한 것은 없지만, 너희들 좀 맞아야 해. • 맞아 죽을 줄 알아. • (반바지 입은 여학생을 혼내며) "내가 사랑해 주랴?" • 네 주제에. 네가 뭘 안다고? • 네 부모님도 이러니? • 너희 같은 애들은 칼 휘두르는 놈들이랑 어울려야 돼. • 나가 죽어라. • 너넨 공부할 자격이 없어. 재수 없어 정말. • 얘 웃기는 애네. 너 정신 상태에 문제가 있는 거 아냐? • 쓰레기 같은 인간, 너는 똥돼지야. • 뭐 이런 게 다 있어? • 여기가 어디라고 말대꾸야. • 네가 인간이냐? 너 같은 것은 지긋지긋해. • 너는 기생충보다 못해 임마.	

인품이 겉으로 드러나는 것이 말과 행동인데, 인품을 담보하여, 학생들의 가슴을 멍들게 하면 안좋겠죠? 아무리 교사의 인품보다 효율적 학습지도에 대한 기대가 더 강하다 하더라도, 교사의 인품이 덜 중요시 된다는 의미는 아닐 겁니다. 어떻게 하면 교사의 학생에 대한 부정적 말과 행동을 억제시키고, 긍정적 말과 행동을 촉진시킬 수 있을까요?

한 가지 특이한 것은 교사의 긍정/부정적 언어와 행동을 조사한 것은 있어도, 학생의 긍정/부정적 언어/행동을 조사한 자료는 없다는 점입니다. 이것도 자세히 조사해서 학생들에게 알려주면, 학생들에게 필요한 도움이 될텐데 말입니다.

1-4-3. 수업

중등학교 학생이 하루 24시간 중, 가장 많은 시간을 보내는 것은 수업이라는 형식을 통해 교사와의 만남을 갖는 시간이죠.

수업을 매개로 한 학생-교사의 만남에서는 '효율적 학습지도'와 '학습부진아'라는 하위

절로 살펴보겠습니다.

1.4.3.1. 효율적 학습지도

강성빈(2009b)이 2008년에 조사한 '학습자, 학부모 및 교사가 기대하는 교사상 분석'에서는 전체적으로 기대하는 교사상이 효율적 학습지도(M=29.66), 학생에 대한 관심과 사랑(M=27.80), 교사의 인격과 성품(M=26.38), 사회변화에 대한 능동적 대처(M=16.16)의 순서로 나타났습니다. 다만, 거주지별로 도농복합지역에서는 학생에 대한 관심과 사랑에 대한 기대가 효율적 학습지도보다 높았으나, 이것은 분산분석과 사후검정에서는 의미있는 차이를 보이지 않고 있습니다.

<표 1-8> 응답집단, 성, 거주지별 4개 영역에 대한 기대교사상의 평균, 표준편차, 빈도

		응답집단				성			거주지		
		학생	학부모	교사	합계	남	여	합계	대도시	도농복합	합계
효율적 학습지도	M	28.66	29.37	33.49	29.66	28.55	30.22	29.66	30.33	28.37	29.66
	SD	14.39	11.25	11.62	13.21	14.61	12.41	13.21	13.99	11.49	13.21
	N	561	300	169	1030	346	684	1030	677	353	1030
교사의 인격성품	M	25.91	26.76	27.24	26.38	25.40	26.87	26.38	26.73	25.71	26.38
	SD	12.58	9.57	7.53	11.05	11.84	10.61	11.05	11.13	10.90	11.05
	N	561	300	169	1030	346	684	1030	677	353	1030
학생에 관심사랑	M	28.39	27.73	25.95	27.80	27.79	27.80	27.80	27.14	29.05	27.80
	SD	14.36	10.60	8.56	12.55	13.98	11.78	12.55	11.96	13.55	12.55
	N	561	300	169	1030	346	684	1030	677	353	1030
사회변화 능동대처	M	17.03	16.14	13.31	16.16	18.27	15.21	16.16	15.79	16.88	16.16
	SD	11.35	8.02	5.79	9.80	12.43	7.96	9.80	9.09	11.01	9.80
	N	561	300	169	1030	346	684	1030	677	353	1030

교사에 대해 가장 기대하는 것이 효율적 학습지도라는 점은 현재 우리의 사회풍토가 공교육을 담당하는 학교 교사가 무엇보다도 수업에서 잘 가르쳐주기를 바라고 있다는 것으로 해석할 수 있으며, 보다 좁은 의미로는 학생들의 성적향상에 교사가 기여해주기를 기대하고 있는 것으로 볼 수 있습니다.

다행인 것은 이러한 교사에 대한 기대를 교사 자신이 솔선하여 인식하고 있는 것으로 나타났는데, 효율적 학습지도에 대한 기대치가 교사는 33.49%, 학부모는 29.37%, 학생은 28.66%입니다.

<표 1-9> 응답집단, 성별 4개 영역 교·강사상에 대한 기대도 평균, 표준편차, 빈도

		교사기대도				강사기대도			
		효율적 학습지도	인격성품	지역사회 관계유지	학생에 관심사랑	효율적 학습지도	인격성품	지역사회 관계유지	학생에 관심사랑
학생	M	28.65	23.55	21.69	26.11	40.92	21.19	15.19	22.63
	SD	12.91	10.39	16.66	13.09	16.59	9.45	11.00	11.25
	N	512	512	512	512	512	512	512	512
학부모	M	32.72	27.28	12.75	27.12	40.09	21.19	11.63	22.82
	SD	10.40	7.48	8.81	8.71	15.70	8.69	10.96	8.83
	N	151	151	151	151	151	151	151	151
교사	M	36.46	26.54	8.39	28.69	53.15	18.21	10.87	17.76
	SD	9.94	7.49	5.43	6.67	17.43	10.07	11.79	9.70
	N	127	127	127	127	127	127	127	127
강사	M	29.66	27.39	13.67	28.94	47.04	18.69	10.58	23.56
	SD	14.29	14.90	11.97	14.61	17.97	9.28	8.12	11.45
	N	163	163	163	163	163	163	163	163
합계	M	30.51	25.20	17.13	27.10	43.94	20.52	13.26	22.17
	SD	12.72	10.73	14.70	12.15	17.31	9.48	10.86	10.87
	N	953	953	953	953	953	953	953	953
남	M	28.91	24.85	18.75	27.39	43.81	20.32	14.13	21.64
	SD	12.40	12.00	16.58	13.77	17.64	9.94	11.57	11.13
	N	413	413	413	413	413	413	413	413
여	M	31.74	25.46	15.89	26.88	44.05	20.68	12.60	22.58
	SD	12.84	9.65	12.95	10.74	17.08	9.37	10.24	10.65
	N	540	540	540	540	540	540	540	540

효율적인 학습지도에 대한 기대에서 교사집단이 학생과 학부모 집단보다 더 크다는 것은 그동안의 상식과 어긋나는 결과입니다. 즉, 좀 더 나은 성적을 위해 사교육인 학원에 의존한다는 교육풍토를 두고, 공교육인 학교의 교사에게는 학생의 인성을, 그리고 사교육인 학원의 강사에게는 학생의 성적향상을 기대한다는 상식이 퍼져있는데, 이 연구결과는 교사가 학생과 학부모보다 효율적 학습지도 다시 말하면, 좁은 의미로 학생의 성적향상을 더욱 기대하고 있음을 말해주고 있습니다. 따라서, 학생과 학부모는 교사들이 자신들 보

다 더 학생의 성적향상을 바라고 있음을 인식하고, 교사와 협조해야할 필요가 있음을 알 수 있습니다.

한편, 학교교사상과 학원강사상의 비교연구에서도 교사와 강사에게 가장 기대하는 교·강사상이 효율적 학습지도로 나타났으며(강성빈, 2009a), 교사는 효율적 학습지도에 대한 교사기대도에서 학생, 학부모, 강사보다 높은 반응을 보였고, 강사는 효율적 학습지도에 대한 강사기대도에서 교사보다는 낮지만, 학생과 학부모보다 높게 반응하고 있습니다.

교사가 안 될 사람은 전혀 상관없는 일이지만, 교사가 될 사람은 수업 중에 '꼭', '필히' 효율적으로 학습지도를 할 수 있어야만 합니다.

그런데, 효율적 학습지도가 어떤 의미를 지녀야 하는지?에 관해서는 다음 '1.4.3.2.3. 수업을 잘 한다는 의미는?'에서 구체적으로 알아보도록 하겠습니다.

1.4.3.2. 학습부진아

1.4.3.2.1. 학습의 누적적 결손

학습의 누적적 결손(cumulative deficit of learning)을 알아보기 위해 먼저, 학습과제의 위계를 살펴봅시다.

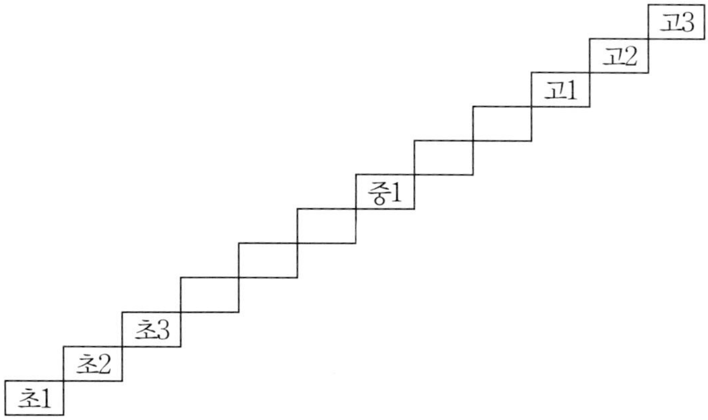

[그림 1-3] 계열적 학습과제 및 학년의 위계관계

어느 단계의 학습과제에서 학습에 결손이 생기면, 특별한 조치를 취하지 않는 한, 그 다음 단계의 학습과제에서 또다시 학습에 결손이 생기며, 이 결손은 전단계의 결손과 합쳐져 더 큰 결손을 형성하게 되는데, 이런 현상을 학습의 누적적 결손이라고 하죠.

미시적 관점에서의 학습위계를 거시적인 학년단계로 바꾸어 생각해 봅시다.

초등학교 1학년에서 정도의 차이는 있지만 보통 이상의 학습결손을 지닌 채 초 2학년으로 진급하는 학생의 비율이 얼마나 될까요? 여기서는 약 5%라고 가정하죠.

그러면 초2에서 초3으로 진급할 때의 학습결손자 비율은 당연히 5%보다 커지겠죠. 약 10%라고 가정할까요. 이렇게 가정하면, 고3에서의 이 비율은 약 2/3가 되는 겁니다.

어느 한 교사가 새 학기를 맞아 어느 학급에서 첫 수업을 한다고 생각합시다. 첫 수업을 할 때 당시의 학생들의 학업성적 즉, 지난 학기 말 성적은 첫 수업 시기이지만 이미 이번 학기 말 성적을 비교적 정확히 말해주고 있습니다.

학습하려는 학습과제와 밀접히 관련된 선수학습 능력을 '특수 인지적 시발행동(specific cognitive entry behavior)'이라고 하는데, 이것과 학업성적과의 상관은 대략 .80에 이르고 있습니다(황정규, 1998. pp. 240-244). 그런데, 인간사회에서 상관이 .80일 정도로 높은 요인들이 그렇게 많은 편은 아닙니다.

학습결손은 결손부분을 보충학습함으로써 보완된다고 하지만, 이게 말이 쉽지, 단기간의 부분적인 것은 가능하다 하더라도, 장기간의 전 교과 학습량의 결손을 보충한다는 것은 경험적으로 볼 때, 이루어지기 힘든 일입니다.

그렇다면 과연, 교사는 학습결손인 각각의 학생에게 어떤 조처를 취해야 좋을까요?

학습의 누적적 결손을 논리적으로 설명하기는 쉬워도, 막상 당사자의 응어리진 마음을 설명하기란 결코 쉽지 않은 것 같네요. 다음 절 '학습부진아의 세계'에서 같이 생각해 보도록 합시다.

1.4.3.2.2. 학습부진아의 세계

한 인간이, 그것도 자아정체감이 형성된다는 청소년 시기에 몇 년 동안, 또는 청소년 시기의 대부분을 스스로나 타인에 의해 학습결손자로 인식되면, 그 청소년은 어떤 인간으로 성장하게 될까요? 상식적으로 긍정적이기보다는 부정적 성장을 예상할 수 있는 것이고 물론, 청소년기의 부정적 성장은 부정적 사회인을 배출할 가능성이 아주 높은 거죠.

말 나온 김에 한마디 덧붙이자면, 혹시 부정적 사회인은 부정적 후손을 길러낼 가능성이 높은가요?

청소년기의 학습결손에 대한 해결책은 다음 '1.4.3.2.4. 똑같은 시간표'에서 구체적으로 알아보도록 하고, 우선 '「노는 애들」의 세계'란 제목으로 중학생 또래집단의 학교 밖 생활에 관하여 문화기술적 분석을 시도한 이혜정(1989)의 논문을 살펴봅시다.

> "이들은 자신들이 다른 아이들과는 다르다는 것을 분명히 인식하고 있다. 이들은 다른 아이들을 가리켜 '걔네들'이라고 지칭함으로써 자신들과 명백히 구분 짓는다. 이들은 '걔네들'을 자신들과 달리 가정이 원만하고 공부도 웬만큼 하면서 학교생활도 착실히 하는 부류의 아이들과, 수업시간에 발표도 잘 하고 공부도 잘해서 모범생으로 인정받고 있는 부류의 아이들로 나눈다. 전자는 '착한 애'들로 이들이 호감을 가지고 있는 반면, 후자는 교사의 인정을 받고 있는 것을 잘난 척 티내는 싸가지 없는 애들이라고 싫어한다. '착한 애'들이 얌전하고 착실한 학교생활로, 모범생들이 높은 성적으로 교사와 부모의 인정을 받으면서 학교의 전반적인 행사에 적극적으로 참여하는 반면, 이들은 '공부도 못하고 말썽만 피우는 아이'들로 인식되고 있다는 것을 스스로가 알고 있다.
>
> 이들은 교사나 부모가 자신들을 이해하지 못하고 있다는 것과, 교사가 아이들을 평가할 때 성적을 우선시하는 것을 불만스럽게 생각하고 있다. 그러나, 이들은 교사의 부정적 평가를 의식적으로 거부하면서도 무의식적으로 받아들이게 된다. 이들은 자신들의 행동이나 생활을 자랑할 만한 떳떳한 것이라고 생각하지는 않지만 스스로를 '나쁜 아이'라고 여기지도 않는다. 그러나, 이들도 현재 친한 친구와는 별도로 '착한 애'들을 친구로 사귀고 싶어한다는 (교사의) 말에서 교사의 평가가 내면화되고 있음을 알 수 있다. 교사의 이들에 대한 부정적 평가는 이들의 자신에 대한 스스로의 평가에 영향을 줄 뿐 아니라, 이들을 학교생활에서 학교 밖의 생활로 점점 몰아내는 요인으로 작용한다.
>
> 이들은 무엇보다 이해 받기를 원한다. 자신들이 교사나 부모에게서 이해 받지 못하고 있다는 불만이 이들의 친구에 대한 평가 기준과 친구로서 지켜야 할 덕목을 규정하고 있다. 이들은 친한 친구를 가리켜 '통하는 애'라고 부른다. 통한다는 것은 마음으로부터 이해해 줄 수 있다는 것을 의미한다. 이들의 세계는 통하는 애들의 세계로 의리로 굳게 맺어진 세계이다. 통하는 애가 되기 위해서는 우선 자신과 처지가 비슷해야 하고 친구를 자신보다 더 먼저 생각하는 '의리'가 강한 아이여야 한다. 우정 이상으로 강한 의리가 교사와 부모의 주의와 부정적 평가로부터 이들을 위로해 주고 한 집단으로 굳게 맺어주고 있다.
>
> 이들의 학교생활과 진로에 대한 생각은 이들이 교사와 부모에 대해 불만을 가지고 있으면서도 교사와 부모의 가치관에 따르고 있음을 보여준다. 스스로를 '나쁜 아이'라고 생각하지 않으면서도 학교규칙에 반하는 행동을 떳떳하지 못한 것이라고 인정하고 있으며, 시험기간에는 다른 아이들과 마찬가지로 도서관에서 밤늦게까지 시험준비를 하고, 떨어지는 성적을 걱정하며 공부하는 방법을 묻기도 한다. 학교 밖의 생활이 학교생활보

다 재미있다고 해서 이들이 학교생활을 필요 없는 것이고, 그래서 학교생활을 포기한 것은 아니다. 이들은 한국 사회에서 학력이 개인에 대한 우선적인 평가가 되고 있다는 것을 잘 알고 있으며, …… ”

위 글의 핵심은

1) 같은 학급 내에 서로를 분명히 다르다고 인식하고 있을 정도의 이질집단이 섞여있다는 것과,
2) 일단의 학생들은 성적을 우선시 하는 평가를 불만스럽게 생각할 뿐만 아니라 교사의 자신들에 대한 평가가 부정적이라며 의식적으로 거부하려 한다는 것, 그러나 이들은
3) 남으로부터-특히 교사로부터-이해받기를 갈망하고 있다는 것, 그리고 이들은
4) 교사와 부모의 가치관에 따르려 함은 물론 학교생활의 필요성을 인정하고 있다는 것, 결국 현실적인 결과로는
5) 학교가 이들을 학교생활에서 학교 밖의 생활로 점점 몰아내고 있다는 것 등 입니다.

'노는 애들'이 특히 교사로부터 이해받기를 갈망하고 있다는 점이 이해되시나요?
그렇다면 교사는 어떤 방법으로 이해를 주어야 하겠습니까.
지금까지 학생과 교사의 상호작용 중, 수업 부분에서 효율적 학습지도와 학습의 누적적 결손을 살펴보았습니다. 이제 효율적 학습지도의 의미와 학습 결손의 근본적인 해결책을 알아볼까 합니다.

1.4.3.2.3. 수업을 잘 한다는 의미는?

교사가 수업을 잘한다는 것이 어떤 의미일까요? 이인효(1990)가 인문계 고등학교의 교직문화에 관한 연구에서 소개한 '학생에 대한 교사의 규정'을 살펴보면서,
첫째, 같은 학급 내에 분명히 목표를 달리해야 할 - 그러니까 서로 다른 과정을 이수해야 할 - 학생들이 섞여있음으로써 서로가 서로를 방해하고 있고, 교사도 교사 나름대로의 역할을 제대로 수행하기 어려운 상황이라는 것과
둘째, 교사가 수업을 하는 3가지 방식 중, 상식적으로 세 번째 방식이 좋은 수업이라고 여기고 있다는 것을 파악합시다.

그러나, 저자는 이 세 번째 방식이 좋은 수업이라는 의미에 수정을 가하려는 것입니다.

> "수업은 교사가 학생에게 교과를 가르치는 활동이다. 따라서 수업시간에 교사는 학생의 특성을 고려하여 교과를 가르친다. 수업을 하는 교사의 눈에는 학생은 '공부를 하려는 아이들'과 '공부를 하지 않으려는 아이들'의 두 범주로 구분된다. '공부를 하려는 아이들'이란 '눈을 말똥말똥 뜨고 선생님을 쳐다 보면서 열심히 듣는 아이들'이며, '공부를 하지 않으려는 아이들'이란 '선생님 말은 안 듣고 딴 짓만 하는 아이들'이다.
> 교사는 수업시간의 학생들의 여러 행동을 '공부'와 '딴 짓'으로 분명하게 구분한다. '공부'에 속하는 대표적인 행동은 '(교사의 말을) 듣는 것'이며, '딴 짓'에 속하는 대표적인 행동은 '떠드는 것'이다. 교사의 질문에 대답하기, 필기하기, 교과서 읽기, 질문하기 등은 '공부'의 범주에, 잠자기, 엉뚱한 소리하기, 장난치기, 다른 책 보기, 몸단장하기, 낙서하기, 도시락 먹기 등은 '딴 짓'의 범주에 속한다.
> 교사가 지각한 학생 행동의 범주를 표로 제시하면 <표 1-10>과 같다. 수업시간에 학생들이 보이는 행동은 개개인에 따라 고정되어 있는 경향이 있다. 즉, '공부를 하려는 아이들'은 거의 항상 '공부'라는 범주에 속하는 행동을 하는 반면, '공부를 하지 않으려는 아이들'이 '딴 짓'에 속하는 행동을 한다. 그래서 교사들은 '공부를 하려는 아이들'과 '공부를 잘하는 아이들' 혹은 '착한 아이들'이라고 부르는 반면, '공부를 하지 않으려는 아이들'과 '말썽꾸러기', '문제 있는 아이' 혹은 '문제아'라고 부른다.
> '공부를 하려는 아이들'과 '공부를 하지 않으려는 아이들' 한 학급에 공존하고 있을 때, 교사들은 그와 같은 상황에 어떻게 적응하는가? 교사들의 적응 방식에는 세 종류가 있다. 하나의 방식은 '공부를 하지 않으려는 아이들'이 '딴 짓'을 해도 통제하지 않고 '공부를 하려는 아이들'에게만 교과내용을 가르치는 것이다. 또 하나의 방식은, '공부를 하려는 아이들'에게 교과내용을 가르치는데 보다는 '공부를 하지 않으려는 아이들'의 흥미를 유발시키는데 더 신경을 쓰는 방식이다. 그러나 교사들은 그러한 두 가지 방식의 대응은 모두 좋은 방식이 아니라고 생각한다. 교사들은 수업을 제대로 할 수 있으려면 무엇보다도 먼저 '공부를 하지 않으려는 아이들'이 '딴 짓'을 하지 못하도록 해야 한다고 생각한다. 그러나 교사들은 '좋은 수업'은 '공부를 하지 않으려는 아이들'이 '딴 짓'을 하지 못하도록 하는 수업 이상의 수업이라고 생각한다. 교사들은 '공부를 하지 않으려는 아이들'이 '딴 짓'을 하지 못하게 할 뿐만 아니라, '공부를 하려는 아이들' 원하는 방식으로 교과내용을 가르치는 수업을 '좋은 수업'으로 간주한다.
> 수업시간에 학생들이 보이는 행동은 한 학급을 구성하는 학생들의 집단적인 속성에 따라서 달라지기도 한다. 교사들은 학급을 '공부를 하려는 아이들이 압도하는 반'과 '떠드는 아이들이 압도하는 반'으로 구분한다. '공부를 하려는 아이들이 압도하는 반'은 '교사의 말을 들으려는 준비가 되어 있는 반'이며, …… 그러한 반에서는 '교육다운 교육' 에 가까운 수업을 할 수 있다.
> 교사들이 생각하는 '교육다운 교육'에 가까운 수업은 교과서 내용을 학생들이 이해하기 쉽도록 예를 들어 설명해 주는 수업이다. '떠드는 아이들이 압도하는 반' …… 에서는 교과서 내용을 이해시키기 위한 예화를 해주기가 쉽지 않다. 예화가 학생들이 떠들 수

있는 빌미를 제공해 주기 때문이다. 그러한 반에서는 '꼭 해야 될 이야기', 즉 시험문제에 나올 내용만을 말해주는 수업을 하게 된다."

<표 1-10> 교사가 본 수업시간의 학생들의 행동

- 수업시간의 학생들의 행동
  - '공부'
    - 교사의 말을 듣는다
      - 교사를 쳐다보면서 듣는다
      - 쓰면서 듣는다
      - 교과서를 보면서 듣는다
      - 이야기를 들으면서 웃는다
    - 교사의 질문에 대답한다
      - 일제히 대답한다
      - 몇 명만 대답한다
      - 지명된 학생만 대답한다
    - 필기한다
      - (교과서나 노트에) 판서 내용을 쓴다
      - (교과서나 노트에) 교사가 불러주는 것을 받아 적는다.
      - 교과서의 중요한 곳에 표시를 한다
    - 교과서를 읽는다
      - 지명된 학생이 일어나서 읽는다
      - 전체학생이
        - 눈으로 읽으면서 생각한다
        - 눈으로 읽으면서 외운다
    - 질문한다
  - '딴 짓'
    - 떠든다
      - 옆사람과 이야기를 한다
      - 고개를 돌려 앞, 뒤 사람과 이야기를 한다
    - 잔다
      - 존다
      - 엎드려 잔다
    - 엉뚱한 소리를 한다
      - 학급 전체를 웃기는 말을 한다
      - 교사를 놀리는 말을 한다
    - 장난친다
      - 옆사람을 때리거나 만진다
      - 물건을 돌리거나 던진다
    - 다른 책을 본다
      - 다른 교과의 책이나 참고서를 본다
      - 다른 교과의 숙제를 한다
      - 만화, 잡지, 가요책 등을 본다
    - 몸단장을 한다
      - 거울을 본다
      - 옷, 얼굴, 머리 등을 만진다
    - 낙서를 한다
    - 도시락을 먹는다

<표 1-10>에서 알 수 있듯이 같은 학급 내의 학생들은 크게 '공부'와 '딴 짓'의 성향을 지닌 양측으로 분류되는데, 양측이 수업 중에 하는 행위들을 자세히 들여다보면 똑같은 목표 하에 수업을 하고 있다고는 도저히 인정할 수 없는 상황이며, 더더구나 이들이 보여주는 행위는 '학생 개개인에 따라 고정되어 있는 경향'이 있답니다.

그리하여 교사들의 수업 방식 3가지 즉,

1) '공부를 하지 않으려는 아이들'이 '딴 짓'을 해도 통제하지 않고,
   '공부를 하려는 아이들'에게만 교과내용을 가르치는 방법
2) '공부를 하려는 아이들'에게 교과내용을 가르치는 데 보다는
   '공부를 하지 않으려는 아이들'의 흥미를 유발시키는 데 더 신경을 쓰는 방법
3) '공부를 하지 않으려는 아이들'이 '딴 짓'을 하지 못하게 할 뿐만 아니라,
   '공부를 하려는 아이들'이 원하는 방식으로 교과내용을 가르치는 방법

중에서 처음 두 가지는 바람직한 방식이 아니요 세 번째 것이 좋은 방법이라는 인식이 있다는 것이죠.

그러나 세 번째 방법을 자세히 들여다보면, '이 방법이 정말 교사들에게 의무적으로 규정되어야 하는 책임인가'라는 회의가 듭니다.

이 세 번째 방법에 대해 20대의 교사지망생인 여러분은 "참 좋은 방법이로구나!"라고 생각하며 "나도 나중에 교사가 되면 이런 방법을 구사할 수 있는 교사가 돼야지!"라고 마음속으로 뇌까릴지도 모르겠습니다. 물론 필자도 여러분 중의 그러한 생각에 쌍수를 들어 지지하는 바입니다.

그러나 이 방법은 어떤 교사가 자의적으로 그렇게 노력하겠다면 말릴 필요 없는 방법이지만, 모든 교사들에게 "이런 방법을 구사할 수 있도록 애쓰십시오"라고 책임감을 지게 할 성질의 것이 아닙니다.

왜냐하면, 교사의 효율적 학습지도란 교사가 '공부를 하려는 아이들'에게 교과내용을 충실히 제공하면서 수업한다는 것을 의미하고는 있으나, '공부를 하지 않으려는 아이들'을 '공부를 하려는 아이들' 옆에 붙잡아 앉혀 놓고 공부하지 않는 '딴 짓'을 못하게 한다는

의미는 전혀 없기 때문입니다.

따라서 이 세 번째 방법은 교사 나름대로의 판단에 따른 자의적인 노력이라면 몰라도, 모든 교사들에게 책임의 일부로서 규정화 하려한다면 이는 잘못된 것입니다.

그렇다면 교사에게 효율적 학습지도에 관해 어떤 책임을 지게 해야 할 까요?

두말할 필요도 없이 공부를 하려는 아이들에게는 그들에 맞는 수업을 하면서, 효율적인 학습지도를 하는 것이요,

공부를 하지 않으려는 아이들에게는 이들이 의미 있어 하는 공부를 하고자 할 때, 수업을 하면서 효율적인 학습지도를 하면 되는 것입니다.

이것이 수업을 잘 한다는 의미입니다.

그러니까 현재 구조적으로, 교사가 수업을 잘 할 수 있는 상황이 아닌 거죠. 다시 말하면, 서로 다른 두 그룹의 학생군을 같은 반에 모아놓고, 교사에게 수업을 하도록 하는 상황이 문제인 것이지요. 수업상황에서의 이 구조적 문제는 교사의 행복을 가로막는 큰 걸림돌 중의 하나입니다. 그러니까 이 상황은 해결되어야만 하는 상황입니다.

이 세상의 어느 교사가 '공부를 하지 않으려는 아이들'을 '공부를 하려는 아이들' 옆에 붙잡아 앉혀 놓고, 공부하지 않는 '딴 짓'을 못하게 하고 싶겠습니까?

이런 구조적 와중에 수업을 잘하시는 선생님들, 정말이지 훌륭하신 분들입니다.

한편, '공부를 하지 않으려는 아이들'의 입장에서 보면, 이들을 '공부를 하려는 아이들' 옆에 앉혀 놓고 수업을 하는 상황 즉, "재네들 수업하는데 너 그 옆에 조용히 앉아 있어"라는 상황은 이미 이들에게는 교육이 아닌 것입니다.

교육이 아닌 것을 교육이라는 이름하에, 수업이라는 형태로 매일매일 반복하고 있는 상황인 것이고, 이 상황에서 학생과 교사가 주연을 맡고 있는 거죠.

이에 관해, "'학습'은 있어도 '교육'은 없다"라는 박노자(2009)의 지적을 눈여겨 놓읍시다.

> 고등학교 때부터 마르크스-엥겔스 전집을 자주 펼쳐보곤 했던 필자는 한때 그 전집의 제1권을 많이 좋아했다. 청년 마르크스의 글들을 모은 그 책에서 가장 감동적이었던 것은 "직업 선택을 앞둔 젊은이의 사색"이라는 주제의 고등학교 졸업 에세이였다. 17살 청소년이 썼다는 걸 믿기 어려울 정도의 그 글에서는 마르크스가 여러 직업들에 대한 화려한 환상들을 경고하면서 "나를 (정신적으로) 더 고귀하게 만들고, 속세의 군중들과 차별화시키는 동시에 타자들을, 인류의 공공선을 위해서도 기여할 수 있는 직업이어야 한다"는 선택의 법칙을 이야기했다. 청소년 마르크스가 그때에 스스로 직업 선택을 해보지도 않았다는 점까지 고려한다면 그가 이미 고교 시절부터 "인간이 무엇을 위해서

> 사는가"라는 질문에 대해서 뼈를 깎는 고민을 했을 것이라는 결론을 내려야 했는데, 그 고민의 수준에 비해서 필자 자신은 초라하게 보였을 뿐이다.
> 10대의 후반에 이미 지적인 생활을 한 것은 과연 마르크스와 같은 유럽 천재들뿐이었던가? 마르크스가 고교에 다녔던 그 시절의 조선에서도 10대 후반의 청년 지식인이 자기 고민을 우아한 언어로 표현해 글을 쓰는 것이 일반적인 일이었다. 천재들이야 아예 10대가 되기 이전에도 이미 글밭을 열심히 갈았다. 열 살 이전에 쓴 글을 모아 문집 하나 만들 정도로 '글'을 일찍부터 벗삼은 다산 정약용은, 마르크스가 고교 졸업 에세이를 썼던 그 나이에 화순읍의 동림사에서 책을 읽으면서 "젊은 시절의 재주만 믿다가는 나이만 들면 대부분 바보스러워진다, 이를 경계해 소홀히 하거나 느리게 하지 말자고, 가는 세월은 참으로 허망하다"라고 시를 썼다. 자신을 매일 스스로 극복해가면서 자율적으로 노력할 수 있는 의지력이 없다면 '나이'라는 무서운 적을 이길 수 없을 것이라는, 많은 이들이 죽을 때까지 이해하지 못하는 진리를 다산은 오늘날의 '고2'에 해당하는 나이에 아름다운 글로 표현했다. 다산이야 천재였지만 조선시대 일반 지성인들이 10대 후반에 썼던 글들을 봐도 많은 경우에는 그 성숙함에 놀라게 된다. 그들은 이미 그 나이에 '독립적 개인'이 될 수 있었던 것이다.
> '개인'이라는 말도 존재하지 않았던 시대에 10대들에게 개성의 발달이 허용돼 있었지만 '개성 만세'를 부르는 21세기 벽두의 대한민국에서는 그 반대로 열일곱살 청년이 '독립적 개인'이 되기는 대단히 어렵다. 그가 '개인'이기 전에 세계 최장인 평균 주당 50시간의 고된 학습노동을 무조건 해내야 하는 '학습기계'다. 그가 왜 친구들과의 성적 경쟁에 열과 성을 바쳐야 하는지에 대해서는 누구도 그에게 설명하지 않는다. 직업 선택이야 본인 스스로 해도 삶의 방식을 선택할 자유도 그에게 없는 것이고, 이 문제에 대한 고민도 사회가 부단히 차단시키려 한다. 우생열패 원칙이란 이 사회에서 성욕이나 식욕처럼 '자연스러운 것'으로 받아들여지기도 하고, 신성불가침의 이데올로기로 여겨지기도 한다. 획일적인 내용을 남보다 철저하게 익히느라고 깨어 있는 시간의 대부분을 보내야 하고, 이 잔혹한 '암기 경시대회'에서 한 번만 지면 평생 낙오자가 되어 만인에게 짓밟힐 것이라는 공포에 사로잡힌 대한민국의 이팔청춘은, 과연 마르크스나 다산처럼 인생에 대한 고민 속에서 자율적 자아를 도야할 수 있는 심신의 여유가 있는가?
> 인간을 '생각하는 갈대'로 만드는 '교육'이란 우리에게 없다. 기업들에 이미 개성이 다 깨진 순응적 '인력'들을 공급해주는 '학습'만 있을 뿐이다(박노자. 노르웨이 오슬로국립대 교수, 한국학).

이제, 위에서 언급한 '공부를 하지 않으려는 아이들'이 '의미 있어 하는 공부를 하고자 할 때'의 '이들이 의미 있어 하는 공부'란 무엇인지 살펴봅시다.

1.4.3.2.4. 똑같은 시간표

학교에서 운영하는 수업의 종류와 시간은 각 교육과정에서 규정한 단위(시간) 배당 기준에 따릅니다.

참고로, 2007 개정 교육과정에서 규정한 국민 공통 기본 교육과정의 단위 배당 기준은 다음과 같습니다.

<표 1-11> 2007 개정교육과정의 국민공통 기본교육과정 단위(시간) 배당 기준

구분 \ 학교 / 학년		초등학교 1	초등학교 2	초등학교 3	초등학교 4	초등학교 5	초등학교 6	중학교 7	중학교 8	중학교 9	고등학교 10
교과	국 어	국어 210	국어 238	238	204	204	204	170	136	136	136(8)
교과	도 덕			34	34	34	34	68	68	34	34(2)
교과	사 회	수학 120	수학 136	102	102	102	102	102	사 회 ·	68	102(6)
교과	수 학			136	136	136	136	·	역 사 102	68	102(6)
교과	과 학	바른 생활 60	바른 생활 68	102	102	102	102	102	136	136	136(8)
교과	실 과	슬기로운 생활 90	슬기로운 생활 102	·	·	68	68	68	기술·가정 102	102	102(6)
교과	체 육			102	102	102	102	102	102	68	68(4)
교과	음 악	즐거운 생활 180	즐거운 생활 204	68	68	68	68	68	34	34	34(2)
교과	미 술			68	68	68	68	34	34	68	34(2)
교과	외국어 (영어)	우리들은 1 학년 80	·	34	34	68	68	102	102	136	136(8)
재량 활동		60	68	68	68	68	68	102	102	102	102(6)
특별 활동		30	34	34	68	68	68	68	68	68	68(4)
연간총수업 시간 수		830	850	952	952	1,054	1,054	1,122	1,122	1,122	1,190(70)

① 이 표의 국민공통기본 교육기간에 제시된 시간 수는 34주를 기준으로 한 연간 최소 수업시간 수이다. 단, 3-6학년의 연간 총 수업 시간 수는 주5일 수업에 따라 감축된 시간 수이므로 학교에서는 교과 수업 시간 수 중 연간 34시간의 범위 내에서 감축하여

운영한다.

② 1학년의 교과, 재량활동, 특별활동에 배당된 시간 수는 30주를 기준으로 한 것이며, '우리들은 1학년'에 배당된 시간 수는 3월 한 달 동안의 수업 시간 수를 제시한 것이다.

③ 1시간의 수업은 초등학교 40분, 중학교 45분, 고등학교 50분을 원칙으로 한다. 다만, 계절, 학생의 발달정도, 학습내용의 성격 등을 고려하여 실정에 알맞도록 조절할 수 있다.

④ 10학년의 (　)안에 제시된 숫자는 단위 수이다.

이 단위 배당 기준을 일주일로 분할하여 규정한 것이 시간표이며, 각 학급의 전면 혹은 후면에 걸어 놓은 것입니다.

그런데, 문제인 것은 그 종류와 단위가 모든 학급, 나아가 모든 학교, 결국 모든 학생들에게 똑 같다는 점입니다. 왜 이것이 문제가 될까요?

예를 들어, 국어교과인 경우 학생들은 초등학교부터 고등학교에 이르기까지 주당 평균 5시간의 수업을 하게 됩니다. 그러니까 한 학기에 5학점씩, 12학년 24학기 동안 이수해야 하니까, 모두 120학점을 이수하게 됩니다. 한 교과목을 이수해야만 할 학점이 120학점이라는 말입니다. 이에 관해

첫째, 이 글을 읽는 독자는 대학을 다녀봐서 알겠지만, 대학에서 한 과목을 두 번에 걸쳐 이수하는 경우도 결코 흔치 않은 일인데, 우리의 초/중/고등학생들은 한 과목을 24학기에 걸쳐 이수해야만 하는 상황입니다.

둘째, 국어를 주당 5시간, 수학을 주당 4시간, 영어를 주당 3시간이라고 볼 때, 고등학교를 졸업하려면, 위 세 과목에 대하여 총 288학점을 이수해야 합니다. 대학을 두 번 졸업하고도 남는 학점이죠.

셋째, 대학졸업이수학점이 140학점인데, 한 과목을 120, 96, 72학점씩 이수한다면, 그 분야에 얼마나 소위 말하는 도사가 되어있어야 하겠습니까. 그런데, 그렇습니까, 도사가 되어있습니까? 전 국민을 국어도사, 수학도사, 영어도사로 기를려는(만들려는) 시도가 옳은 것인지 생각해 봅시다.

윗 절에서 언급한 '공부를 하지 않으려는 아이들'과 '공부를 하려는 아이들'의 입장으로 되돌아가 봅시다.

어떤 학생 A가 수학교과 공부가 너무 좋아서 주당 4시간의 수학수업은 물론, 이른 아

침 0교시 수업시간에 수학을 공부했고, 정규수업이 끝난 후, 보충수업 혹은 자율학습시간에도 수학을 공부했을 뿐만 아니라, 집에 가서 자기 전에 수학을 예습/복습했다고 합시다. 그리고, 주말에도 수학공부 했다고 가정합시다. 어떤 학생이 어떤 교과 공부가 좋아서 열심히 하는 것은 적극 지지할만한 일입니다.

그런데 어떤 학생 B는 수학교과 공부가 싫습니다. 만약, 우리의 교육과정체제가 수학이 주당 1학점은 필수이고, 나머지 3학점은 선택이라면, B는 필수인 1학점만 수강하고, 나머지 3학점은 체육에 1학점, 음악에 1학점, '나는 무엇을 공부하고 싶은가?'라는 '명상'에 1학점을 수강하고 싶어 한다고 합시다. 이에 관해,

첫째, 어떤 학생이 자기가 수강하고 싶어 하는 교과 또는 활동이 다양하게 제공되지 않고 있고, 뿐만 아니라,

둘째, 수강하고 싶어 하는 교과 또는 활동에 대한 수강선택권이 주어져 있지 않으며,

셋째, 평가를 학생 A에 맞추어서 실시하고 있으므로, B도 A에 맞추어진 평가를 받아야 합니다. 이런 평가 상황이 왜 정당화되고 있느냐 하면, B도 A가 공부할 때, 옆에 앉아 있었기 때문입니다. 만일, 평가를 수학의 필수, 체육, 음악, 명상에 대해 실시한다면, A와 B 중에서 누가 불리하겠습니까? 물론, A가 불리하죠. 이와 마찬가지로, 현재의 평가체제는 B에게 불리합니다.

'공부를 하지 않으려는 아이들'이라는 부정적인 규정은 위 A의 입장에 서서 B를 지칭한 것인데, B도 하고 싶어하는 공부가 있습니다. 다만, 우리 모두가 이것을 막고 있는 것이죠. 막고 있는 이유가 무엇일까요?

교사가 수업을 잘 한다는 의미는 A건 B건, 각자가 하고 싶어하는 공부를 할 때, 효율적으로 학습을 지도한다는 의미이지, 하기 싫어하는 공부를 억지로 시키면서, 효율적 학습지도를 한다는 의미는 아닙니다.

그런데 현재 교사는 어떤 상황에 처해 있는 고 하니, 교사와 부모의 가치관에 따르려하고, 학교생활의 필요성을 인정하며, 교사로부터 이해 받기를 갈망하고 있는 B 학생들을 이들이 애당초 갖출 수 없는 능력들을 강제로 갖추라고 강요(실은 고문이라는 표현이 적절할 수도 있음)하게 되면서, 예상했던 뻔하고 뻔한 결과대로 이들이 그 강요된 능력들을 못 갖출 때, 이들에 대해 추호도 서슴없이 '애초부터 갖추지 못할 애들'이라는 선언을 행하게 되는 것입니다. 마치 너는 키가 150㎝이니까 170㎝로 늘리라고 해놓고서는 자기 키

도 못 늘리는 놈이라고 못 박아 버리는 것과 전혀 다를 바 없는 꼴이지요(강성빈, 1999).

물론, 우리의 교육도 이 문제를 해결하기 위해 노력해 왔습니다.

'제7차 교육과정'에서 '2007 개정교육과정'으로, 그리고 계속해서 '2009 개정교육과정'으로 바꾸어 왔으며, 또한 다양한 학교 형태의 발전이 그 노력을 얘기해 주고 있습니다.

이제, 다양한 학교형태와 '2007 개정교육과정'과 '2009 개정교육과정'의 차이점을 살펴보겠습니다. 특히 다양한 학교 형태가 대두된 핵심은 학교에 맞게 교육과정 편성의 자율권 즉, 학생의 선택권을 확대시켰다는 점입니다.

그래서 이들은 시간표가 달라집니다.

일반 학교에서 학생들의 교육과정 선택권을 뒷받침할 수 있는 방안은 무엇일까요?

<다양한 학교형태>

특수목적고등학교

1974년부터 시행된 고교 평준화 제도는 암기식·주입식 입시위주 교육의 폐단을 개선하고, 고등학교 간 학력차를 줄이는 한편, 대도시에 집중되는 일류 고등학교 현상의 폐단을 없앨 목적으로 도입되었다. 하지만 좋은 취지로 시작된 평준화 제도는 학교의 체제를 점점 더 단순화시켰다. 이처럼 평준화 제도로 인해 획일적으로 변해버린 학교체제를 개선하고, 고정적인 학교체제를 활성화시키기 위해 특수목적고등학교(특목고)가 생겨났다. 특목고는 고교평준화제도를 보완하기 위해 학생과 학부모에게 학교선택권을 돌려주어야 한다는 의견을 바탕으로 하여 특정분야에 소질이 있는 학생을 선발하여 특화된 교육과정을 운영하며, '특수 분야의 전문적인 교육을 목적으로 설립된 고등학교'(초중등교육법시행령 제90조)를 말한다.

과학고등학교

과학고등학교는 과학영재를 조기 발굴하여 잠재능력을 개발하기 위해 설립된 중등교육기관이다. 1983년 경기과학고를 시작으로 각 시도마다 최소 1개교가 설립되었다. 전 교육과정의 1/3이 넘는 82단위 이상을 과학관련 교과로 집중편성하고 특히, 수학, 과학, 어학 교과에 중점을 두어 우수 인재를 양성한다는 취지이다. 학생들의 탐구학습과 문제해결능력을 중점적으로 지도하기 위해 교사

1명에 5~6명의 학생이 배당된다.

학생들에게 '1인 1주제연구'를 권장하여 매년 1인당 한편의 탐구논문을 작성하게 하거나, 정기적으로 체험학습을 하는 등, 기존의 일반계고등학교나 실업계고등학교에서 현실적으로 시행하기 힘든 특색있는 교육을 실시함으로써, 학생들이 주도적인 입장에서 학습 할 수 있도록 시도하고 있다.

외국어고등학교

외국어고등학교는 특수목적고등학교 가운데에서도 외국어를 중점적으로 배우는 학교이다. 외국어고는 대부분의 경우 사립이나, 일부 국공립 고등학교도 있다.

과학고등학교와 함께 이론위주의 수업이 아닌 실험과 실습위주의 수업으로 특화된 교육을 한다는 취지를 갖고 설립되었다. 과학고등학교의 경우와 같이 전 교육과정의 1/3이 넘는 82단위 이상을 어문관련 교과로 집중편성하여, 체계적인 외국어 강의로 국제사회에 대비한 인재를 키우겠다는 취지이다.

이들 학교는 외국어 수업에만 중점을 두는 것이 아니라 '1인 1악기, 1인 1체육' 제도를 도입하는 한편, 외국학교와의 자매결연으로 국제교류를 활발히 전개하여, 넓은 시야를 가질 수 있도록 한다. 또한, '영어 상용화 정책'으로, 영어로 진행되는 수업과 영어로 작성하는 논문 등에 활용할 수 있도록 한다.

체육고등학교

21세기 스포츠와 국가발전에 기여할 수 있는 참된 스포츠인 양성을 위해 설립된 체육고등학교는 경기력 향상에만 목표를 둔 것이 아니라, 교과수업에도 충실히 하며, 생활문화의 수준도 상승시켜 궁극적으로 명예를 중요시하는 체육인을 육성하기 위해 1991년부터 설립되었다.

경기력 향상을 위한 전문성 신장을 꾀하고, 선수 개개인의 데이터베이스를 구축하여 '선 이해 후 연습'의 전략으로 학생들을 지도하며 또한, 스포츠 선진국과의 기술교류도 중요시 한다. 학생들이 운동에만 치중해 학업에 소홀히 하는 점을 예방하기 위해 기초·기본교육을 충실히 하면서, 일정점수가 되지 않으면 경기에 참여할 수 없는 '출전 평가제'를 도입하는 한편, 독서 교육도 강조하고 있다.

예술고등학교

예술고등학교는 예술 영재들의 조기교육을 통해 우리민족이 지닌 우수한 예술적 재능을 신장하고 개발하여 문화국가로서의 입지를 굳게 하기위한 목적으로, 1985년부터 설립되었다.

학생들의 전공교과에 대해서는 세부전공별로 전공교사가 배정되어 있고, 실기실로 이동하여 개별화, 특성화된 실기지도를 하고 있으며, 해마다 음악연주회, 무용발표회, 미술작품전시회 및 소그룹별 발표회, 합창단 발표회 등을 통해 전공별 발표기회를 확대함으로써 창의적 표현력을 향상시킨다. 학생이 주도하는 축제문화를 정착시키고 있으며, 지역사회와의 연계교육을 위해 초·중등학생을 대상으로 미술, 음악 경연대회를 개최하기도 한다.

국제고등학교

국제고등학교는 국제화·정보화 시대를 선도할 인문·사회계열의 유능한 인재를 양성하고 해외 귀국자 및 외국인 자녀에게 필요한 교육여건과 기회를 제공하기 위한 목적으로 설립되었다.

학습자 중심의 교육과정을 통한 창의력 및 자율성을 함양함으로써, 학생이 스스로 계획을 짜 실행할 수 있도록 하였으며 또한, 다양한 체험학습의 기회를 제공하고, 실험·실습을 충실히 하여 과정중심의 과학교육을 실현하고자 한다.

기타 특수목적고등학교

위에서 5가지로 분류한 것 외에도 각 지역에 특수목적고등학교가 여러 가지 형태로 존재하며, 서귀포산업과학고, 남녕고, 포항제철공고, 포항해양과학고, 창원기계공고, 진주기계공고, 김해건설공고, 경남해양과학고, 경남항공고, 여주자영농고, 강진농고 등이 있는데, 일부는 마이스터고로의 전환을 꾀하고 있다.

자립형사립고등학교

자립형 사립고등학교는 모든 학교에 일괄적으로 적용되는 현행 교육관계법규의 규정에서 벗어나 학교운영의 자율성이 보장되는 학교이다. 역시 특수목적고와 같이 평준화 제도에 반하여 2000년대에 만들어졌다. 국가의 재정지원을 받지 않고 수익자가 교육비를 부담하고, 교육과정 운영도 학교가 선택하는 자율학교이다. 현행 교육관계법과 관련해 가능한 범위 내에서 규제를 최소화하여 자유롭게 학교를 운영하고 궁극적으로는 각급학교현장의 자율성과 창의성을 극대화하는 것이 목적이다.

따라서 학생들의 다양한 교육적 요구에 부응할 수 있도록 신축성 있는 교육 프로그램을 자율적으로 운영할 수 있으며, 다양한 교육활동에 관한 사항을 단위학교에서 자체적으로 결정하고 조성할 수 있다. 교과서도 국정·검정교과서 또는 인정교과서 외의 도서를 사용할 수 있다.

특성화고등학교

특성화고는 위에서 언급한 특목고나 자립형 사립고의 유형과 같이 고교 평준화 제도에 반하여 만들어진 것이다.

특성화 고등학교는 특정분야의 인재양성을 목적으로 하는 교육 또는 자연현장실습 등 체험위주의 교육을 전문적으로 실시하는 고등학교(초중등교육령시행법 제91조)라고 할 수 있다. 기존의 획일화 되어 있던 일반계 고등학교 및 실업계 고등학교로부터 다양화, 특성화를 위하여 설립하였다. 1997년부터 인가된 특성화고의 분야는 농업, 제조, 디자인, 컴퓨터 및 정보처리, 요리, 제과, 관광, 만화, 영상, 애니메이션, 의상, 미용, 전통공예 등이 있다.

대안학교

대안교육이란 제도권 밖에서 새로운 교육의 길을 찾는 움직임이라고 할 수 있다. 취지는 아이들이 제 길을 찾을 수 있도록, 그리고 저마다 안고 있는 내면의 문제를 풀어갈 수 있도록 돕고자 하는 학교이다. 그러기 위해서는 사실상 모든 학교가 아이들 한 명 한 명에게 맞는 맞춤 학교가 되어야 한다(현병호, 2001, 109-114).

대안학교는 유형별로 정규학교형과 비정규학교형으로 나뉘는데, 정규학교형 대안학교는 1977년에 신설된 초중등교육법 상의 특성화학교 조항에 따라 정식 인가를 받은 특성화고등학교로서의 대안학교이다.

홈스쿨링

'가정'에서 교육을 받는 대안교육도 있다. 바로 '홈스쿨링'이 그 것이다. 우리나라에 본격적으로 홈스쿨링이 소개된 것은 1999년 1월 격월간지 『민들레』에 의해 홈스쿨링이 소개되고, '가정학교모임'이 만들어지면서 홈스쿨링에 대해 논의되기 시작하였다. 2000년 이후 기독교대안교육협의회와 치아코리아(CHEA Korea)에서 정기적인 세미나나 컨퍼런스를 개최하고, 홈스쿨링 가정들이 소규모로 정기적 지원모임을 함으로써 홈스쿨링 활성화에 기여하고 있다.

홈스쿨링의 부모와 자녀는 자녀에게 적절하다고 판단되는 교육환경과 교육과정을 스스로 마련하고자 이를 선택한다고 할 수 있다.

마이스터고등학교

마이스터고는 최첨단 시설과 현장중심의 기술교육, 졸업 이후 우수기업 취업, 특기를 살린 군복무, 직장과 병행 가능한 대학교육으로 기술명장(Meister)을 양성한다는 취지로 2010년 21개교가 신입생을 선발하였으며, 향후 50개교로 확대할 예정이다. 학비면제, 기숙사 생활, 실무 외국어 교육 등의 다양한 혜택이 주어지며, 한 학급은 20명 내외로 구성되고, 최신 장비를 활용한 실습위주의 수업을 한다(http://www.meisterschool.or.kr/introduction/meister.jsp).

자율형공립고등학교

일반계 공립고 학교운영에 자율성, 책무성을 확대하여, 교육과정 다양화 및 특성화, 인성/진로교육 강화로 일반계 공립고의 교육의 질을 높이기 위해 도입되었으며, 2010년 2월 현재 44개교가 지정되었다. 등록금은 일반고와 동일하며, 교장은 공모제로 임용한다.

해외유학

<'2007 **개정교육과정**'과 '2009 **개정교육과정**'의 **차이점**>

2007개정교육과정은 2010학년도(1년간)로 끝나며, 2011학년도부터는 2009개정교육과정으로 전면 도입됩니다. 2009개정교육과정에서 주시해야 할 것은 집중이수제와 교과별 기준시수의 20% 증감 운영, 교과군 8개로축소, 창의적 체험활동, 교육과정 자율권 확대 등 입니다. 특히 창의적재량활동이 없어지고, 창의적 체험활동을 강조하고 있는데, 창의적 체험활동은 2010학년도부터 창의적 체험활동 종합지원시스템에 가입하여, 학생 스스로 활동한 내용을 영역별로 기재하도록 되어있으며, 2011학년도 대학입시 입학사정관 자료로 활용될 예정입니다(성찬회, 2010).

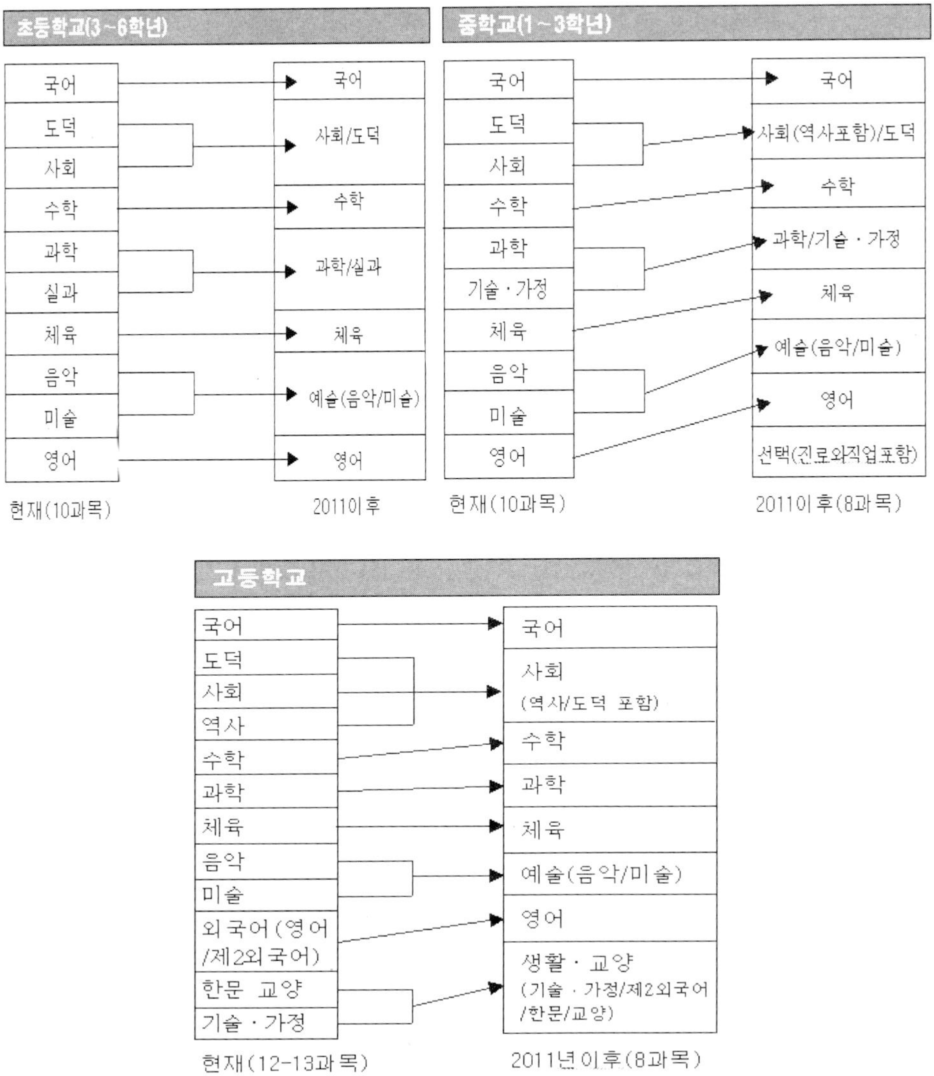

[그림 1-3] 학교급별 교과군 구성 현황

<표 1-12> '2007 개정 교육과정'과 '2009 개정 교육과정'의 주요 차이점

구 분	2007 개정 교육과정	2009 개정 교육과정
초·중·고 공통사항 (용어 및 교과명 변경)	◦용어 -국민공통기본교육과정 -선택중심 교육과정 ◦교과명 -외국어(영어) ◦특별활동, 재량활동	◦용어 -공통 교육과정 -선택 교육과정 ◦교과명 -영어 ◦창의적 체험활동
초·중·고 공통사항 (신설사항)		◦학년군, 교과군 개념 ◦교육과정 자율권 확대 -교과별 기준시수를 20%증감 운영 등 ◦교과 교실제 운영 활성화 유도 ◦학습부진아, 다문화 가정 자녀 등에 대한 특별한 배려와 지원 ◦학교 교육과정 편성·운영 지원을 위한 국가 및 시·도교육청 지원 사항 신설
초등학교	◦초등 통합교과 '우리들은 1학년' 분리 독립 ◦정보통신활용교육, 보건교육 등을 재량활동을 활용하여 지도	◦'우리들은 1학년'을 폐지하고, 창의적 체험활동 내용으로 반영 ◦정보통신활용교육, 보건교육, 한자교육 등을 창의적 체험활동을 활용하여 지도 ◦초등 '돌봄활동' 지원 사항 신설(교육청 지원사항)
중학교	◦선택과목 -한문, 정보, 환경, 생활 외국어, 보건 등	◦선택과목 -한문, 정보, 환경, 생활 외국어, 보건, 진로와 직업 등 ◦학기당 이수과목 수를 8개 이하로 편성
고등학교	◦고1 교과 필수 ◦총 이수단위 : 210단위 ◦외국어 계열 고등학교 : 전문교과 이수단위의 50%를 전공외국어로 하고, 전공포함 3개의 외국어 교육	◦고교 모든 교과 선택 ◦총 이수단위 : 204단위 ◦학기당 이수과목 수를 8개 이하로 편성 ◦다른 학교에서의 이수를 인정 ◦대학과목 선이수제의 과목을 개설할 수 있고, 국제적으로 공인받은 교육과정 과목을 선택과목으로 인정 ◦과학, 영어, 예술 등 영역별 중점학교를 운영할 수 있으며, 학교자율과정의 50% 이상을 관련 교과목으로 편성 ◦외국어 계열 고등학교 : 전문교과 이수단위의 60%를 전공외국어로 하고, 전공외국어 포함 2개의 외국어 교육
범교과 학습 요소	◦민주시민교육, 경제교육 등 35개 요소	◦녹색교육, 한자교육, 한국문화사교육 추가

<표 1-13> 현행 초등학교 국민공통 기본 교육과정 시간(단위) 배당 기준표

구분 \ 학교/학년		초등학교 1	2	3	4	5	6
교과	국 어	국 어 210	238	238	204	204	204
	도 덕			34	34	34	34
	사 회	수 학 120	136	102	102	102	102
	수 학	바른 생활 60	68	136	136	136	136
	과 학			102	102	102	102
	실 과			·	·	68	68
	체 육	슬기로운 생활 90	102	102	102	102	102
	음 악	즐거운 생활 180	204	68	68	68	68
	미 술			68	68	68	68
	외국어(영어)	우리들은 1학년 80	·	68	68	102	102
재량 활동		60	68	68	68	68	68
특별 활동		30	34	34	68	68	68
연간 총 수업 시간 수		830	850	986	986	1,088	1,088

① 이 표의 국민 공통 기본 교육 기간에 제시된 시간 수는 34주를 기준으로 한 연간 최소 수업 시간 수이다. 단, 3~6학년의 연간 총 수업 시간 수는 주5일 수업에 따라 감축된 시간 수이므로 학교에서는 교과 수업 시간 수 중 연간 34시간의 범위 내에서 감축하여 운영한다.
② 1학년의 교과, 재량 활동, 특별 활동에 배당된 시간 수는 30주를 기준으로 한 것이며, '우리들은 1학년'에 배당된 시간 수는 3월 한 달 동안의 수업 시간 수를 제시한 것이다.
③ 1시간의 수업은 초등학교 40분, 중학교 45분, 고등학교 50분을 원칙으로 한다. 다만, 기후, 계절, 학생의 발달 정도, 학습 내용의 성격 등을 고려하여 실정에 알맞도록 조절할 수 있다.

<표 1-14> 개정(안) 초등학교 공통 교육과정 시간(단위) 배당 기준표

구분		1~2학년	3~4학년	5~6학년
교과(군)	국어	국어 448	408	408
	사회/도덕		272	272
	수학	수학 256	272	272
	과학/실과	바른 생활 128	204	340
	체육	슬기로운 생활 192	204	204
	예술(음악/미술)		272	272
	영어	즐거운 생활 384	136	204
창의적 체험활동		272	204	204
학년군별 총 수업시간 수		1,680	1,972	2,176

① 이 표에서 1시간 수업은 40분을 원칙으로 하되, 기후 및 계절, 학생의 발달 정도, 학습 내용의 성격 등과 학교 실정을 고려하여 탄력적으로 편성·운영할 수 있다.
② 학년군 및 교과(군)별 시간 배당은 연간 34주를 기준으로 한 2년간의 기준수업시수를 나타낸 것이다.
③ 학년군별 총 수업시간 수는 최소 수업 시수를 나타낸 것이다.
④ 3~4학년의 국어과 기준수업시수는 주5일 수업에 따라 감축된 시간 수이므로 학교에서는 442시간을 기준수업시수로 운영할 수 있다
⑤ 실과의 수업 시간은 5~6학년 과학/실과의 수업시수에만 포함된 것이다.

<표 1-15> 현행 중학교 국민공통 기본 교육과정 시간 배당 기준표

구분		학교: 중학교		
	학년	7	8	9
교과	국 어	170	136	136
	도 덕	68	68	34
	사 회	사 회		
		102	·	68
		역 사		
		·	102	68
	수 학	136	136	102
	과 학	102	136	136
	실 과	기술·가정		
		68	102	102
	체 육	102	102	68
	음 악	68	34	34
	미 술	34	34	68
	외국어 (영어)	102	102	136
재량 활동		102	102	102
특별 활동		68	68	68
연간 총 수업시간 수		1,122	1,122	1,122

① 이 표의 국민 공통 기본 교육 기간에 제시된 시간 수는 34주를 기준으로 한 연간 최소 수업 시간 수이다. 단, 3~6학년의 연간 총 수업 시간 수는 주5일 수업에 따라 감축된 시간 수이므로 학교에서는 교과 수업 시간 수 중 연간 34시간의 범위 내에서 감축하여 운영한다.

② 1시간의 수업은 초등학교 40분, 중학교 45분, 고등학교 50분을 원칙으로 한다. 다만, 기후, 계절, 학생의 발달 정도, 학습 내용의 성격 등을 고려하여 실정에 알맞도록 조절할 수 있다.

<표 1-16> 개정(안) 중학교 공통 교육과정 시간 배당 기준표

구 분		1 ~ 3학년
교과(군)	국어	442
	사회(역사 포함)/도덕	510
	수학	374
	과학/기술·가정	646
	체육	272
	예술(음악/미술)	272
	영어	340
	선택	204
창의적 체험활동		306
총 수업 시간 수		3,366

① 이 표에서 1시간 수업은 45분을 원칙으로 하되, 기후 및 계절, 학생의 발달 정도, 학습 내용의 성격 등과 학교 실정을 고려하여 탄력적으로 편성·운영할 수 있다.

② 학년군 및 교과(군)별 시간 배당은 연간 34주를 기준으로 한 3년간의 기준수업시수를 나타낸 것이다.

③ 총 수업시간 수는 3년간의 최소 수업 시수를 나타낸 것이다.

<표 1-17> 현행 고등학교 국민공통 기본 교육과정 단위 배당 기준표

구분 \ 학년 \ 학교		고등학교		
		10	11	12
교과	국 어	136(8)	선택 중심 교육과정	
	도 덕	34(2)		
	사 회	사 회 102(6)		
		역 사 102(6)		
	수 학	136(8)		
	과 학	136(8)		
	기술·가정	102(6)		
	체 육	68(4)		
	음 악	34(2)		
	미 술	34(2)		
	외국어(영어)	136(8)		
	소 계	1,020(60)	2,244(132)	
재량 활동		102(6)	·	·
특별 활동		68(4)	68(4)	68(4)
연간 총 수업시간 수		1,190(70)	1,190(70)	1,190(70)

① 10학년의 ( )안에 제시된 숫자는 단위수이다.

<표 1-18> 개정(안) 고등학교 선택 교육과정 단위 배당 기준표

구분	교과 영역	교과(군)	필수 이수 단위		학교자율과정 (선택 이수단위)
			교과(군)	교과 영역	
교과(군)	기초	국어	15(10)	45(30)	학생의 적성과 진로를 고려하여 편성
		수학	15(10)		
		영어	15(10)		
	탐구	사회 (역사/도덕 포함)	15(10)	35(20)	
		과학	15(10)		
	체육·예술	체육	10(5)	20(10)	
		예술 (음악/미술)	10(5)		
	생활·교양	기술·가정/제2외국어/한문/교양	16(12)	16(12)	
	소 계		116(72)		64
창의적 체험활동			24		
총 이수 단위			204		

① 1단위는 50분을 기준으로 하여 17회를 이수하는 수업량이다.
② 1시간의 수업은 50분을 원칙으로 하되, 기후 및 계절, 학생의 발달 정도, 학습 내용의 성격 등과 학교 실정을 고려하여 탄력적으로 편성·운영할 수 있다.
③ 필수이수단위의 교과(군) 및 교과 영역 단위 수는 해당 교과(군) 및 교과 영역의 '최소 이수 단위'를 가리킨다.
④ 필수이수단위의 ( ) 안의 숫자는 전문교육을 주로 하는 학교, 예체능 등 교육과정 편성·운영의 자율권을 인정받은 학교가 이수할 것을 권장한다.
⑤ 총 이수 단위 수는 교과(군)과 창의적 체험 활동의 이수 단위를 합한 것으로, 고등학교 졸업에 필요한 '최소 이수 단위'를 가리킨다.

<표 1-19> 현행 고등학교 선택중심 교육과정 (보통교과)

구분		선택 과목
교과	국 어	화법(6), 독서(6), 작문(6), 문법(6), 문학(6), 매체 언어(6)
	도 덕	현대 생활과 윤리(6), 윤리와 사상(6), 전통 윤리(6)
	사 회	한국 지리(6), 세계 지리(6), 경제 지리(6), 한국 문화사(6), 세계 역사의 이해(6), 동아시아사(6), 법과 사회(6), 정치(6), 경제(6), 사회·문화(6)
	수 학	수학의 활용(6), 수학 I(6), 미적분과 통계 기본(6), 수학 II(6), 적분과 통계(6), 기하와 벡터(6)
	과 학	물리 I(6), 화학 I(6), 생명 과학 I(6), 지구 과학 I(6), 물리 II(6), 화학 II(6), 생명 과학 II(6), 지구 과학 II(6)
	기술·가정	농업 생명 과학(6), 공학 기술(6), 가정 과학(6), 창업과 경영(6), 해양 과학(6), 정보(6)
	체 육	운동과 건강 생활(4), 스포츠 문화(4), 스포츠 과학(6)
	음 악 미 술	음악 실기(4), 음악과 사회(4), 음악의 이해(6) 미술과 삶(4), 미술 감상(4), 미술 창작(6)
	외국어	영어 I(6), 영어 II(6), 실용 영어 회화(6), 심화 영어 회화(6), 영어 독해와 작문(6), 심화 영어 독해와 작문(6)
		독일어 I(6), 독일어 II(6), 프랑스어 I(6), 프랑스어 II(6), 스페인어 I(6), 스페인어 II(6), 중국어 I(6), 중국어 II(6), 일본어 I(6), 일본어 II(6), 러시아어 I(6), 러시아어 II(6), 아랍어 I(6), 아랍어 II(6)
	한 문 교 양	한문 I(6), 한문 II(6) 생활과 철학(4), 생활과 논리(4), 생활과 심리(4), 생활과 교육(4), 생활과 종교(4), 생활 경제(4), 안전과 건강(4), 진로와 직업(4), 환경(4), 보건(4)

<표 1-20> 개정(안) 고등학교 선택 교육과정 (보통교과)

교과영역	교과(군)	과 목
기초	국 어	국어*, 화법과 작문 I, 화법과 작문 II, 독서와 문법 I, 독서와 문법 II, 문학 I, 문학 II
	수 학	수학*, 수학의 활용, 수학 I, 미적분과 통계기본, 수학 II, 적분과 통계, 기하와 벡터
	영 어	영어*, 영어 I, 영어 II, 실용 영어 회화, 심화 영어 회화, 영어 독해와 작문, 심화 영어 독해와 작문
탐구	사 회 (역사/도 덕 포 함)	사회*, 한국사*, 한국 지리, 세계 지리, 동아시아사, 세계사, 법과 정치, 경제, 사회·문화 도덕*, 생활과 윤리, 윤리와 사상
	과 학	과학*, 물리 I, 물리 II, 화학 I, 화학 II, 생명과학 I, 생명과학 II, 지구과학 I, 지구과학 II
체육·예술	체 육	체육*, 운동과 건강 생활, 스포츠 문화, 스포츠 과학
	예 술 (음악/미술)	음악*, 음악 실기, 음악과 사회, 음악의 이해 미술*, 미술과 삶, 미술 감상, 미술 창작
생활·교양	기술·가정	기술·가정*, 농업 생명 과학, 공학 기술, 가정 과학, 창업과 경영, 해양 과학, 정보
	제2 외국어	독일어 I, 독일어 II, 프랑스어 I, 프랑스어 II, 스페인어 I, 스페인어 II, 중국어 I, 중국어 II, 일본어 I, 일본어 II, 러시아어 I, 러시아어 II, 아랍어 I, 아랍어 II
	한 문 교 양	한문 I, 한문 II 생활과 철학, 생활과 논리, 생활과 심리, 생활과 교육, 생활과 종교, 생활 경제, 안전과 건강, 진로와 직업, 보건, 환경과 녹색성장

① 각 과목의 기본 단위 수는 5단위이며, 각 과목별로 1단위 범위 내에서 증감 운영이 가능하며, 가능한 한 한학기에 이수하도록 한다.
② * 표 한 과목은 교과(군)별 학습의 위계를 고려하여 선택할 수 있도록 지도한다. 이 과목은 4단위 범위 내에서 증감하여 운영할 수 있다.
③ 위 표에 제시된 과목 이외에 전문교과의 과목을 편성·운영할 수 있다.

생각시루에 물주기

<학생 - 교사> 상호작용에서

☺ 학생집단과 교사집단의 차이를 설명해 보세요.
☺ 특성의 눈으로 비특성의 존재를 이해할 수 있는 방법을 설명해 보세요.
☺ 교사의 긍정/부정적 말과 행동을 촉진/억제시킬 수 있는 방안을 설명해 보세요.
☺ 교·강사의 '효율적 학습지도'에 대한 학생, 학부모, 교·강사의 기대도를 비교해 보세요.
☺ 교사는 학습결손인 각각의 학생에게 어떤 조처를 취해야 좋을까요?
☺ 교사는 어떤 방법으로 학생, 특히 노는 애들에게 이해를 주어야 하겠습니까?
☺ '교사가 수업을 잘 한다'는 의미는 무엇입니까?
☺ '학습은 있어도 교육은 없다'는 의미를 설명해 보세요.
☺ '공부를 하지 않으려는 아이들'이 하고 싶어하는 공부를 하지 못하도록 막고 있는 이유는 무엇일까요?
☺ 일반 학교에서 학생들의 교육과정 선택권을 뒷받침할 수 있는 방안은 무엇일까요?
☺ 학교의 다양한 형태가 지니고 있는 장점을 설명해 보세요.
☺ '2007 개정교육과정'과 '2009 개정교육과정'의 차이를 설명해 보세요.
☺ 2009 중학교 공통 교육과정 시간(단위) 배당 기준표를 설명해 보세요.
☺ 2009 고등학교 선택 교육과정 단위 배당 기준표를 설명해 보세요.

1-5. 학생 - 학교

잠시, 저자인 저의 개인적인 얘기 좀 할까요(강성빈 편, 1995, p. 5). 제 큰 아이는 어릴적 유치원에 가는 것을 무척이나 좋아했습니다. 미운 7살이라는 말도 있듯이, 그 때쯤 부모님 말씀을 꽤나 안들을려고 애쓰기도 했었는데, "너 엄마·아빠 말 안들으면 유치원에 안보낼거야."라고 한마디 하면, 언제 그랬냐는 듯이 신기할 정도로 말을 잘 듣곤 했습니다. 초등학교에 다니게 될 때에는 학교라는 것을 좋아하기를 부모 좋아하기보다 더했던 것 같습니다. 브다 정확히는 학교를 사랑한다고 표현해야 할 정도였지요.

거의 대부분의 어린이들이 학교에 대해 나름대로 꿈의 나래를 펴며, 초등학교에 입학하게 된다고 믿어집니다. 그러나 불행하게도, 정말이지 안타깝게도, 그들 중의 상당수는 고등학교를 마치기 전에 - 경우에 따라서는 초1학년 초에 - 학교로 인해 마음의 상처를 입고, 한껏 날개를 퍼득여 보지도 못한 경우들도 있을 것이고, 나아가 학교에 대해 부정적 인식을 갖춘 채 졸업하기도 할 것이며, 또한 얼마 후 성인이 되어 학부모로서 학교에 대해 탐탁하지 않은 입장을 취하게 되기도 할 것입니다. 꿈과 사랑을 지니고 학교에 입학했는데, 찝찔음한 시각으로 학교를 바라보며 졸업하게 된다면, 무엇인가 일부 잘못되어가고 있는 것으로 판단됩니다.

그러니까, 학교를 설립해서 어떤 긍정적인 인간으로 기르겠다는 목표 하에 입학생을 받아들인 후, 기르는 과정(process)에서 무엇인가에 의해 학교 싫어하는 학생들을 만들어 내고 있는 것입니다.

학교의 무엇이 학생들이 학교를 싫어하게 했을까요?

학교의 위와 같은 현상은 학교의 압박요인(push factor)과 학교 밖의 유인요인(pull factor)으로 설명됩니다(김희복, 1992, p. 124). 다시 말하면, 학교가 학생들을 학교 밖으로 몰아내고 있는 현상이 있음과 동시에, 학교 밖에서는 학생들을 유인하는 요인이 있다는 것입니다.

뉴시스통신사의 손대선(2008)이 '탈학교 청소년 5만 시대 ① : 꿈 잃은 10대'라는 제목으로 작성한 기사를 살펴봅시다.

> 한해 학업포기 중고생 5만명 육박
> 교육과학기술부의 '2006년도 학업중단자 현황'에 따르면 중학교는 1만8968명, 고등학생은 2만7930명이 학교를 그만 둔 것으로 나타났다. 이 해에만 중·고등학교에서 4만6898명이 학업을 포기한 것이다(하루에 128명꼴입니다 - 저자 주).
> 이는 전체 중고생의 약 1.22% 수준이다. 그러나 재입학률은 10%내외에 머물고 있는 것으로 알려졌다. ……
>
> 이들은 어디서 무엇을 하나
> 탈학교 청소년에 대한 실태조사는 민간이 운영하는 대안교육 기관이나 몇몇 뜻있는 시민단체 중심으로 이뤄지고 있다. 예산과 인력부족으로 인해 실태조사의 절대적인 신뢰성은 부족하지만 현재로서는 탈학교 청소년들의 삶을 엿볼 수 있는 유일한 통로이다.
> 서울시 대안교육센터에 따르면 탈학교 청소년 중 대부분은 속칭 '히키코모리(사회성 부족으로 온종일 방안에 틀어박혀 나오지 않는 사람)'가 되거나 피시방에서 하루를 때운다. 이른바 '은둔형 외톨이'는 탈학교 청소년들에게서 흔히 볼 수 있는 현상이다.
> 가정에서도 환영받지 못한 아이들은 길거리로 나선다. 그러나 가진 돈도, 직업을 얻을 능력도 없는 청소년들에게 사회생활은 '가시밭길'이다.

청소년들은 그 또래가 할 수 있는 손쉬운 직업을 택한다. 유흥가에서 취객들을 유흥업소로 이끄는 소위 '삐기'들의 상당수는 10대 탈학교 청소년들이다.

전문가들은 청소년들의 집단생활을 가장 경계한다. 서울의 신림, 청량리 일대의 속칭 쪽방촌에서는 비슷한 처지의 10대 남녀 8~9명이 혼숙하는 모습을 쉽게 찾아볼 수 있다. 원하지 않는 임신과 폭행 등이 이곳에서 벌어진다.

그러나 가장 우려되는 것은 인터넷의 발달로 인해 급속히 늘어난 성매매이다. ……

정부, 사회안전망 구축 관심은 있나?

한국청소년상담원 통계에 따르면 탈학교 청소년들이 학교를 그만둔 가장 큰 이유는 '학교·학습 부적응'이다. 그 원인은 학교와 배움에 흥미를 잃었기 때문이다. 이들은 '경쟁적·획일적·폭력적 학습문화'와 '전일제·학기제·주입암기식 학습방식'에 거부감을 나타내고 있다.

서대문청소년수련관이 운영하는 '도시속 작은 학교'의 황인국 관장은 현장 경험을 토대로 "2000년초반만해도 탈학교 청소년 발생의 주원인은 가정해체였지만 최근에는 입시경쟁에서 탈락한 아이들이 많다"고 말했다.

그는 "경제적으로 보면 과거가 극빈층의 아이들이 탈학교화 되지만 최근에는 차상위, 중산층으로 확대되고 있다"고 설명했다.

정부는 탈학교 청소년이 점차 사회문제화되자 2004년 '학교 부적응 및 학업중단 대책'을 발표해 대응책을 마련했다.

대책에 따르면 정부는 단위학교에 전문상담 인력을 배치하고, 학교-대안교육기관-청소년상담실로 연계되는 '학업중단자 지원 네트워크'를 강화하기로 했다.

또 대안학교를 각종학교 형태로 법제화해 학력인정을 추진하고 이를 위해 초·중등 교육법을 개정하고 대안학교 설립·운영에 관한 규정(대통령령)을 제정하기로 했다.

그러나 이같은 내용은 4년이 지난 현재까지도 그 어느것 하나 구체화되지 못했다. 대안학교의 법제화나 전문상담 인력의 충원은 관련 예산이 제대로 확보되지 않아 요원한 실정이다.

복지부의 '위기청소년안전망' 사업의 올해 예산은 55억에 불과하다. 위기청소년 1인당 11만원 꼴이다.

서울시 대안교육센터 강원재 부센터장은 "공교육안에서 그 동기를 못찾았을 때 강요나 질책이 아니라 내재된 동기를 찾아주는 것. 삶의 멘토로서 동기와 잠재력을 이끌어내는 것이 중요하다"며 당국의 적극적인 대책마련을 요구했다.

위 글의 핵심은

첫째, 우리의 청소년들이 년 5만명 가까이, 하루에 128명꼴로 학교를 그만둔다는 것

둘째, 이들은 결코 바람직한 생활을 하기 힘들다는 것

셋째, 학교와 학습에 흥미를 잃고, 거부감을 나타낸다는 것

넷째, 공교육 안에서 그 동기를 못찾았을 때, 강요나 질책이 아니라 삶의 멘토로서 동

기와 잠재력을 이끌어내는 것이 중요하다는 것입니다.

교사는 학교 싫어하는 학생들을 어떻게 대처해야 할까요?

생각시루에 물주기

<학생 - 학교> 상호작용에서

☺ 학교의 무엇이 학생들이 학교를 싫어하게 했을까요?
☺ 교사는 학교 싫어하는 학생들을 어떻게 대처해야 할까요?

1-6. 학생 - 사회/문화

학생 - 사회/문화의 상호작용에서는 '행복지수'라는 절과 학생을 이해하는 힘보다는 학생을 심판하는 힘이 더 큰 '심판 > 이해'라는 절로 나누어 살펴보겠습니다.

1-6-1. 행복지수

영국의 신경제학재단(NEF, http://www.neweconomics.org/)이 2006년에 발표한 '행복한 지구지수(행복지수)'에 의하면, 조사대상 178개국 중, 한국은 중간 이하인 102위로 나타났습니다. 우선, 이 지수에 관한 자세한 사항을 'BKlove'님의 블로그(http://bklove.net/302)를 빌어 소개합니다.

행복한 지구 지수[행복지수] '102등'의 초라한 성적표

한반의 학급이 178명이라면, 중간이라도 하려면 89등 정도는 해야 합니다. 그런데 102등을 했다고 하면 '참 성적이 나쁘구나 하겠죠.' 뒤에 남아있는 76명의 학생들을 보면, 그래도 좀 안도감이 들까요?
다름아닌 '행복한 지구 지수(HPI,Happy Planet Index)' 라는 수치에 대한 국가별 성적에 대한 이야기입니다. 한국은 178개 나라에서 102위를 했는데요. 참 저조한 성적이네요.

여기서 등장한 '행복한 지구 지수'는 기존의 말하던 '행복지수'와는 조금 산정방식이 다릅니다. 언론에서는 그냥 행복지수라고 통일해서 말하던데… 정확히 구분하면, 행복지수는 영국의 심리학자 로스웰(Rothwell)과 인생상담사 코언(Cohen)이 만들었는데, 이때 사용한 항목은 개인적 특성P(personal), 생존 조건E(existence), 고차원 특성H(higher order)를 통해서 계산한 수치구요. 여기서 개인적 특성은 생존 조건보다 중요하고, 생존 조건은 고차원 특성보다 중요하게 다뤄집니다.

반면 이번에 발표된 '행복한 지구 지수' 영국의 신경제학재단(NEF)이라는 곳에서 발표한 수치입니다. 여기서 수치를 산출하기 위해서 사용한 항목은 삶의 만족도(Life Sat.), 평균 수명(Life Exp.), 환경적인 요건(EF/에너지 소비, 생존에 필요한 면적)을 계산해서 나온 수치이죠. 무엇보다도 환경적인 요건, 즉 자원을 얼마나 효율적으로 사용하고 있는가를 포함하는 수치입니다. 수명과 삶의 질이 높다고 하더라도, 자원 파괴가 심하거나 자원을 효율적 사용하는 정도가 낮다면 수치는 당연히 떨어지게 됩니다.

Countries	Life Sat	Life Exp	EF	=	HPI
ASIA					
Vietnam	6.1	70.5	0.8	=	61.2
Bhutan	7.6	62.9	1.3	=	61.1
Sri Lanka	6.1	74.0	1.1	=	60.3
Philippines	6.4	70.4	1.2	=	59.2
Indonesia	6.6	66.8	1.2	=	57.9
China	6.3	71.6	1.5	=	56.0
Thailand	6.5	70.0	1.6	=	55.4
Maldives	6.6	66.6	1.6	=	53.5
Bangladesh	5.7	62.8	0.6	=	53.2
Malaysia	7.4	73.2	3.0	=	52.7
Timor-Leste	6.6	55.5	0.8	=	52.0
Nepal	5.5	61.6	0.6	=	50.0
Mongolia	6.7	64.0	1.9	=	49.6
India	5.4	63.3	0.8	=	48.7
Burma	5.3	60.2	0.9	=	44.6
Taiwan	6.6	76.1	3.9	=	43.4
Hong Kong	6.6	81.6	4.6	=	42.9
Cambodia	5.6	56.2	1.1	=	42.2
Japan	6.2	82.0	4.3	=	41.7
Brunei Darussalam	7.6	76.4	5.9	=	41.2
Korea	5.8	77.0	3.4	=	41.1
Laos	5.4	54.7	1.0	=	40.3
Pakistan	4.3	63.0	0.7	=	39.4
Singapore	6.9	78.7	6.2	=	36.1

아시아의 순위 비교

'행복한 지구지수'에서 한국은 102**위입니다. 살짝 더 절망스러운 것은 아시아 국가** 24 **개국중에** 21**등입니다.** 거의 낙제 점수네요. 한국은 평균수명(Life Exp. / 최고 82)에서는 다소 괜찮은 점수인 77세를 기록했지만, 나머지 두 부분은 다소 실망스럽습니다. 삶의 만족도(Life Sat. / 최고 8.2)에선 5.8점을 기록했네요. 다른 수치와는 달리 낮을수록 좋은 환경적인 요건(EF / 최저 0.5)에서는 3.4입니다.

아시아의 다른 국가 중에 만만한 일본은 전체순위는 95위, 아시아에서 보면 우리보다 두 계단 높은 19위입니다. 일본의 경우 삶의 만족도(6.2), 평균 수명(82)로 성적이 좋은 편인데, 환경적인 요건(4.3)탓에 성적이 낮게 나왔습니다.

이번 조사에서 1위는 사실 이름도 들어본 적이 없는 '바누아투'라는 나라인데요, 오세아니아군도 정확히 남서태평양 솔로몬제도와 뉴질랜드 사이에 있다고 하는 이 나라는 영국-프랑스의 식민지로 있다가 1980년에야 독립한 20만명의 인구를 가진 조그마한 나라입니다. 가장 큰 변수가 된 부분은 환경적인 변수(EF)인데요, 바누아투는 삶의 만족도(7.4), 평균 수명 (68.6)이지만, EF는 1.1로 낮아서 좋은 성적이 나왔습니다. 물론 삶의 만족도도 높은 편이죠.

개별적인 수치에서의 순위를 살펴보면 '삶의 만족도'가 가장 낮은 곳은 3.0을 받은 아프리카의 부룬디입니다. 가장 높은 곳은 스위스로 8.2점이군요. **'평균 수명'에서 최저점은 아프리카의 스와질란드인데요. 놀랍게도 32.5세입니다. 21세기에 평균이 32.5세라는 놀라운 수치는 이 나라 인구가 107만명 정도인데, 그중 40%가 에이즈에 감염되어 있다고 합니다.** 진짜 입이 다물어지지 않는군요. 가장 수명이 높은 곳은 일본으로 82세입니다. 환경적인 요건이 가장 좋은 곳은 서인도제도의 아이티(0.5)이고, 가장 나쁜 곳은 UAE(9.9)입니다. 재밌는 사실은 다음으로 높은 두 나라가 있는데, 수치가 9.5입니다. 한 곳은 중동아시아의 카타르라는 곳이고, 다른 한 곳은 미국입니다. ^^!!

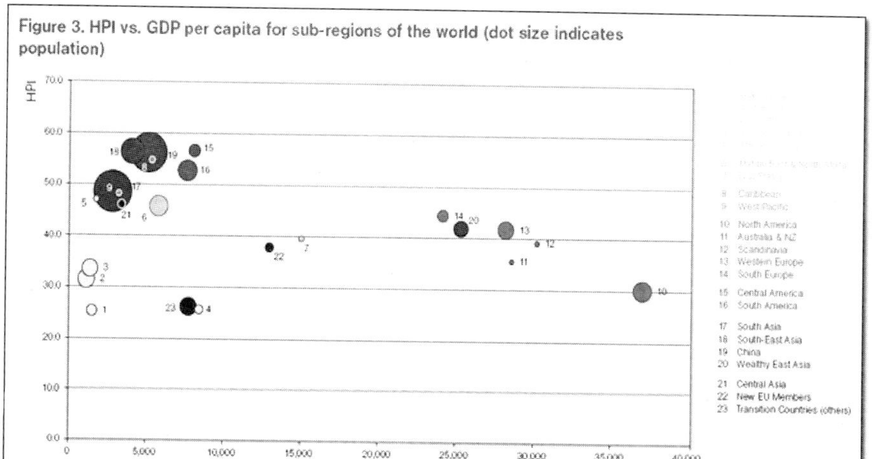

Figure 3. HPI vs. GDP per capita for sub-regions of the world (dot size indicates population)

대륙별로 본 GDP소득과 HPI지수의 상관관계

위 수치는 각 지역별로 GDP를 산출하고, GDP가 행복한 지구 지수(HPI)에 어떤 영향이 되는가를 보여주는 부분인데요. 가로는 GDP로 오른쪽으로 갈수록 소득이 높고, 세로는 HPI로 위로 갈수록 행복하다는 것을 의미합니다. **HPI의 지수가 높은 곳이 많이 분포된 왼쪽 윗부분의 GDP는 5000달러에도 미치지 못하고 있습니다. 역시 행복은 소득의 순**

서는 아닌걸까요?
한가지 안타까운 점은 조사에서 등장하는 대부분의 하위권은 아프리카 대륙에 있다는 것입니다. 특히 문제가 되는 부분은 평균 수명입니다. 에이즈 감염율이 높은 이유로 대부분 평균 수명이 40세를 전후하는 정도로 머물러 있더군요. **한 대륙, 한 국가의 문제라기보다는 인류의 문제로 받아들이고.. 전세계적인 대처를 해야 하는 대목이 아닐까 합니다.** 특히 다국적 제약회사들도, 가난한 아프리카에서만은 특허권을 유지해서 돈 벌 생각 말고, 적극적인 대처를 하면 좋겠다는 생각을 해봤습니다.
일반적인 행복지수와 달리 이번에 발표된 행복한 지구 지수는 우리가 자원을 얼마만큼 잘 활용하고 있으며, 또 거기에 따라 어느 정도의 삶의 질을 가지고, 얼마만큼 오래 살고 있는가하는 문제를 보여주는 부분입니다. 102위라는 성적은 다소 문제가 있어 보이는군요.

위 인용문에서
첫째, 행복지수에서 178개국 중, 한국이 102위이고,
둘째, 아시아 국가 24개국 중, 한국이 21위라네요. 그리고,
셋째, 국가별 행복지수와 소득이 정비례하지 않습니다.

여기서 교육과 관련해 세 가지를 생각해 보도록 하죠.
첫째, 무엇을 위해 즉, 왜 교육시키는가하는 교육의 목적에 관한 것입니다.
학교와 교사는 왜 학생을 가르치고자 하는 것일까요? 여러 가지 이유가 있겠지만, 학생의 행복을 위해야만 한다는 점도 분명히 포함될 것이고, 더군다나, 학생의 행복을 위함이라는 이유는 교육목적의 위계에서 제일 상위에 속해야만 할 것입니다. 왜냐하면, 실존으로서의 인간보다 더 높은 상위개념이 교육에 없기 때문입니다.
현재, 교사는 학생의 행복을 위해 가르치고 있습니까?

둘째, 사회변화의 원동력으로서의 교육과 사회의 관계입니다.
교육이 사회를 변화시키는 것일까요, 아니면 사회가 교육을 변화시키는 것일까요? 이 관계는 교육에서 유전론과 환경론의 관계만큼이나 명확하게 규정지을 수 없는 것이기도 합니다. 일단, 교육이 사회를 변화시킬 수 있는 상황이 무슨 상황인지, 다시 말하면, 교육이 어떻게 하면 사회를 변화시킬 수 있는지 생각해 봅시다.

셋째, 교사가 학교생활에서 학생의 행복을 위해 무엇을, 어떻게 하면 되겠습니까?

이렇게 하려면, 행복이 무엇인지 알아야겠죠?

행복지수 1위인 '바누아투'를 방문하여, 그들이 삶을 취재한 OhmyNews 김효석(2007)의 글을 살펴보면서, 행복한 삶이 어떤 것인지 생각해 봅시다.

웃음이 떠나지 않는 얼굴 - 행복지수 1위의 바누아투를 찾아서

2006년 영국 신경제재단에서 조사한 행복지수에서 낯선 이름의 나라가 1위를 차지했다. 뉴질랜드 옆에 위치한 섬나라 '바누아투'가 그 주인공이다.

'가난해도 행복할 수 있다, 가난하다고 해서 삶의 만족도를 느끼지 못할 이유가 없다'는 사실은 우리도 이미 알고 있는 것이다. 하지만 실천할 수 없는 교과서 같은 이야기임을 인정할 수밖에 없다.

덜 가지고, 소박하게 사는 삶을 이해하기에는 나는 너무 속물이다. 하지만 바누아투에서 3주를 보내고 난 뒤, 행복이 소득과 비례하지 않는다는 사실을 어렴풋이 이해하게 되었다. 그들과 함께 웃고 있노라면, 욕심도 불안도 큰 문제로 느껴지지 않는다. 그저 이렇게 평화롭게 살아도 될 것 같고, 한국에 두고 온 내 직업과 아끼던 물건들도 먼지처럼 느껴진다.

앞으로 가져야 할 것, 이루어야 할 것에 대해 애태우는 것보다, 지금 가진 것에 만족하고 얼마나 더 웃을 수 있는지에 대해 고민하는 게 더 낫다는 사실을! 바누아투 사람들은 웃으며 알려주는 것 같다.

24시간 눈앞에서 볼 수 있는 활화산이 있는 타나섬의 원주민들. 이제 22살의 아가씨들은 학교에서 영어를 배워 관광객들에게 마을을 안내하고 있다.

두 여성은 학교에서 영어를 배워 돈을 벌 수 있는 일을 하고, 그 돈으로 마을 사람들을 돕는단다. 돈을 버는 사람이 고기와 비누 같은 것을 사서 마을 사람들과 나눠서, 친척 아이들의 교육을 돕는 것이다.

세계 어디에 가나 어린이들은 천진난만하고 아름답다. 학교에 갈 수 있는 아이들은 아침 7시부터 일어나 코코넛과 얌을 먹으며 학교에 간다. 점심때는 집에 가서 점심을 먹고, 축구를 하며 시간을 보내고, 다시 학교로 와 공부를 하고 친구들과 공놀이를 하거나 돼지를 치면서 저녁을 맞이한다.

큰 도시를 제외하고는 아이들은 대부분 텔레비전도 컴퓨터 게임도 없이 종일 잔디를 뛰어다니거나 바닷가에서 수영을 하며 하루를 시작하고, 하루를 보낸다. 높은 하늘과 넓은 바다에서 자란 아이들이라 그런지 누구에게나 말을 걸고, 자신있게 인사를 한다.

바누아투는 뉴질랜드와 호주, 일본에는 잘 알려진 관광지다. 우리에게는 낯선 나라이지만, 타히티와 피지에 지겨워진 호주인들이 많이 찾는 색다른 관광지인 것.

관광객들이 뽑는 바누아투의 가장 큰 매력은 바로 사람들의 친절한 인사와 미소였다. 어느 나라에서 왔든 지나가는 모든 사람은 스쳐만 가도 인사를 한다. "헬로우~" 한 손을 들고, 미소까지 머금은 인사는 결코 돈을 바라는 가난한 관광지의 웃음이 아니었다.

ⓒ 김효석

시간이 갈수록 익숙해져 우리 역시 습관처럼 인사를 하게 되었다. 지나가는 모든 사람이 이웃이고 친구일 수 있는 나라가 바로 바누아투다!
바누아투 최북단, 뱅크지역의 모타라바섬 근교의 무인도에서 노는 두 아이, 그리고 우리의 여행을 안내한 청년 바니와 그의 친척들이 마을 어귀에서 5년 만의 해후를 풀었다.
바누아투가 행복지수 1위의 국가로 뽑힐 수 있는 이유 중 하나는 아마도 이들의 긍정적인 사고방식이었을 것이다. 행복지수를 계산하는 공식 중 중요한 부분이 바로 '삶의 만족도'이다. 자기 삶에 대한 만족도에 대해 답할 때, 이들의 평소 긍정적 사고방식이 큰 영향을 주었을 것이다.
늘 웃음을 달고 다니고, 무표정한 우리에게 먼저 웃으며 다가오는 바누아투 사람들! 걱정과 불안보다 현재를 즐기고 다른 사람과의 비교에 익숙하지 않은 사람들. 이들의 순박한 미소가 곧 세계 1위의 행복을 말해주는 가장 명백한 증거다!

1-6-2. 심판 〉 이해

교육에 평가라는 분야가 있습니다. 교육평가라고 하지요.

평가의 대상으로는 학교, 교사, 학생 등이 있는데, 이 절은 학생평가와 관련된 논의입니다.

학생의 무엇을 평가할 수 있는가의 평가대상은 일반적으로 생각하는 것보다 범위가 넓습니다. 즉, 학생의 인지적 학업성취력 이외에도 다양한 영역들이 있다는 것입니다. 이 영역들을 황정규(1989, pp. 275-370, 제20장), 안창규(1991, pp. 46-50) 등을 종합하여 제시하면 다음과 같습니다.

1. 수업 전의 시발행동 영역

1.1 지적 시발행동

1.1.1 일반 지적 시발행동

- 지능
- 언어능력
- 창의력
- 정보처리능력
- 인지양식

1.1.2 준일반 지적 시발행동(특정 교과목에 영향을 주는 특수 능력)

- 적성
- 독해력
- 수학(數學)능력

1.1.3 특수 지적 시발행동(학습과제와 밀접한 관련이 있는 능력)

- 선수학습의 정도
- 이전의 학업 성적

1.2 정의적 시발 행동

1.2.1 흥미

- 일반흥미
- 학교에 대한 흥미
- 특정 교과에 대한 흥미

1.2.2 태도

- 일반적 태도
- 학교에 대한 태도
- 교사에 대한 태도
- 교과목에 대한 태도

1.2.3 불안

- 일반적 신경증적 불안
- 학교에 대한 불안
- 교사에 대한 불안
- 교과목에 대한 불안

1.2.4 자아개념
- 일반적 자아개념
- 학문적 자아개념
- 특정교과에 대한 자아개념

1.3. 환경 영역(학습자의 지적 및 정의적 시발 행동과 관련된 것)

1.3.1 가정환경
- 작용환경
- 지위환경

1.3.2 학급 및 학교의 학습환경

1.3.3 사회적, 국가적, 세계적 환경

1.4 신체 기능 영역

2. 수업 과정상의 영역

2.1 진행 중인 학습목표의 달성 정도

2.2 만약 진행 중인 학습목표의 달성이 곤란하다면, 그 원인은 무엇인가?

3. 일정 기간 동안의 수업을 마친 후의 영역

3.1 전체적인 학습목표의 달성 정도

3.2 상대적인 학업 성취 능력

위에서 보시다시피, 학생에 대해 평가할 영역이 다양한데, 문제는 우리 사회/문화에서 학생에 대한 평가가 '3.3.2 상대적 학업성취능력'에 과도하게 집중되었다는 점입니다. 이 평가는 '상대적'이라는 표현에서 알 수 있듯이, 남과의 비교를 기반으로 하고 있습니다.

한 학생을 실존적 존재로서 이해하기보다, 다른 학생들과의 비교를 통해 이해하려는 문화는 결과적으로 학생을 이해하는 힘보다는 학생을 심판하는 힘이 더 큰 '심판 > 이해' 라는 문화를 산출하게 됩니다. 이런 문화의 문제점을 황정규(1998, pp. 38-40)의 지적을 통해 살펴봅시다.

인간이해와 인간규정

교육평가는 인간 이해를 위해 존재하는 것이지 인간 규정을 위해 존재하는 것이 아니라는 명제를 교육평가의 중요한 특징으로 이해해야 한다.

첫째, 인간은 현실성보다 가능성이 크고, 주어진 조건보다 개발될 수 있는 잠재가능성이 무한하다는 명제를 신념해야 한다.

현재의 그, 현재의 그의 능력, 현재의 그의 성적보다 그것을 극복하고 개발할 수 있는 미래의 그의 능력, 미래의 그의 인간됨의 가능성이 크며 다양할 수 있다는 사실에 보다 더 의미를 부여할 때 거기에는 인간 이해의 평가개념이 발생한다.

그러나 이같은 가능성을 부인하고 현실성에 집착할 때 거기에는 인간을 심판, 판단, 범주화시키는 인간 규정의 의식이 대두된다. 현대인은 직업에 매달려 산다. 산업사회, 공업사회, 그리고 관료사회, 도시사회에서는 직업이 생활의 원천이기도 하지만 인간을 전락시키고 타락시키는 원천이기도 하다.

고대에서 현대에 이르는 동안 거기에는 교사라는 인간이 있었다. 인간과 인간과의 따뜻한 가슴과 호흡이 있었다. 그러나 현대라는 시간 속에는 교사라는 인간은 온데 간데 없고 교사라는 '직업'이 있을 뿐이다. Karl Marx의 이론을 빌리면 직업이 분화되고 전문화되고, 제도화되면서 인간이 소외되는 비인간화의 특징이 교육에도 그대로 나타나고 있다고 해석할 수 있다.

학생의 폐부(肺腑)와 인간성 속에 들어가 본 일이 없는 직업인, 학생의 아픔이 곧 내 아픔으로 묻어나는 일이 없는 교사상, 이러한 직업인이 빚어내는 병리현상의 하나가 곧, 인간 규정, 인간 판단의 역사를 탄생시키고 있다.

원래의 출발이야 그렇지 않았을 일이지만 지금은 인간을 이해하는 따뜻한 이해자로서의 평가보다는 따지고 캐고, 야단치고, 판단하고, 심판하고, 분류하는 인간 규정의 직업적 습성이 짙어져 가고 있다. 'IQ 140 = 너는 천재', '국어 40점짜리 = 너는 바보', '평균점수 50점 = 너는 낙제생, 게으름뱅이'라는 인간 규정, 인간 심판의 대담한 판결문을 서슴치 않고 선고한다 이같은 교사의 의식과 철학 속에는 인간을 이해하고, 인간의 가능성이 현실성보다 더 크다는 명제에 대한 프로메데우스와 같은 신념은 찾아 볼 수 없다.

교육평가의 목적은 행동증거를 수집하여 얻은 결과에 의해 '어디가 어떠니 어떻게 해야 하겠다'는 다음의 형성적 목적에 이바지하기 위한 것이다. 지금 이 모양이니, 지금 이렇게 훌륭하리라고 현실성에만 집착하고 있을 뿐 학생들이 바람직한 성충에로 부화할 가능성을 등지고 있을 때 교육은 흐르지 않는 늪이 되고 비젼을 상실한 범속직으로 타락한다. 지금의 문제아, 지금의 성적 불량아, 지금의 골치덩이가 내일에는 보다 나은 인간으로 부화될 가능성이 있음을 믿어주고, 또 그러한 철학 위에서 교육평가의 이정표가 계획되어야 한다. ……

'심판>이해'의 문화에서 '이해>심판'의 문화로 전환하는데 있어서, 교사의 역할은 무엇일까요?

생각시루에 물주기

<학생 - 사회/문화> 상호작용에서

☺ 학교와 교사는 왜 학생을 가르치고자 하는 것일까요?
☺ 교사는 학생의 행복을 위해 가르치고 있습니까?
☺ 교육이 어떻게 하면 사회를 변화시킬 수 있겠는가?
☺ 교사는 학생의 행복을 위해 무엇을, 어떻게 하면 되겠습니까?
☺ 행복한 삶이란 어떤 것일까요?
☺ '이해>심판' 문화를 산출할 수 있는 교사의 역할은 무엇일까요?

생각시루에 물주기 : 1장 종합

<학생 - 자기 자신>
☺ 학생의 특성에 관해 읽은 글을 열거해 보세요.
☺ 학생집단이 얼마나 다양한지 설명해 보세요.
☺ 개개 학생이 얼마나 독특한지 설명해 보세요.
☺ 학생이 당면할 수 있는 고뇌를 설명해 보세요.
☺ 교사로서 학생에게 줄 수 있는 관심의 종류/정도를 설명해 보세요.

<학생 - 가정>
☺ 학생이 당면할 수 있는 고뇌를 설명해 보세요.
☺ 위 고뇌에 교사가 도움 줄 수 있는 방법을 설명해 보세요.

<학생 - 교우>
☺ 또래집단의 기능을 설명해 보세요.
☺ 손가락질/눈총 받는 학생을 도울 수 있는 방법을 제시해 보세요.
☺ 학생이 고민을 선생님과 나누게 할 수 있는 방법을 제시해 보세요.

<학생 - 교사>
☺ 학생집단과 교사집단의 차이를 설명해 보세요.
☺ 특성의 눈으로 비특성의 존재를 이해할 수 있는 방법을 설명해 보세요.
☺ 교사의 긍정/부정적 말과 행동을 촉진/억제시킬 수 있는 방안을 설명해 보세요.
☺ 교·강사의 '효율적 학습지도'에 대한
학생, 학부모, 교·강사의 기대도를 비교해 보세요.

☺ 교사는 학습결손인 각각의 학생에게 어떤 조처를 취해야 좋을까요?
☺ 교사는 어떤 방법으로 학생, 특히 노는 애들에게 이해를 주어야 하겠습니까?
☺ '교사가 수업을 잘 한다'는 의미는 무엇입니까?
☺ '학습은 있어도 교육은 없다'는 의미를 설명해 보세요.
☺ '공부를 하지 않으려는 아이들'이 하고 싶어하는 공부를
하지 못하도록 막고 있는 이유는 무엇일까요?
☺ 일반 학교에서 학생들의 교육과정 선택권을 뒷받침할 수 있는 방안은 무엇일까요?
☺ 학교의 다양한 형태가 지니고 있는 장점을 설명해 보세요.
☺ '2007 개정교육과정'과 '2009 개정교육과정'의 차이를 설명해 보세요.
☺ 2009 중학교 공통 교육과정 시간(단위) 배당 기준표를 설명해 보세요.
☺ 2009 고등학교 선택 교육과정 단위 배당 기준표를 설명해 보세요.

<학생 - 학교>
☺ 학교의 무엇이 학생들이 학교를 싫어하게 했을까요?
☺ 교사는 학교 싫어하는 학생들을 어떻게 대처해야 할까요?.

<학생 - 사회/문화>
☺ 학교와 교사는 왜 학생을 가르치고자 하는 것일까요?
☺ 교사는 학생의 행복을 위해 가르치고 있습니까?
☺ 교육이 어떻게 하면 사회를 변화시킬 수 있겠는가?
☺ 교사는 학생의 행복을 위해 무엇을, 어떻게 하면 되겠습니까?
☺ 행복한 삶이란 어떤 것일까요?
☺ '이해>심판' 문화를 산출할 수 있는 교사의 역할은 무엇일까요?

참고문헌

강성빈 편저(1995). 깨어있는 것 자체가 고통이었다, **교육이라는 이름의 신화**. 양서원.

강성빈(1999). **교육과정과 평가 제3판**. 상조사.

강성빈(2009a). 기대하는 학교교사상과 학원강사상의 비교. **인문학논총**, **제14집**, **1호**, 229-253. 경성대학교 인문과학연구소.

강성빈(2009b). 학습자, 학부모 및 교사가 기대하는 교사상 분석. **한국교원교육연구**, Vol. 26, No 3, 417-437. 한국교원교육학회.

교육과학기술부(2009). 2009 **교육통계연보**.

김대유(1995). **이 아이들을 어찌할 것인가**. 내일을 여는 책.

김정자(1985). **중등학교 학생이 바라는 바람직한 교사의 자질**. 이화여자대학교 교육대학원 석사학위논문.

김희복(1992). **학부모 문화 연구**. 서울대학교 대학원 박사학위 논문.

민무숙(1993). 고교생 또래문화의 지역간 차이에 관한 연구. **한국청소년연구**, **제13호**, **여름**, 31-47.

성찬회(2010. 01). 2009 **개정 교육과정의 올바른 이해**. 교육과학기술부.

안창규(1991). 교육평가의 형태와 방향. **교육평가 일반연수교재(중등학교) 부교연수** 90-25. 부산직할시 교원연수원.

이인효(1990). **인문계 고등학교 교직문화 연구**. 서울대학교 대학원 박사학위 논문.

이혜정(1989). **'노는 애들'의 세계**. 서울대학교 대학원 석사학위 논문.

이희연(1994). 청소년 또래문화 조사연구. **한국청소년연구**, **제17호**, **여름**, 155-173.

정영숙 외 역(2009). 청소년 심리학 제12판. Rice, F. P., & Dolgin, K. G.(2008). *The Adolescent : Development, Relationships, and Culture 12ed.*, 시그마프레스.

한국산업인력공단 중앙고용정보원(2003). 2003 **한국직업사전**.

한국청소년쉼터협의회(2007). 2007 **가출청소년 및 청소년쉼터 실태 조사**.

현병호(2001). 대안교육의 의의와 현황 그리고 전망. **진보평론**, **제10호**, 101-123.

황정규(1989). **학교학습과 교육평가**. 교육과학사.
황정규(1998). **학교학습과 교육평가, 개정판**. 교육과학사.

BKlove(2006). 행복한 지구지수(행복지수) '102등'의 초라한 성적표. **논쟁과 진실, 블로그** BKlove, http://bklove.net/302
김효식(2007). 웃음이 떠나지 않는 얼굴 - 행복지수 1위의 바누아투를 찾아서. Ohmy News, 2007.05.27.
http://www.ohmynews.com/nws_web/view/at_pg.aspx?CNTN_CD=A0000412717
마이스터고등학교. http://www.meisterschool.or.kr/introduction/meister.jsp
박노자(2009). '학습'은 있어도 '교육'은 없다. **한겨레, 박노자 칼럼**, 2009/05/25.
http://hani.co.kr/arti/opinion/column/356942.html
손대선(2008). 탈학교 청소년 5만 시대 ① : 꿈 잃은 10대, **뉴시스**, 2008.09.29.
http://www.newsis.com/article/view.htm?cID=article&ar_id=NISX20080928_0000179136
위키백과(2009). 또래집단, *http://ko.wikipedia.org/wiki/*
통계청, http://kostat.go.kr/. 가출 청소년 현황, 2008 **청소년통계**.xls, 8.2.
통계청, http://kostat.go.kr/. 국가통계포털 국내통계, 인구·가구>인구동향조사>**혼인/이혼**.
통계청, http://kostat.go.kr/. 청소년 고민상담 대상, 2008 **청소년통계**.xls, 1.12.

제2장

교사와 학부모의 상호작용

제 2장에서는 교사와 학부모의 상호작용에 관해, '학부모의 자녀에 관한 정보 요구(욕구)'와 '학부모의 교사/교감·교장에 대한 평가'로 나누어 살펴보며, 전자는 다시 '정보공시제', '나이스(Neis)', '생활기록부' 그리고 '면대면 만남'으로 나누어집니다.

〈핵심 내용〉

첫째, 교사가 학부모와 상호작용하는 상황을 분석할 수 있고,
둘째, 이 상황에서 바람직한 교사의 능력을 갖출 수 있으며,
셋째, 결국, 이러한 능력을 갖춰 교사의 전문성을 함양할 수 있다.

2-1. 학부모의 자녀에 관한 정보 요구(욕구)

학부모가 자녀를 학교와 교사에게 맡기고 난 후, 학교와 교사에게 요구하는 가장 큰 것 중의 하나가 자녀에 관한 정보를 충분히 알고 싶어하는 것일 겁니다.

이 정보를 충실히 제공하는 것은 학교와 교사에 대한 신뢰도를 높이는 여러 요인 중의 하나이며, 교사 - 학부모 관계의 핵심입니다.

학부모의 자녀에 관한 정보 요구에 관한 것을 '정보공시제'와 '나이스' 그리고 '생활기록부'와 '면대면 만남'으로 나누어 교사 - 학부모의 상호작용을 살펴봅니다.

2-1-1. 정보공시제

교육관련기관의 정보공개에 관한 특례법(일부개정 2008.2.29, 법률 제8852호)에 따라, 학교는 규정된 정보를 인터넷(http://www.schoolinfo.go.kr/index.jsp)을 통해 공개하게끔 되었습니다.

학교정보공시제의 취지와 초/중등학교의 분류기준과 지침기준에 의한 정보공시항목은 다음과 같습니다.

> "우리 아이들이 학교에서 보내는 시간은 하루 최고 14시간. 아이들이 학교에서 무엇을 배우그, 어떻게 시간을 보내는지, 학교의 시설이나 급식 등 교육여건은 안전한지, 많은 학부모님들은 자녀의 학교생활에 대해 궁금할 수밖에 없습니다.
> 2007년을 기준으로, 국가 총예산 238조의 11%에 해당하는 27조가 조금 넘는 금액이 초/중등 교육예산으로 쓰였으며, 납세자인 국민들은 매년 막대한 금액이 소요되는 초/중등 교육예산이 효과적으로 운영되고 있는지, 교육성과는 있는지 알권리가 있습니다.
> 학교정보공시제도는 바로 학부모님과 국민들이 궁금해 하는 학교 및 교육 전반의 정보를 인터넷 홈페이지를 통해 언제 어디서나 쉽게 확인할 수 있도록 도와주는 제도입니다.
> 학교정보공시제를 통해 파악된 개별 학교의 정확한 데이터는 학교교육의 품질을 높이며, 나아가 교육복지를 실현할 수 있습니다
> (http://www.schoolinfo.go.kr/si/po/pnsipo_a01_s0.jsp)."

<표 2-1> 분류기준에 의한 정보공시항목(초/중등학교)

대분류	중분류	항목 번호	항목명
1. 학생현황	1. 학생재학현황	3-1-1	학교현황
		3-1-2	성별 학생수
		3-1-3	학년별·학급별 학생수
	2. 전·출입 현황	3-2	전·출입 및 학업중단 학생수
	3. 입학생 현황	13-1	입학생 현황
	4. 졸업생 진로 및 장학금 수혜 현황	13-2	졸업생의 진로 현황
		15-1	장학금 수혜 현황
2. 교원현황	1. 직위별 교원 현황	6-1	직위별 교원 현황
	2. 자격종별 교원 현황	6-2-1	자격종별 교원 현황
		6-2-2	표시과목별 교원 현황
	3. 연수 참여 교원 현황	15-7	연수 참여 교원 현황
	4. 교원단체 및 노조가입현황	15-9	교원단체 및 노조가입현황

대분류	중분류	항목 번호	항목명
3. 교육활동	1. 각종규정	1-1	학교규칙(학칙)
		1-2	학칙 외 학교운영에 관한 규정
	2. 교육계획 및 편성운영	2-1	학교교육과정 편성·운영 및 평가에 관한 사항
	3. 평가기준 및 계획	2-2	교과·재량·특수활동계획·교외체험활동계획
		2-3	수업일수 및 수업시수 현황
	4. 학교운영 위원회	8-1	학교운영위원회 구성현황
		8-2	학교운영위원회 심의결과
	5. 방과후학교 및 기타	15-2	동아리 활동현황
		15-3	교육운영 특색사업 계획
		14-1	위반내용 및 조치결과
		15-5-1	방과후학교 운영 계획
		15-5-2	방과후학교 운영 및 지원 현황
4. 교육여건	1. 학교시설 및 개방 현황	5-1-1	학교용지 현황
		5-1-2	교사(校舍)현황
		5-2-1	학생교육활동에 필요한 지원시설 현황
		5-2-2	장애인 편의시설 현황
		5-3	학교시설 개방에 관한 사항
	2. 학교급식에 관한 사항	9-1-1	급식실시 현황
		9-1-2	급식비 집행실적
	3. 폭력대책 및 안전관리	11-1	학교폭력 발생 및 처리현황
		15-6	학생·학부모 상담실적
	4. 학교보건 환경위생	10-1	보건관리 현황
		10-2	환경위생관리 현황
		10-3	안전관리 현황
	5. 학교도서관	15-4	학교도서관 현황
	6. 사무직원 및 노조 가입현황	15-8	사무직원 현황
		15-9	사무직원 노동조합 가입현황
	7. 자율공시	16-1	자율공시
5. 예·결산 현황	1. 학교회계 예·결산서	7-1	학교회계 예·결산서[국·공립]
	2. 사립학교 법인회계 예·결산서	7-2-1	사립학교 교비회계 예·결산서
		7-2-2	사립학교 법인회계 예·결산서
	3. 학교발전기금 회계	7-3	학교발전기금
6. 학업성취도	1. 학년별 교과별 성적사항	4-1	교과별(학년별)평가계획 및 기준에 관한 사항
		4-2	교과별 학업성취 사항

http://www.schoolinfo.go.kr/si/pi/pnsipi_a01_s0.jsp

<표 2-2> 지침기준에 의한 정보공시항목(초/중등학교)

정보공시 항목	정보공시 내용	공시기관*	공시 횟수 **	공시시기 ***
1. 학교규칙 등 학교운영에 관한 규정	1. 학교규칙	전체	수시	수시
	2. 학칙외 학교운영에 관한 규정	전체	수시	수시
2. 교육과정 편성 및 운영 등에 관한 사항	1. 학교교육과정 편성·운영 및 평가에 관한 사항	전체	연1회	5월
	2. 교과·재량·특별활동계획·교외체험활동 계획	초,중,고,특	연1회	5월
	3. 수업일수 및 수업시수 현황	초,중,고	연1회	5월
3. 학년·학급당 학생수 및 전·출입, 학업중단 등 학생 변동 상황	1. 학년·학급당 학생 수	전체	연1회	5월
	2. 전출입 및 학업중단 학생 수	초,중,고,특	연1회	5월
4. 학교의 학년별·교과별 학습에 관한 상황	1. 교과별(학년별) 평가계획에 관한 사항	초,중,고	연1회	4월
	2. 교과별 학업성취 사항	중,고	연2회	2월, 8월
5. 교지(校地) 교사(校舍) 등 학교시설에 관한 사항	1. 학교용지·교사 현황	전체	연1회	5월
	2. 각종 지원시설 현황	전체	연1회	5월
	3. 학교시설 개방에 관한 사항	초,중,고,특,각	연1회	5월
6. 직위·자격별 교원현황에 관한 사항	1. 직위별 교원 현황	전체	연2회	5월, 10월
	2. 자격별 교원 현황	초,중,고,특,각	연2회	5월, 10월
7. 예·결산 내역 등 학교 및 법인의 회계에 관한 사항	1. 학교회계 예·결산서(국·공립)	초,중,고,특,각	연1회	(예)5월 (결)10월
	2.사립학교 교비회계/법인회계 예·결산서	전체	연1회	(예)5월 (결)10월
	3. 학교발전기금	초,중,고,특,각	연1회	5월
8. 학교운영위원회에 관한 사항	1. 학교운영위원회 구성현황	초,중,고,특	수시	수시
	2. 학교운영위원회 심의결과	초,중,고,특	수시	수시
9. 학교급식에 관한 사항	1. 급식실시 현황	초,중,고,특	연1회	5월
10. 학교의 보건관리·환경위생 및 안전관리에 관한 사항	1. 보건관리 현황	초,중,고,특	연1회	5월
	2. 환경위생관리 현황	초,중,고,특	연1회	5월
	3. 안전관리 현황	초,중,고,특	연1회	5월
11. 학교폭력의 발생현황 및 처리에 관한 사항	1. 학교폭력 발생 및 처리 현황	초,중,고,특,각	연2회	5월, 10월
12. 국가 또는 시·도 수준 학업성취도 평가에 대한 학술적 연구를 위한 기초자료에 관한 사항	1. 국가수준 학업성취도평가 응시현황	초,중,고	연1회	2월
	2. 국가수준 학업성취도평가 결과 3등급 비율(보통학력이상, 기초학력, 기초학력 미달)	초,중,고	연1회	2월
	3. 국가수준 학업성취도평가 결과 전년대비 향상도(보통학력이상,기초학력미달)	초,중,고	연1회	2월
13. 학생의 입학상황 및 졸업생의 진로에 관한 사항	1. 입학생 현황	초,중,고,특	연1회	5월
	2. 졸업생의 진로현황	중,고,특,각	연1회	5월

정보공시 항목	정보공시 내용	공시기관*	공시 횟수 **	공시시기 ***
14. 시정명령 등에 관한 사항	1. 위반내용 및 조치결과	초,중,고,특,각	수시	수시
15. 그 밖에 교육여건 및 학교 운영 상태 등의 정보에 관한 사항	1. 장학금 수혜현황	중,고,특	수시	수시
	2. 동아리활동 현황	초,중,고	연1회	5월
	3. 교육운영 특색사업 계획	초,중,고,특,각	연1회	5월
	4. 학교도서관 현황	초,중,고	연1회	5월
	5. 방과후학교 운영 및 지원 현황	초,중,고,특	연1회	5월
	6. 학생·학부모 상담 실적	초,중,고,특	연1회	5월
	7. 연수 참여 교원현황	초,중,고,특	연2회	5월,10월
	8. 사무직원 현황	초,중,고,특	연1회	5월
	9. 교직원의 교원단체 및 노동조합 가입현황(인원수)	초,중,고,특,각	연1회	5월

* 공시기관 : 「초·중등교육법」 제2조에 의한 초등학교는 '초', 중학교는 '중', 고등학교는 '고', 특수학교는 '특', 각종학교는 '각(외국인학교 제외)', 공민학교와 외국인 학교를 제외한 초중등교육법 제2조의 모든 학교를 포함한 경우는 '전체'(고등공민학교, 고등기술학교 포함)로 표기.

** 공시횟수 : 공시정보에 대한 수정횟수를 말하며, 공시정보는 연중 게시하여야 한다.

*** 공시시기 : 공시정보에 대한 시기로 해당 월의 15일 기준임(2월 : 2월15일, 4월 : 4월15일, 5월 : 5월15일, 8월 : 8월15일, 10월 : 10월15일) 지침기준
http://www.schoolinfo.go.kr/si/pi/pnsipi_a01_s1.jsp

분류기준과 지침기준에 의한 정보공시항목을 살펴보면, 대부분 학교현황에 관한 정보와 부분적으로 학생집단 즉, 개인이 아닌 전체로서의 집단에 관한 정보가 나타나 있습니다.

이 정도의 정보가 공개된 것은 위 취지에서처럼 학부모와 국민의 알권리를 일정 부분 충족시켜준다고 판단됩니다.

그러나, 이 정보에 접근할 수 있는 접근자의 범위가 열려있기 때문에, 개인 학생에 대한 정보가 제공될 수 없고, 따라서 학부모의 자녀에 관한 정보 욕구를 충족시킬 수 없으며, 결국 정보공시제에서는 교사 - 학부모 상호작용이 나이스에 비해 약하게 유발됩니다.

그렇다하더라도 교사는 정보공시제의 항목을 알고 있어야만 하겠지요.

2-1-2. Neis

나이스 학부모서비스의 취지는 학교정보공시제에 비해 개인 자녀에 관한 정보를 학부모에게 직접 제공하는데 있습니다. 예를 들어, 부산광역시교육청의 나이스 학부모서비스에

> "내 자녀 바로알기 학부모서비스는 학교를 직접 찾아가지 않아도 학교정보 뿐만 아니라 자녀의 성적, 일일출결, 학교생활기록부(수상경력, 자격증, 체험학습활동) 등 자녀의 학교생활을 한 눈에 열람할 수 있고, 선생님과의 상담, 가정통신 등 자녀의 담임선생님과도 상호 의견교환을 할 수 있는 쌍방향 서비스를 제공(http://neis.pen.go.kr/mw/hakbumo.html)"

하는데 그 취지가 있다고 설명하고 있군요.

부산광역시교육청 나이스 학부모서비스의 열람 가능한 내용은 다음과 같습니다.

<표 2-3> 나이스 학부모서비스의 열람 가능한 내용

구분	서비스항목	주요내용
학교정보	◦ 학교기본정보	- 학교기본정보(학교명, 학교주소, 전화번호, 홈페이지 주소, 학생수, 학년별 학급수 등) - 학교교육계획서
	◦ 교육과정 - 과목및담당교사 - 반별시간표 - 주간학습(초)	- 과목 및 담당교사 주당 시간수 - 반별 주간 시간표 - 주간학습 안내(초등학교만 해당됨, 학교별 선택사항)
	◦ 학사일정 - 연간학사일정 - 월간학사일정	- 학교의 연/월간 학사일정
	◦ 급식식단표 - 월간식단 - 주간식단	- 주간 및 월간 식단표
	◦ 가정통신문	- 학교에서 가정으로 보내는 각종 안내 및 공지사항
학생정보	◦ 학교생활기록부	- 학교생활기록부 12개 항목(인적, 학적, 성적, 자격증 등)
	◦ 학습안내 - 교외학습자료 - 교내학습자료 - 개인별 맞춤형 학습자료	- 교외학습자료 안내(학교규정, 교육소식란, 도서목록, 학부모연수자료 등) - 교내학습자료 안내(생활지도관련자료, 학교행사관련자료, 성적관련자료 등)
	◦ 학교생활 - 월출결통계 - 출결사항 - 자치활동조회 - 적응활동조회 - 행사활동조회 - 계발활동조회 - 봉사활동조회	- 월별 출결사항에 대한 통계 자료 및 세부 내역 - 학년도별 출결사항(결석, 지각, 조퇴 등) - 특별활동 5개 영역 활동 세부 내역(학교별 선택사항)

구분	서비스항목	주요내용
	◦ 성적 - 고사별 정·오답표 - 성적통지표 - 표준점수분석표 - 성적변화표 - 학업성취도(초) - 대입내신성적(고) - 학업성취도(특수) - 학업성취 분석표(초/중/고)	- 중간고사, 학기말고사 등에 대한 정오답표 - 성적통지표 - 성적에 대한 표준점수(t점수) 분석표 - 과목별 성적 추이표 - 평가교과의 영역별 점수 및 분석표, 성적 종합 분석표(초등학교만 해당됨) - 대학별 내신점수산출 제공(고등학교 3학년만 해당됨)
	◦ 진로/상담자료 - 진로상담을 위한 도움자료 - 심리검사 결과	- 진로 및 상담 관련 사이트 안내 및 자료 - 심리검사결과 안내(직업적성검사, 직업흥미검사, 진로성숙도검사, 직업가치관검사 등)
	◦ 건강기록부	- 자녀의 건강기록 내용
학부모상담관리	◦ 선생님과의 상담	- 학교 선생님과 일대일 온라인 상담
	◦ 상담예약관리	- 학업/성적, 인성, 진로, 진학 등 상담관리
자녀교육 활용정보	◦ 학업지도	- 내자녀 학업지도, 학업지도 관련 사이트 안내
	◦ 인성지도	- 내자녀 이해하기, 사이버공간 이용방법, 인성지도 상담 관련 사이트 안내
	◦ 진학지도	- 각 지역별 학교정보, 진학정보센터 등 관련 사이트 안내
	◦ 진로지도	- 진로지도의 이해, 자녀의 진로 특성별 직업찾기, 자녀 취업상담 관련 사이트 안내
	◦ 특수아지도	- 영재아지도, 장애아지도, 학습부진아지도 관련 사이트 안내

조회되는 자녀 관련 정보는 현재년도의 자료를 보여주며, 성적과 학교생활기록부는 학교에서 학교생활기록부 작업이 끝난 내용만 보여줍니다(단, 초등학교의 학기말 종합의견은 제외).

나이스 학부모서비스 자녀정보 조회안내(http://neis.pen.go.kr/mw/hakbumo.html)

나이스는 기본적인 학교정보 외에, 학생정보로서 자녀의 성적통지표를 비롯한 성적 관련 사항과 학교생활기록부의 내용을 제공하고 있습니다.

무엇보다도 나이스에서의 교사-학부모 상호작용은 온라인 상담이 가능하다는 것이지요. 따라서 교사는 온라인 상담 즉, 문자를 이용한 상담에 필요한 전문적 능력을 갖추어야만 하겠죠? 짐작하시다시피, 말로 하는 상담과 문자로 하는 상담은 상담자인 교사에게 요구하는 능력이 각기 다른 것입니다.

그런데, 현재 나이스를 이용하는 특히, 온라인 상담을 이용하는 학부모 비율이 만족스

러울 만큼 높지는 않습니다. 현직 교사의 말을 빌리면, 오히려 전화를 이용한 상담문의가 많다고 하네요. 그러니까 어쩌겠습니까. 교사는 특히, 학부모와의 전화를 통한 상담문의에 전문적 매너를 익혀야 하겠지요.

아마도 언젠가는 임용고시에 문자 상담 능력과 전화를 통한 상담문의에 대한 능력이 등장할지도 모르겠습니다.

한편, 담임교사는 개개 학생의 학교생활기록부를 작성하도록 되어 있는데, 이에 관해 다음 절에서 살펴봅니다.

2-1-3. 학교생활기록부

학교생활기록부는 다음과 같은 11가지 항목을 포함하고 있습니다.

> 1. 인적사항, 2. 학적사항, 3. 출결상황, 4. 수상경력, 5. 자격증 및 인증 취득상황, 6. 진로지도상황, 7. 창의적 재량활동상황, 8. 특별활동상황과 봉사활동실적, 9. 교외체험학습상황, 10. 교과학습발달상황, 11. 행동특성 및 종합의견.

담임교사가 개개 학생의 학교생활기록부를 작성하는 것은 담임교사의 역할 중 하나입니다. 특히, 마지막 분분인 '행동특성 및 종합의견'에 관한 교사의 기술은 학부모의 자녀에 관한 소중한 정보가 되어, 학부모에게 제공됩니다. 그러니까 교사는 '행동특성 및 종합의견'에 관한 기술에 전문적 능력을 갖추어야만 합니다.

다음에 학교생활기록부를 소개합니다. 생활기록부는 학교생활기록부Ⅰ과 학교생활세부사항기록부Ⅱ로 구분되어집니다. Ⅰ, Ⅱ의 항목은 동일하나, Ⅱ는 세부적으로 기록하는 것으로 차이점은 다음과 같습니다. 학교생활기록부Ⅰ은 공공기록물 관리에 관한 법률 시행령에 의거 준영구 보존하여야 하며, 원본은 해당학생 졸업 후 5년 지나면 관할 교육청 자료관으로 이관하여 보존·관리를 하여야 합니다. 학교생활세부사항기록부Ⅱ는 졸업 후 5년 동안 보존하여야 하며, 보존 기간 종료 후 종이 출력물은 폐기처분하고 교무업무시스템에서 전산자료를 삭제합니다. 단, 고등학교는 종이 출력물과 전산자료는 폐기처분하고, 대학입학 전형자료로 사용할 수 있도록 전산매체만 5년간 추가 보존한 후 폐기처분합니다.

<표 2-4> 학교생활세부사항기록부(학교생활기록부II) 1/2

학교생활세부사항기록부(학교생활기록부II)

졸업대장번호			
학년	반	번호	담임성명

1. 인적사항

학 생	성명 : 성별 : 주민등록번호 :
가족 부 상황 모	성명 : 생년월일: 성명 : 생년월일:
특기사항	

2. 학적사항

특기사항	

3. 출결상황

학년	수업일수	결석일수			지각			조회			결과			특기사항
		질병			질병			질병			질병			

4. 수상경력

구분	수상명	등급(위)	수상연월일	수여기관	참가대상
	해당 사항 없음				

5. 자격증 및 인증 취득상황

구분	명칭 또는 종류	번호 또는 내용	취득연월일	발급기관
	해당 사항 없음			

6. 진로지도상황

학년	특기 또는 흥미	진로희망		특기사항
		학생	학부모	

1/2

반		번호		이름	

<표 2-5> 학교생활세부사항기록부(학교생활기록부II) 2/2

7. 창의적 재량활동상황

학년	활동영역 또는 주제	이수시간	특기사항

8. 특별활동상황

학년	특별활동상황		
	영역	시간	특기사항

학년	봉사활동실적				
	일자 또는 기간	장소 또는 주관기관명	활동내용	시간	누계시간
	해당 사항 없음				

9. 교외체험학습상황

학년	일자 또는 기간	장소 또는 주관기관명	내용	시간 또는 일수
	해당 사항 없음			

10. 교과 학습발달상황

[학년]

11. 행동특성 및 종합의견

학년	행동특성 및 종합의견

2/2

반		번호		이름	

2-1-4. 면대면 만남

나이스를 통해 자녀에 관한 정보를 제공한다고 하더라도, 일단의 학부모는 담임교사와의 면담 필요성을 느끼고 있습니다.

다시 말하면, 학부모는 담임교사와의 면대면 만남을 통해 자녀에 관한 정보획득의 요구를 더욱 충족시키고자 합니다.

거꾸로 보면, 면대면 이전에 충분한 정보가 제공되지 못한다고 생각할 수도 있고, 한편으로는 면대면 만남의 독특한 특성이 있어서, 이 특성에 기인한 정보교류가 있을 수 있다고 생각할 수도 있습니다.

전자의 경우는 학부모가 면대면 만남을 통해 더욱 얻고자 하는 정보가 무엇인가를 조사해서, 이를 학교생활기록부에 기술해 놓는 것도 한 방법이 될 것이고, 후자의 경우는 첫째, 면대면의 특성상 학생에 관한 정의적 정보 교류가 용이하다는 점을 인정할 필요가 있을 수 있고 둘째, 오히려 교사 측에서 학부모를 통해 학생에 관한 정보를 얻음으로써, 학생지도에 효과적으로 이용할 수도 있습니다.

학부모가 교사와의 면대면 만남을 통해 더욱 얻고자 하는 정보는 무엇일까요? 또한,

교사가 학부모와의 면대면 만남을 통해 얻을 수 있는 정보는 무엇일까요?

학기 초에 새 담임선생님이 자녀가 속한 학급을 맡게 되었는데, 학부모로서 어떤 선생님인지 궁금하지 않겠어요? 소위, 인상(impression)이 어떤지 알고 싶어하는 겁니다.

학부모가 교사를 만나 자녀에 관해 알고자 하는 정보는 대부분의 경우 특별한 것은 아닙니다. 상식적인 표현을 그대로 옮기면, '학교생활은 잘하는지', '교우관계는 어떤지', '수업태도는 어떤지', '교과목에 따라 어떤 선생님을 좋아하는지-싫어하는지' 등, 첫째는 가정에서 학부모가 직접 파악하기 쉽지 않은 부분과 둘째는 알고 싶어하는 정보가 상당부분 자녀의 정의적 측면에 관한 것입니다.

물론, 어느 정도 특수한 경우도 있습니다.

학생에 따라서는 집과 학교생활에서 나타내는 행동/태도가 다른 경우가 있습니다. 집에서는 액티브한데, 학교에서는 수줍음을 탄다든지 혹은, 그 역의 경우라든지 등등.

학생이 자신의 특수한 사항을 교사나 교우들에게 알리고 싶어하지 않은 경우도 있습니다.

면대면 만남은 교사가 학부모로부터 이런 특수한 경우의 정보를 얻어낼 수 있는 좋은

기회입니다.

2-2. 학부모의 교사, 교감 및 교장에 대한 평가

2010학년도부터 전국의 초·중·고등학교 거의 모든 교원에 대해 '교원능력개발평가'를 실시합니다(이하 부산광역시교육청, 2010 참조). 다시 말하면, 평가대상은 국·공·사립, 초·중·고 일반학교 및 특수학교의 교원(교장·교감·교사)으로서, 특수교사, 보건교사, 영양교사, 전문상담교사, 사서교사를 포함하며, 교육청 소속 전문상담순회교사, 교육청 배치 순회교사, 기간제 교사도 포함하고, 6개월 이상의 계약제 교원(기간제 교사, 강사 등)이 포함됩니다.

평가대상 제외자는 정년 잔여기간이 1년 이하인 교원과 파견·연수·휴직·직위해제 등의 사유로 인하여 6개월 이상을 당해 학교에서 근무하지 아니한 교원, 6개월 미만의 계약제 교원(기간제 교사, 강사 등), 그리고 대안학교 소속 교원입니다(p. 5).

학부모들은 자녀의 학교생활 전반(학습지도, 생활지도, 학교경영 영역)에 대하여 5단계 만족도 즉, '매우 그렇다', '그렇다', '보통이다', '그렇지 않다', '전혀 그렇지 않다'의 5단계 척도와 '잘 모르겠다'의 항목으로 구분하여 응답하며(p. 18), 학부모 만족도는 개별 교원(교장, 교감, 담임, 교과 및 비교과 교사 각각)을 대상으로 하되, 담임교사에 대하여는 학습지도·생활지도 영역을, 담임 이외의 교과(전담) 교사에 대하여는 학습지도 영역을, 비교과 교사에 대하여는 학생지원 요소 등을 대상으로 합니다. 참고로, 학부모 만족도 조사에의 참여는 학부모의 권리나 의무가 아님을 밝히고 있고, 참여율 50%이상을 권장(최소 30%)하고 있습니다(p. 8).

평가영역은 '학습지도'와 '생활지도' 및 '학교경영'으로 구분되고, 평가영역의 하위 요소는 학습지도 영역에서 '수업준비', '수업실행', '평가 및 활용', 생활지도 영역에서 '개인생활지도', '사회생활지도', '학생지원', 학교경영영역에서 '학교 교육계획', '교내 장학', '교원 인사', '시설 및 예산'입니다. 그리고 평가지표는 학습지도 영역 12개 지표, 생활지도 영역 6개 지표, 학교경영 영역 8개 지표입니다(p. 4). 일반교사(담임)에 대한 평가영역과 요소 및 지표와 지표별 준거는 다음과 같으며(p. 9-10), 이 외에도 특수, 보건, 영양, 사서, 전문상담교사에 대한 평가영역, 요소 및 지표가 별도로 있습니다.

교사는 자신에 대한 평가영역과 평가요소 그리고 평가지표에서 각각 해당하는 능력을 갖추도록 노력해야 하겠지요?

<표 2-6> 일반교사에 대한 평가영역, 요소, 지표

평가 영역	평가 요소	평가 지표
학습지도	수업 준비	○ 교육과정의 이해 및 교수·학습방법 개선노력 ○ 학습자 특성 및 교과내용 분석 ○ 교수·학습 전략수립
	수업 실행	○ 수업의 도입 ○ 교사의 발문 ○ 교사의 태도 ○ 교사-학생 상호작용 ○ 학습 자료의 활용 ○ 수업의 진행 ○ 학습정리
	평가 및 활용	○ 평가내용 및 방법 ○ 평가결과의 활용
생활지도	개인 생활지도	○ 개인문제의 파악 및 창의·인성 지도 ○ 가정 연계 지도 ○ 진로 지도 및 특기·적성 지도
	사회 생활지도	○ 기본생활습관 지도 ○ 학교생활적응 지도 ○ 민주시민성 지도
	학생 지원 ※ 비교과 교사의 경우	※ 제각기 다른 비교과 교사별 직무 영역 요소·지표들을 포괄하여 「학생 지원」으로 간주함.

<표 2-7> 일반교사에 대한 평가지표별 준거

평가 지표	지표별 준거
교육과정의 이해 및 교수학습방법 개선 노력	국가 및 학교 교육과정에 대한 충분한 이해를 바탕으로 교수설계를 하고, 교수·학습 방법의 개선을 위해 지속적으로 노력하는가에 대한 평가
학습자 특성 및 교과내용 분석	학생들이 갖는 다양한 특성(예를 들면, 연령 특성, 선수학습 수준, 태도, 흥미도, 학습속도 등)과 교과 및 교재내용에 대한 분석을 충실히 했는가를 평가
교수·학습 전략 수립	교과내용과 특성에 맞는 수업목표, 수업방법, 평가계획 등을 체계적으로 수립하는가에 대한 평가

평가 지표	지표별 준거
수업의 도입	수업의 진행방향을 명확하게 제시하고, 학생들의 학습동기와 호기심을 유발할 수 있도록 도입 부분을 적절하게 운영하는가에 대해 평가
교사의 발문	명확한 발음과 어조로 흐름에 맞게 효율적으로 논리적, 확산적, 개방적 발문을 하는가에 대한 평가
교사의 태도	열정적이고 자신감있는 태도를 유지하면서 학생들이 자유롭고 창의적으로 자신의 의견을 개진할 수 있는 수업분위기를 조성하는가에 대한 평가
교사-학성 상호작용	학생들의 적극적 참여를 유도하고, 학생들의 행동에 대해 적절히 대처하면서 학생과의 상호작용을 효과적으로 유도하는가에 대한 평가
학습 자료의 활용	교과내용에 적합한 자료와 매체를 적절히 또한 능숙하게 사용하는가에 대한 평가
수업의 진행	학생들의 이해 정도를 정기적으로 체크하며 학생들의 수업에 대한 흥미도를 유지하면서 전체적으로 자연스럽게 수업을 진행하는가에 대한 평가
학습정리	수업을 마무리하는 단계에 학생들의 학습내용에 대한 이해수준을 확인하고 학습내용을 요약하며 다음 수업에 대한 정보를 제공하는 등 수업을 정리하면서 필요한 학습정리 활동을 적절하게 하는가에 대해 평가
평가내용 및 방법	평가내용과 방법이 학생들의 수준이나 과제의 성격에 부합하는가에 대한 평가
평가결과의 활용	평가결과에 대해 정확히 기록 및 분석하고, 이를 바탕으로 학생들을 지도하거나 자신의 수업개선을 위해 활용하는가를 평가
개인문제 파악 및 창의·인성 지도	학생들의 일반적인 가정 및 학교생활 뿐 아니라 다양한 개인적 문제에 대해 정보를 파악하고, 파악된 문제를 적절한 방법으로 지도하는지, 창의·인성을 갖춘 조화로운 인재로 성장할 수 있도록 노력하는지를 평가
가정 연계 지도	학생들의 학교생활에 대해 학부모에게 필요한 정보를 알리고 문제해결을 위해 가정과 공동의 노력을 기울이는가에 대해 평가
진로 및 특기, 적성 교육	학생들의 적성이나 특기를 파악하고 그에 적합한 진로 및 진학지도를 하고 있는가에 대해 평가
기본생활습관 지도	학생 개인이 발달단계에 따라 습득해야 할 기본적인 생활 습관、품성을 꾸준히 지도하는지 평가
학교생활적응 지도	폭력예방, 자살방지, 따돌림 방지, 교우관계, 생활 안전 교육, 학칙 준수 등 학교단위의 생활에 적응할 수 있도록 지도하는지 평가
민주시민성 지도	환경보전, 정보통신교육, 통일교육, 자연 애호, 봉사정신, 심성훈련 등 국가, 지구촌의 시민으로서 갖아야 할 덕목을 지도하는지 평가

학부모 만족도 조사지 중에서 중등 담임용과 중등 교과담당용의 예를 제시하면 다음과 같습니다.

<표 2-7> 학부모 만족도 조사지(중등 담임용)

학부모 만족도 조사지(중등 담임용)

○학년 ○반　　　　담임 ○○○ 선생님

	학부모에 의한 만족도 조사 문항	만족도					
		매우그렇다	그렇다	보통이다	그렇지않다	전혀그렇지않다	잘모르겠다
1	담임선생님은 학생들의 학력 신장을 위해 노력하고 있다고 생각하십니까?(교수·학습전략수립)						
2	담임선생님은 학생들의 학업 수준에 맞추어 지도를 해 주신다고 생각하십니까?(학습자 특성 및 교과내용분석)						
3	선생님은 수업 중에 칭찬과 격려를 많이 해 주신다고 생각하십니까?(교사의 태도)						
4	담임선생님은 학습내용에 맞는 적절한 학습 자료를 활용하고 있다고 생각하십니까?(학습 자료의 활용)						
5	담임선생님은 학생들이 흥미를 갖고 적극적으로 수업에 참여하고 창의성을 발휘할 수 있도록 노력하고 있다고 생각하십니까? (교사-학생 상호작용)						
6	선생님은 학생들이 이해하기 쉽게 수업을 한다고 생각하십니까?(수업의 진행)						
7	담임선생님은 학생들의 수준이나 학습 내용에 적합한 평가를 실시하고 있다고 생각하십니까?(평가내용 및 방법)						
8	담임선생님은 학생 개인의 문제를 파악하여 적절한 지도를 하고 있다고 생각하십니까?(개인문제의 파악 및 지도)						
9	담임선생님은 학부모님께 문자 메세지, 가정통신문, 홈페이지, 학생 전달 등의 방법으로 학교에 대한 소식 및 교육활동을 전달한다고 생각하십니까?(가정 연계 지도)						
10	담임선생님은 학생 개개인에게 맞는 진로 및 특기적성 교육을 실시하고 있다고 생각하십니까?(진로 및 특기·적성 교육)						
11	담임선생님은 학생들이 올바른 생활습관을 갖도록 적절하게 지도한다고 생각하십니까?(기본생활습관 지도)						
12	담임선생님은 공동체 생활에 필요한 사항들을 적절하게 지도한다고 생각하십니까?(학교생활적응지도, 민주시민성 지도)						

* 위의 조사 내용 이외에 담임선생님의 수업 및 생활지도와 관련된 학부모님의 의견을 아래 빈칸에 자유롭게 써 주시기 바랍니다.

설문 제작시 조사지표 내용은 삭제하고 제시

<표 2-8> 학부모 만족도 조사지(중등 교과담당용)

학부모 만족도 조사지(중등 교과담당용)

○학년 ○반 담임 ○○○ 선생님

	학부모에 의한 만족도 조사 문항	만족도					
		매우그렇다	그렇다	보통이다	그렇지않다	전혀그렇지않다	잘모르겠다
1	선생님은 학생들의 수준에 맞고 흥미를 끌 수 있는 수업을 위해 노력한다고 생각하십니까?(학습자 특성 및 교과내용 분석)						
2	선생님은 정해진 수업 시간을 준수하고 충실히 수행한다고 생각하십니까?(수업의 도입)						
3	선생님은 효과적인 언어 사용으로 학생들의 이해를 도와준다고 생각하십니까? (교사의 발문)						
4	선생님은 수업 중 학생들에게 발표 기회를 고르게 부여한다고 생각하십니까?(교사의 태도)						
5	선생님은 칭찬과 격려 등을 통하여 학습에 대한 관심과 자신감을 길러주고 있다고 생각하십니까?(교사-학생 상호작용)						
6	선생님의 수업활동은 학생들의 다양·창의적인 사고를 존중·촉진시키고 있다고 생각하십니까?(수업의 진행)						
7	선생님은 학생들에게 도움이 되는 적절한 분량의 과제를 제시한다고 생각하십니까?(학습정리)						
8	선생님은 학습 결과에 대해 적절한 방법으로 평가한다고 생각하십니까?(평가내용 및 방법)						

* 위의 조사 내용 선생님의 학습지도와 관련된 학부모님의 의견을 아래 빈칸에 자유롭게 써 주시기 바랍니다.

설문 제작시 조사지표 내용은 삭제하고 제시

생각시루에 물주기

<교사 - 학부모> 상호작용에서

☺ 교사의 신뢰도를 높일 수 있는 방안을 설명해 보세요.
☺ 학교정보공시제의 공시항목을 제시하고, 설명해 보세요.
☺ 나이스의 공시항목을 제시하고, 설명해 보세요.
☺ 말로 하는 상담과 문자로 하는 상담의 차이를 설명해 보세요.
☺ 전화를 통한 상담문의에 갖추어야 할 매너를 설명해 보세요.
☺ 친구의 '행동특성 및 종합의견'을 기술한 후, 평가해 보세요.
☺ 면대면 만남을 통해 학부모가 얻고자 하는 정보는 무엇일까요?
☺ 교사가 학부모를 통해 얻을 수 있는 정보는 무엇일까요?
☺ 학부모의 교사에 대한 평가에서,
'학습지도'와 '생활지도' 영역의 평가요소와 평가지표를 설명해 보세요.

참고문헌

부산광역시교육청(2010). **교원능력개발평가 표준매뉴얼**.

교육관련기관의 정보공개에 관한 특례법(2008). 일부개정 2008.2.29, **법률 제**8852**호**.
http://www.schoolinfo.go.kr/index.jsp

부산광역시교육청 나이스학부모서비스
http://neis.pen.go.kr/mw/hakbumo.html

부산광역시교육청 나이스학부모서비스 자녀정보 조회안내
http://neis.pen.go.kr/mw/hakbumo.html

학교정보공시제(초/중등학교) 분류기준.
http://www.schoolinfo.go.kr/si/pi/pnsipi_a01_s0.jsp

학교정보공시제(초/중등학교) 지침기준.
http://www.schoolinfo.go.kr/si/pi/pnsipi_a01_s1.jsp

학교정보공시제 취지.
http://www.schoolinfo.go.kr/si/po/pnsipo_a01_s0.jsp

제3 장

교사와 학급·학교의 상호작용

제 3장에서는 교사 - 학급·학교의 상호작용에 관해, '학급경영자 - 담임', '공립과 사립학교', '학교급지', 그리고 '학교운영위원회'로 나누어 살펴봅니다.

〈핵심 내용〉

첫째, 교사가 학급/학교와 상호작용하는 상황을 분석할 수 있고,
둘째, 이 상황에서 바람직한 교사의 능력을 갖출 수 있으며,
셋째, 결국, 이러한 능력을 갖춰 교사의 전문성을 함양할 수 있다.

3-1. 학급경영자 - 담임

담임선생님은 학급을 경영하고 관리하는 권리를 갖는 동시에 책임을 지게 됩니다. '책임'이란 것이 무엇인지는 알고 계시죠? 이런 책임을 여기서는 '1. 학습지도', '2. 생활지도', '3. 특별활동 지도', '4. 학급활동지도', 등의 네 가지로 살펴보겠습니다.

학급경영의 영역에 관해 김남성 등(2005, pp. 201-210)은 수업지도, 특별활동지도, 생활지도, 환경관리, 사무관리, 지역사회관리 등으로 분류하고 있으며, 기순신(2001, pp. 277-298)은 학급경영의 개념 및 의의, 학급경영의 원리, 효율적 학급경영의 요건, 학급경영시 효율적인 문제해결, 교사의 학급경영 사례 등을 소개하고 있고, 조상일·강환웅(2007, pp. 142-166)도 학급경영의 개념, 학급담임의 역할, 학급경영의 원칙, 학급경영방법 예시 등

을 언급하고 있습니다.

전국교직원노동조합(1991)의 '학급경영(1학기와 2학기)'은 모듬을 중심으로 담임학급을 운영하는 데 활용할 수 있는 자료들을 엮은 학급경영 지침서인데, 월별·주별로 자료를 엮고 11개 주제로 나누어 학급운영의 범주들을 체계화하고 있습니다.

학급을 경영한다는 것은 회사를 경영하는 것과 형태가 틀려서 그렇지 의미상으로는 같은 것입니다. 회사를 잘 경영하여 좋은 회사로 만들고자 하듯이, 학급의 경영을 잘하여 좋은 학급으로 만들어가는 것이지요. 왜 성공 혹은 실패한 사장은 있는데, 이에 대한 담임은 없는 것일까요?

이제 학급을 잘 경영한다는 것 - 바로 이것에 담임선생님의 권리와 책임이 있음 - 이 무엇을 어떻게 하는 것인지를 살펴봅시다.

3-1-1. 학습지도

담임선생님은 교과 담당선생님의 역할 외에도, 학급 학생 개개인의 학습상황을 점검하고 지도할 책임이 있습니다. 일반적인 성적에 더하여 좋아하는 교과나 꺼려하는 교과도 알아내어, 이를 지도할 수 있으면 좋겠고, 학습의 기본적인 태도나 학습부진의 원인 등을 파악하고, 이를 반영하여 학습의 효율성을 증대시킬 수 있으면 더할 나위 없이 좋겠습니다.

학습력의 원인은 다양하지만, 참고를 위해 10계명식의 지침 2개를 소개합니다.

송인섭(2007, pp. 20-53)은 '공부는 전략이다'에서 '자기주도 학습전략 9원칙'을 제시하고 있고,

원칙1. '공부했다'의 함정에 빠지지 마라.
원칙2. 나를 알고 나면, 전력은 저절로 생긴다.
원칙3. 작은 성공의 경험이 힘이 된다.
원칙4. 집중력의 마법이 성적을 올려준다.
원칙5. 내게 꼭 맞는 목표를 찾아 실천한다.
원칙6. 자신감은 불가능을 가능하게 만든다.
원칙7. 길게 보고 더디 가는 게 미덕이다.

원칙8. 시간을 다스릴 줄 알면 시간이 남는다.

원칙9. 공부하는 습관이 몸에 배면 성공이다.

‘충청남도교육과학연구원(조상일·강환웅(2007), p. 166에서 재인용)’은 ‘학급담임을 위한 진로상담의 길잡이’의 공부습관 길들이기 내용 중에서 ‘성적 올리는 노트 필기 10계명’을 다음과 같이 제시하고 있습니다.

① 내용 연상을 위해 선생님의 잡담도 써놓아라.

② 그림, 표, 그래프 등을 적극 사용해라.

③ 참고서 주요 내용 프린트 물도 교과서에 붙여라.

④ 요점은 밑줄을 치거나, 표시해 두면 보기 쉽다.

⑤ 오답노트로 틀린 문제를 확실히 이해하라.

⑥ 의문점은 교과서나 노트에 표시했다가 해결하라.

⑦ 과목의 특성에 따라, 교과서도 노트로 활용해라.

⑧ 수업이 끝난 뒤에 바로 노트를 점검해라.

⑨ 수업 내용을 나만의 언어로 재구성해 적어라.

⑩ 약어나 기호를 개발해 필기시간을 절약해라.

제가 들은 얘기로, 어느 담임선생님은 학급 학생들에게 수업마침(쉬는) 시간 종이 울리면, 쉬기 전에 30초~1분간 그 시간의 배운 내용을 정리하라고 지도하고 있는데, 효과가 좋다고 소문이 나 있답니다. 이는 ‘3-4-3 형식’의 변형인데, 즉, 10분을 쪼개어 3분은 그 시간에 배운 내용을 정리해보고, 4분은 휴식을 취하고(예를 들어, 화장실 갔다 올 사람 갔다 오는 것이겠죠.) 3분은 다음 교과시간 준비를 하는 것입니다.

하루 혹은 수업시작 전 명상을 이끄는 분도 계시고요.

중등학교 한 한급 약 35명의 학습지도를 담임 혼자서 어떻게 해낼 수 있겠습니까? 담임으로서 다른 역할이 없이 학습지도만 한다면 몰라도 말입니다.

그러나, 그래도 해야만 하는 사항입니다. 주어진 여건 내에서 충실히 하고 계신 선생님들을 중등학교 다닐 때 가까이서 뵀었잖아요?

또 다른 측면으로 학습지도는 학교와 학원에 대한 기대비교에서 학원에 대한 기대가 학교에 대한 기대보다 높은 항목입니다. 거꾸로 말하자면, 학교가 이것에 대해 더욱 적극적으로 신경을 써야한다는 것을 의미합니다.

'1.4.3.1. 효율적 학습지도'에서도 살펴본 바 있지만, 강성빈(2009a)이 서울과 부산에 거주하는 중·고등학생과 학부모 및 중등교사와 중등 입시학원의 학원강사 등 네 집단으로부터 조사한 '기대하는 학교교사상과 학원강사상의 비교'에서 네 집단 모두 '효율적 학습지도'에 대해 다음 <표 3-1>과 같이, 교사보다 강사에 대한 기대가 큰 것으로 나타났습니다.

<표 3-1> 4개 영역 교·강사상에 대한 기대도 - 평균, 표준편차, 빈도

		교사기대도				강사기대도			
		효율적 학습지도	인격성품	지역사회 관계유지	학생에 관심사랑	효율적 학습지도	인격성품	지역사회 관계유지	학생에 관심사랑
학생	M	28.65	23.55	21.69	26.11	40.92	21.19	15.19	22.63
	SD	12.91	10.39	16.66	13.09	16.59	9.45	11.00	11.25
	N	512	512	512	512	512	512	512	512
학부모	M	32.72	27.28	12.75	27.12	40.09	21.19	11.63	22.82
	SD	10.40	7.48	8.81	8.71	15.70	8.69	10.96	8.83
	N	151	151	151	151	151	151	151	151
교사	M	36.46	26.54	8.39	28.69	53.15	18.21	10.87	17.76
	SD	9.94	7.49	5.43	6.67	17.43	10.07	11.79	9.70
	N	127	127	127	127	127	127	127	127
강사	M	29.66	27.39	13.67	28.94	47.04	18.69	10.58	23.56
	SD	14.29	14.90	11.97	14.61	17.97	9.28	8.12	11.45
	N	163	163	163	163	163	163	163	163
합계	M	30.51	25.20	17.13	27.10	43.94	20.52	13.26	22.17
	SD	12.72	10.73	14.70	12.15	17.31	9.48	10.86	10.87
	N	953	953	953	953	953	953	953	953
남	M	28.91	24.85	18.75	27.39	43.81	20.32	14.13	21.64
	SD	12.40	12.00	16.58	13.77	17.64	9.94	11.57	11.13
	N	413	413	413	413	413	413	413	413
여	M	31.74	25.46	15.89	26.88	44.05	20.68	12.60	22.58
	SD	12.84	9.65	12.95	10.74	17.08	9.37	10.24	10.65
	N	540	540	540	540	540	540	540	540
합계	M	30.51	25.20	17.13	27.10	43.94	20.52	13.26	22.17
	SD	12.72	10.73	14.70	12.15	17.31	9.48	10.86	10.87
	N	953	953	953	953	953	953	953	953

네 영역 즉, 효율적 학습지도, 인격·성품, 지역사회와 관계유지, 학생에 대한 관심·사랑 중에서 효율적 학습지도는 교·강사에 대한 기대 중 공통으로 가장 높은 기대를 보이고 있는 사항입니다. 이 항목에 대해 얼마나 신경 써야 하는지 이해되시죠.

한편, 인격·성품과 학생에 대한 관심·사랑에 대한 기대는 강사보다 교사에 대해 높은데, 학생과 학부모는 교·강사의 인격·성품에 관해 교사에 대한 기대뿐 만아니라, 강사에 대한 기대도 자못 큰 반면에, 강사는 스스로의 기대에서 이에 미치지 못하고 있습니다. 따라서 강사는 수요자의 인격·성품에 관한 자신의 기대를 인식하고, 이에 대처해야하겠습니다.

3-1-2. 생활지도

담임선생님이 학급 학생 개개인의 생활기록부를 작성해야 한다는 점은 '제2장 교사와 학부모의 상호작용' 중, '학부모의 자녀에 관한 정보 요구'에서 살펴보았습니다.

다만, 여기서 집고 넘어가고자 하는 바는 두 가지인데,

첫째, 학급인원 35명에 대한 이 기록작업이 만만치 않다는 점입니다. <표 2-4>의 학교생활세부사항기록부 1/2과 2/2를 이용하여, 한 학년의 같은 학과(전공) 급우들 개개인 모두에 대한 다음의 11가지 사항을 기록해 보세요^^

> 1. 인적사항, 2. 학적사항, 3. 출결상황, 4. 수상경력, 5. 자격증 및 인증 취득상황, 6. 진로지도상황, 7. 창의적 재량활동상황, 8. 특별활동상황과 봉사활동실적, 9. 교외체험학습상황, 10. 교과학습발달상황, 11. 행동특성 및 종합의견.

둘째, 학생 중에 위 사항(들)에서 부정적·긍정적 상황이 발생했을 경우, 그냥 그렇고 그렇게 지나가는 것이 아니라, 지도해야만 하겠죠. 이 지도는 책임과 함께 권리가 수반되는 것이지만, 결코 쉽지 않은, 그러나 해야만 하는 일입니다.

부정적 상황을 야기시키는 중등학생을 주위에서 어렵지 않게 만날 수 있습니다. 예비교사로서 한 학생을 선택하여 생활지도해 보세요. 긍정적 결과를 유발시키면 제가 한 턱 쏘겠습니다~

3-1-3. 특별활동지도

특별활동은 크게 두 가지로 분류하는데, ① 자치활동과 적응활동 및 ② 계발활동이며, 각각 매학기 주당 1시간이 배정되어있습니다. 그러니까 특별활동을 매학기 2학점으로 운영하는 것이지요.

자치활동은 담임선생님과 학급 학생들이 학급이나 교내 또는 교외에서 함께 프로그램을 진행하며 같이 시간을 보내는 것인데, 학생과 학급의 발전을 위해 담임교사와 학생이 프로그램을 구성하여 운영하는 것입니다.

적응활동은 성폭력·성교육, 인성교육, 인터넷중독 예방, 통일안보, 경제, 환경문제 등을 주제로 진행하는 프로그램인데, 학교사정에 따라 비담임이 지도하는 경우도 있습니다.

계발활동은 잘 아시다시피, 통상 토요 전일제로 운영하는 여러 가지 취미, 특기 및 계발활동입니다.

예비교사로서 자치활동을 무슨 프로그램으로 어떻게 운영할지 설계해 보십시오.

3-1-4. 학급활동지도

학교 다닐 때, 조례·종례시간이 있었죠. 이를 통해 담임선생님은 학급의 여러 가지 사항을 지도하게 됩니다. 무슨 일들을 지도하는지 적어보겠습니다(김남성 외 2005, pp. 208-210).

아침자율학습시간

정·부반장 선거

학급회(총무부, 체육부, 학예부, 도서부 등) 조직

학급회의(학급일지)

학급목표 설정

학급운영계획

학급운영 평가

출결관리

수학여행(소풍), 체험활동, 수련활동, 사생대회

환경심사

학예발표회
체육대회
작품전시회
학생이해 및 관찰(가정환경조사)
학생면담
진로
성적
지병
취미, 특기
학부모 면담
기본생활습관
준비물
안전
질서
보건위생
청소
명상시간
교실정리(화분, 책상, 청소도구함, 기타 비품)
청소당번
급식당번
독서
글짓기
학습장(일기쓰기)
가정통신문
교육정책
학부모협의회
시범수업
수업참관
일일교사제

등록금
방위성금
위문금
급식비
우유대금
폐품수집
병원방문(학생입원시)
학생찾기(무단결석시)
생일축하
부모부고
학생 전·출입
폭행발생
왕따발생
위급환자발생

예비교사로서 학급활동 지도계획서를 작성해 보도록 권합니다.

3-2. 공립과 사립학교

교사는 국·공립 혹은 사립학교에서 근무하게 되겠죠. 이에 대한 차이점 두 가지를 살펴보겠습니다.

첫째, 신분보장의 차이입니다.
공립학교교사는 국가공무원법에 의거하여 신분이 보장되지만, 사립의 경우는 사학재단의 이사회에 의한다는 점이 다릅니다. 예를 들어, 국가공무원법 제33조(법률지식정보시스템, http://likms.assembly.go.kr/law)의 결격사유가 있을 경우, 공립에서는 퇴직되지만, 사립에서는 참조사항이어서, 이사회에서 결정하여 퇴직되지 않을 수도 있습니다.

국가공무원법 제33조

제33조(결격사유) 다음 각 호의 어느 하나에 해당하는 자는 공무원으로 임용될 수 없다. <개정 2010.3.22>

1. 금치산자 또는 한정치산자
2. 파산선고를 받고 복권되지 아니한 자
3. 금고 이상의 실형을 선고받고 그 집행이 종료되거나 집행을 받지 아니하기로 확정된 후 5년이 지나지 아니한 자
4. 금고 이상의 형을 선고받고 그 집행유예 기간이 끝난 날부터 2년이 지나지 아니한 자
5. 금고 이상의 형의 선고유예를 받은 경우에 그 선고유예 기간 중에 있는 자
6. 법원의 판결 또는 다른 법률에 따라 자격이 상실되거나 정지된 자

6의2. 공무원으로 재직기간 중 직무와 관련하여 「형법」 제355조 및 제356조에 규정된 죄를 범한 자로서 300만원 이상의 벌금형을 선고받고 그 형이 확정된 후 2년이 지나지 아니한 자

7. 징계로 파면처분을 받은 때부터 5년이 지나지 아니한 자
8. 징계로 해임처분을 받은 때부터 3년이 지나지 아니한 자

둘째, 근무 분위기의 차이입니다.

사립에서는 특별한 사유가 없는 한, 임용에서부터 퇴직까지 동일한 학교에서 근무하게 되고, 공립에서는 대략 4년 간격으로 근무지를 옮기게 되는데, 바로 이 점으로 인해 학교 근무 분위기에 차이가 생깁니다.

평생직장과 4년마다 옮기는 직장에서의 근무분위기는 어떻게 다를까요?

3-3. 학교급지

학교는 위치하고 있는 지역에 따라 예를 들면, 가, 나, 다 등의 급지가 있으며, 학교급지에 따라 교사가 근무하면서 부여받을 수 있는 가산점이 다릅니다. 마치 주차장도 급지가 있어서, 도심의 번잡한 곳일수록 주차료가 비싸 듯이요.

그런데, 학교는 도서·벽지 학교, 농어촌 학교, 교육력 제고를 위해 지정된 학교일수록, 근무경력 가산점이 높게 부여됩니다.

가산점은 승진에 큰 몫을 하기 때문에 서로 선호하는 경향이 있고, 신임교사는 가산점 높은 급지의 학교에서 근무할 수 있는 기회가 쉽게 오지 않습니다.

'가'급지와 '다'급지의 근무환경 및 분위기가 어떻게 다른지 파악해 볼 것을 권합니다.

3-4. 학교운영위원회

본 절에서는 학교운영위원회에 관해 이칭찬과 주상덕(2010, 402-407)이 정리한 학교운영위원회의 목적, 근거와 성격, 권한, 의무, 구성, 기능 등을 소개하며, 이의 근거(법률지식정보시스템, http://likms.assembly.go.kr/law)가 되는 '초·중등교육법' '제2절 학교운영위원회'와 '초·중등교육법 시행령' '제2절 학교운영위원회', 그리고 '경상남도립학교 운영위원회 운영조례' 및 관련 '사립학교법' '제3절 기관'과 '사립학교법 시행령' '제7조의 2(개방이사의 추천·선임 등)'을 제시합니다.

가. 목적

학교운영위원회는 학부모, 지역사회, 교직원 등이 자발적으로 책임을 지고 학교를 운영하는 제도적 장치로서 학교 교육자치가 갖는 자주성과 민주성의 가치를 넘어 학교경영의 효율성을 도모하자는 적극적인 가치를 담고 있다. 특히 학교운영과 관련된 중요한 의사결정에 참여함으로써 학교의 정책결정에 민주성과 합리성 그리고 투명성을 확보하는데 의미가 있다.

나. 근거와 성격

학교운영위원회는 '초·중등교육법', '초·중등교육법시행령', '학교운영위원회설치·운영에 관한 조례(공립학교)', '학교법인 정관(사립학교)'등에 근거를 두고 있다. 이는 곧 법정위원회, 심의·자문기구, 독립된 위원회의 성격을 지니고 있다.

① 법정위원회란 법률과 시행령 그리고 조례 등에 근거하여 설치·운영되는 것을 의미한다.
② 학교운영위원회는 법률과 시행령, 조례에서 규정한 사항은 반드시 심의하고 자문하여 의결을 거치도록 하고 있으므로 이를 심의·자문기구라고 한다.
③ 국·공립학교는 심의기구의 성격을 가지고 있으나 사립학교는 자문기구의 성격을 띠고 있다.
④ 학교운영위원회는 학교장과 독립된 기구로서 독립위원회의 성격을 가지고 있다.

다. 권한

학교운영위원의 권한은 심의·자문권 그리고 보고 요구권 등이 있다.

① 학교운영위원은 학교운영위원회를 통하여 자신이 대표하는 학부모, 교원, 지역사회 구성원들의 다양한 요구를 수렴하여 그 요구를 학교운영위원회에 제안하고 건의할 수 있는 권한, 즉 학교 운영에 참여할 권리와 학교운영 참가권이 있다. 그러나 여기에서 유념해야 할 사항은 반드시 개인적인 지위에서가 아니라 각 분야, 즉 학부모의 대표, 지역사회의 대표, 교원의 대표라는 공적(公的) 지위에 있다는 것을 인식하고 반드시 학교운영위원회를 통하여 이루어져야 한다는 점을 염두에 두어야 한다.
② 중요 사안 심의·자문권은 법과 조례에서 정해진 사항을 학교운영위원회에서 심의·자문할 권한이 있다. 위원들은 학교운영위원회에 상정된 안건에 대해서 질의, 토의, 논의를 거쳐 표결을 행한다. 이 과정을 통해 학교운영의 효능성과 자율성을 높이고 학교의 특색과 특성에 맞는 다양한 교육을 실시할 수 있도록 하려는 학교운영위원회의 취지를 실현한다.
③ 운영위원회의 심의·의결 결과와 다르게 학교장이 시행하거나 또는 운영위원회의 심의·자문을 거쳐야 할 사항임에도 불구하고 심의·자문을 거치지 않고 운영하는 경우에는 운영위원회는 관련 사항과 그 사유를 지체 없이 학교운영위원회에 보고하도록 요구할 수 있는 권리, 즉 보고요구권이 있다.

라. 의무

학교운영위원의 의무는 회의 참여의 의무와 지위 남용 금지의 의무가 있다.

① 학교운영위원은 학교운영위원회가 소집되었을 때, 회의에 출석하여 성실히 임해야 하는 참여의 의무가 있다. 부득이 학교운영위원의 회의 소집 통지를 받고 불참할 경우에는 사전에 그 이유를 들어 통보를 하여야 하며 사전 연락도 없이 계속하여 회의에 불참할 경우에는 조례로 자격을 상실하도록 규정하고 있다.
② 또한 학교운영위원은 학교운영위원의 지위를 남용하여 당해 학교에 영리를 목적으로 하는 거래를 하거나 재산상의 권리나 이익의 취득 또는 알선을 해서는 안 된다. 이를 지위 남용 금지의 의무라고 한다. 학교운영위원직은 무보수 봉사직이며 따라서 운영위원으로서 활동하는 대가로 반대급부의 성격을 띤 보수나 수당을 요구할 수 없다.

마. 구성

학교운영위원회의 구성면은 다음과 같다.

① 학부모위원은 당해 학교에 자녀를 둔 학부모이어야 하며 교원위원은 당해 학교에 재직하고 있는 교원이어야 한다. 그리고 지역위원은 당해 학교가 소재하는 지역을 생활근거지로 하는 자로서 교육행정에 관한 업무를 수행하는 공무원이나 당해 학교의 소재 지역을 사업활동의 근거지로 하는 사업자로 한다. 또한 당해 학교를 졸업한 자나 기타 학교운영에 이바지하고자 하는 자는 자격을 가질 수 있다.
② 조례를 근거로 학교운영위원으로 선출될 수 없는 자는 '국가공무원법'에서 규정하고 있는 결격사유에 해당하는 자와 정당의 당원인 자 그리고 타 학교의 운영위원을 겸하고 있는 자는 선출될 수 없다.
③ 학교운영위원의 자격상실 요건은 교원위원이 소속을 달리한 때나 학부모위원은 자녀학생이 졸업 및 전학·퇴학한 때, 특히 회의소집 통지를 받고도 사전연락 없이 연속해서 회의에 불참하였을 때, 학부모위원이 제출한 신상자료에 허위사실이 발견된

때는 자격이 상실된다.

④ 학교운영위원의 임기는 2년이며 1차에 한하여 연임 가능하다. 다만, 보궐선거에 의해 당선된 학교운영위원의 임기는 전임자의 잔임 기간으로 한다.

⑤ 학교운영위원회의 위원장과 부위원장의 임기는 1년이며 연임이 가능하다.

⑥ 학교운영위원의 선출은 '초·중등교육법시행령'에 따른다.

㉮ 학부모위원의 선출은 학부모전체회의에서 직접 선출하되 서신 또는 우편투표, 전자투표도 병행 가능하다. 선출 시기는 '조례에 근거하여 임기만료일 이전에 선출한다.

㉯ 국·공립학교의 교원위원 선출은 당연직 교원위원을 제외한 교원위원은 교원 중에서 선출하되 교직원 전체회의에서 무기명 투표로 선출하며 선출 시기는 조례에 근거하여 임기만료일 10일 이전에 선출한다. 여기에서 교직원이란 교원과 정규공무원을 이야기하며 시행령에 따라 일반직 정규 공무원은 피선거권은 없고 선거권만 있다. 또한 기간제 교원은 당해학교운영위원회 규정으로 선거권은 부여할 수 있으나 피선거권은 부여할 수 없다.

㉰ 사립학교의 교원위원 선출은 당연직 교원위원을 제외한 교원위원은 정관이 정한 절차에 따라 교직원 전체회의에서 추천한자 중 학교장이 위촉한다. 기타사항은 국·공립과 같다.

㉱ 지역위원 선출은 학부모위원 또는 교원위원의 추천을 받아 학부모위원 및 교원위원이 무기명 투표로 선출하며 선출 시기는 임기만료일 전일까지 선출한다. 특히 지역위원은 당해 연도에 새로 선출된 학부모위원과 교원위원이 선출한다.

㉲ 위원장 및 부위원장 선출은 교원위원이 아닌 위원 중에서 무기명투표로 선출하되 조례에 의한 과반수의 득표로 당선된다. 재적위원 과반수 득표자가 없을 때는 2차 투표를 실시하여 최고득표자를 당선자로 한다. 이 경우, 최고득표자가 2인 이상인 경우에는 연장자를 당선자로 한다.

바. 기능

'초·중등교육법'에 의한 학교운영위원회의 기능은 다음과 같다.

① 국·공립학교의 학교운영위원회는 다음 사항을 심의한다.

㉮ 학교헌장 및 학칙의 제정 또는 개정에 관한 사항

㉯ 학교의 예산안 및 결산에 관한 사항

㉰ 학교 교육과정의 운영방법에 관한 사항

㉱ 교과용도서 및 교육자료의 선정과 교복·체육복·졸업앨범 등 학부모가 경비를 부담하는 사항

㉲ 정규 학습시간 종료 후 또는 방학기간 중의 교육활동 및 수련활동 사항

㉳ '교육공무원법'의 규정에 의한 초빙교원의 추천에 관한 사항

㉴ 학교운영지원비의 조성·운영 및 사용에 관한 사항

㉵ 학교급식에 관한 사항

㉶ 대학입학 특별전형 중 학교장 추천에 관한 사항

㉷ 학교운동부의 구성·운영에 관한 사항

㉸ 학교운영에 대한 제한 및 건의사항

㉹ 기타 '대통령령'과 '시·도의 조례'로 정하는 사항

㉺ 학교발전기금의 조성·운용 및 사용에 관한 사항을 심의한다.

② 사립학교의 장은 다만, 학교헌장 및 학칙의 제정 또는 개정에 관한 사항에 대하여는 학교법인의 요청이 있는 경우에 해당한다.

학교운영위원회의 목적 즉, 단위 학교마다의 구성원들이 자주성과 민주성을 바탕으로 학교경영의 효율성을 추구함이 지향하는 바대로 이루어진다면, 공교육을 살릴 수 있는 지름길이라고 판단됩니다. 이런 좋은 장치(학교운영위원회)가 있음에도 불구하고, 공교육에 대한 신뢰가 저하되어가는 이유는 무엇일까요?

학교운영위원회의 권한을 설명해 보세요.

학교운영위원회의 기능을 설명해 보세요.

학교운영위원회의 구성을 설명해 보세요.

학교운영위원회와 관련된 법은 다음과 같습니다.

〈초 · 중등교육법〉

제2절 학교운영위원회

제31조 (학교운영위원회의 설치)

①학교운영의 자율성을 높이고 지역의 실정과 특성에 맞는 다양한 교육을 창의적으로 실시할 수 있도록 하기 위하여 국·공립 및 사립의 초등학교·중학교·고등학교 및 특수학교에 학교운영위원회를 구성·운영하여야 한다. <개정 1999.8.31>

②국·공립학교에 두는 학교운영위원회는 당해 학교의 교원대표·학부모대표 및 지역사회 인사로 구성한다. <개정 1999.8.31>

③국·공립 및 사립학교에 두는 학교운영위원회의 위원정수는 5인이상 15인이내의 범위안에서 학교의 규모 등을 고려하여 대통령령으로 정한다. <개정 1999.8.31>

제31조의2 (결격사유)

①국가공무원법 제33조 각호의 1에 해당하는 자는 학교운영위원회의 위원으로 선출될 수 없다.

②학교운영위원회의 위원이 국가공무원법 제33조 각호의 1에 해당할 때에는 당연히 퇴직한다. [본조신설 2002.8.26]

제32조 (기능)

①국·공립학교에 두는 학교운영위원회는 다음 각호의 사항을 심의한다.[개정 2005.3.24, 2008.3.21]

1. 학교헌장 및 학칙의 제정 또는 개정에 관한 사항
2. 학교의 예산안 및 결산에 관한 사항
3. 학교교육과정의 운영방법에 관한 사항
4. 교과용도서 및 교육 자료의 선정에 관한 사항

4의2. 교복·체육복·졸업앨범 등 학부모가 경비를 부담하는 사항

5. 정규학습시간 종료 후 또는 방학기간중의 교육활동 및 수련활동에 관한 사항
6. 교육공무원법 제31조제2항의 규정에 의한 초빙교원의 추천에 관한 사항
7. 학교운영지원비의 조성·운용 및 사용에 관한 사항
8. 학교급식에 관한 사항
9. 대학입학 특별전형 중 학교장 추천에 관한 사항
10. 학교운동부의 구성·운영에 관한 사항
11. 학교운영에 대한 제안 및 건의 사항
12. 기타 대통령령, 특별시·광역시 또는 도 (이하 "시·도"라 한다)의 조례로 정하는 사항

②사립학교의 장은 제1항 각호의 사항(제6호의 사항은 제외한다)에 대하여 학교운영위원회의 자문을 거쳐야 한다. 다만, 제1호의 사항에 대하여는 학교법인의 요청이 있는 경우에 한한다.
[개정 2005.12.29]

③국·공립 및 사립학교에 두는 학교운영위원회는 학교발전기금의 조성·운용 및 사용에 관한 사항에 대하여 심의·의결한다. [전문개정 1999.8.31]

제33조 (학교발전기금)

①제31조의 규정에 의한 학교운영위원회는 학교발전기금을 조성할 수 있다.

②제1항의 규정에 의한 학교발전기금의 조성 및 운용방법 등에 관하여 필요한 사항은 대통령령으로 정한다.

제34조 (학교운영위원회의 구성·운영)

①제31조의 규정에 의한 학교운영위원회 중 국립학교에 두는 학교운영위원회의 구성·운영에 관하여 필요한 사항은 대통령령으로 정하고, 공립학교에 두는 학교운영위원회의 구성·운영에 관하여 필요한 사항은 대통령령이 정하는 범위 안에서 시·도의 조례로 정한다.

②사립학교에 두는 학교운영위원회의 위원구성에 관한 사항은 대통령령으로 정하고, 기타 운영에 관하여 필요한 사항은 정관으로 정한다. <개정 1999.8.31>

제34조의2 (학교운영위원회 위원의 연수 등)

① 교육감은 학교운영위원회 위원의 자질과 직무수행능력의 향상을 위한 연수를 실시할 수 있다.

② 교육감은 제1항에 따른 연수를 연수기관 또는 민간기관에 위탁하여 실시할 수 있다.

③ 교육감은 제2항에 따라 연수를 위탁받은 기관에 대하여 행정적·재정적 지원을 할 수 있다.

④ 그 밖에 필요한 사항은 대통령령으로 정한다.[본조신설 2007.12.14]

부칙 <제5438호,1997.12.13>

제1조 (시행일) 이 법은 1998년 3월 1일부터 시행한다.

제7조 (학교운영위원회에 관한 경과조치) 이 법 시행당시 종전의 지방교육자치에관한법률에 의하여 국·공·사립의 초등학교·중학교·고등학교 및 특수학교에 구성된 학교운영위원회는 각각 이 법에 의하여 구성된 것으로 본다.

부칙 <제6007호,1999.8.31>

이 법은 2000년 3월 1일부터 시행한다.

부칙 <제6714호,2002.8.26>

제1조 (시행일) 이 법은 공포한 날부터 시행한다.

제3조 (학교운영위원회 위원의 결격사유에 관한 적용례) 제31조의2의 개정규정은 이 법 시행후 최초로 선출되는 학교운영위원회 위원부터 적용한다.

부칙(사립학교법) <제7802호,2005.12.29>

제1조 (시행일) 이 법은 2006년 7월 1일부터 시행한다. <단서 생략>

제2조 내지 제6조 생략

제7조 (다른 법률의 개정) 초·중등교육법 일부를 다음과 같이 개정한다.

제32조제2항 단서중 "제1호·제2호"를 "제1호"로 한다.

부칙 <제8675호,2007.12.14>
이 법은 2008년 3월 1일부터 시행한다.

〈초·중등교육법 시행령〉

제2절 학교운영위원회

제58조 (국·공립 학교운영위원회의 구성)
①법 제31조의 규정에 의한 학교운영위원회(이하 "운영위원회"라 한다)중 국·공립의 초등학교·중학교·고등학교 및 특수학교(이하 제62조까지 "국·공립학교"라 한다)에 두는 학교운영위원회 위원의 정수는 다음 각호의 구분에 의한 범위 안에서 학교의 규모 등을 고려하여 당해 학교의 학교운영위원회규정(이하 이 절에서 "위원회규정"이라 한다)으로 정한다. <개정 2000.2.28>
1. 학생수가 200명 미만인 학교 : 5인 이상 8인 이내
2. 학생수가 200명이상 1천명미만인 학교 : 9인 이상 12인 이내
3. 학생수가 1천명이상인 학교 : 13인 이상 15인 이내
②국·공립학교에 두는 운영위원회 위원의 구성비율은 다음 각호의 구분에 의한 범위 내에서 위원회규정으로 정한다.
1. 학부모위원(당해 학교의 학부모를 대표하는 자를 말한다. 이하 이 절에서 같다) : 100분의 40 내지 100분의 50
2. 교원위원(당해 학교의 교원을 대표하는 자를 말한다. 이하 이 절에서 같다) : 100분의 30 내지 100분의 40
3. 지역위원(당해 학교가 소재하는 지역을 생활근거지로 하는 자로서 교육행정에 관한 업무를 수행하는 공무원, 당해 학교가 소재하는 지역을 사업 활동의 근거지로 하는 사업자, 당해 학교를 졸업한 자, 기타 학교운영에 이바지하고자 하는 자를 말한다. 이하 이 절에서 같다) : 100분의 10 내지 100분의 30
③제2항의 규정에 불구하고 제80조의 규정에 의한 국·공립의 실업계고등학교운영위원회 위원의 구성비율은 다음 각호의 구분에 의한 범위 내에서 위원회규정으로 정할 수 있다. 이 경우 지역위원 중 2분의 1이상은 제2항 제3호의 규정에 의한 사업자로 선출하여야 한다.
1. 학부모위원 : 100분의 30 내지 100분의 40
2. 교원위원 : 100분의 20 내지 100분의 30
3. 지역위원 : 100분의 30 내지 100분의 50
④삭제 <2000.2.28>

제59조 (위원의 선출 등)
①국·공립학교의 장은 운영위원회의 당연직 교원위원이 된다.
②학부모위원은 학부모 중에서 민주적 대의절차에 따라 학부모 전체회의에서 직접 선출한다. 다만,

학교의 구모·시설 등을 고려하여 위원회규정이 정하는 전체회의에서 선출하기 곤란한 사유가 있는 경우에는 당해 위원회규정이 정하는 바에 의하여 학급별 대표로 구성된 학부모대표회의에서 선출할 수 있다. <개정 2000.2.28>

③당연직 교원위원을 제외한 교원위원은 교원 중에서 선출하되, 교직원전체회의에서 무기명투표로 선출한다. <개정 2000.2.28>

④지역위원은 학부모위원 또는 교원위원의 추천을 받아 학부모위원 및 교원위원이 무기명투표로 선출한다.

⑤운영위원회에는 위원장 및 부위원장 각 1인을 두되, 교원위원이 아닌 위원 중에서 무기명투표로 선출한다.

제60조 (운영위원회의 심의 등)

①국·공립학교의 장은 운영위원회의 심의결과를 최대한 존중하여야 하며, 그 심의결과와 다르게 시행하고자 하는 경우에는 이를 운영위원회와 관할청에 서면으로 보고하여야 한다.

②국·공립학교의 장은 운영위원회의 심의를 거치는 경우 교육활동 및 학교운영에 중대한 차질이 발생할 우려가 있거나 천재·지변 기타 불가항력의 사유로 운영위원회를 소집할 여유가 없는 때에는 법 제32조 각호의 사항에 대하여 운영위원회의 심의를 거치지 아니하고 이를 시행할 수 있다.

③국·공립학교의 장은 제2항의 규정에 의하여 운영위원회의 심의를 거치지 아니하고 시행한 때에는 관련사항과 그 사유를 지체 없이 운영위원회와 관할청에 서면으로 보고하여야 한다.

제61조 (시정명령)

관할청은 국·공립학교의 장이 정당한 사유 없이 법 제32조제1항 및 제3항의 규정에 의한 운영위원회의 심의·의결결과와 다르게 시행하거나 심의·의결결과를 시행하지 아니하는 경우 또는 제60조제2항의 규정에 의한 사유 없이 심의를 거쳐야 할 사항을 심의를 거치지 아니하고 시행하는 경우에는 법 제63조의 규정에 의한 시정을 명할 수 있다. <개정 2000.2.28>

제62조 (조례 등에의 위임)

국·공립학교에 두는 운영위원회의 구성 및 운영에 관하여 이 영에서 규정하지 아니한 사항은 국립학교의 경우에는 학칙으로, 공립학교의 경우에는 시·도의 조례로 정한다.

제63조 (사립학교의 운영위원회)

①법 제31조의 규정에 의하여 사립의 초등학교·중학교·고등학교 및 특수학교(이하 이 조에서 "사립학교"라 한다)에 두는 운영위원회(이하 "사립학교 운영위원회"라 한다)는 당해 학교의 교원위원·학부모위원 및 지역위원으로 구성한다.

②제58조제59조제60조제2항 및 동조 제3항의 규정은 사립학교 운영위원회 위원의 정수·선출 등에 관하여 이를 준용하되, 당연직 교원위원을 제외한 교원위원은 정관이 정한 절차에 따라 교직원전체회의에서 추천한 자중 학교의 장이 위촉한다. 이 경우 "국·공립학교"는 "사립학교"로, "심의"는 "자문"으로 본다.

③학교의 장은 운영위원회의 자문결과를 최대한 존중하여야 한다.

④관할청은 사립학교의 장이 정당한 사유 없이 법 제32조제3항의 학교발전기금의 조성·운용 및 사용에 관한 사항에 대하여 운영위원회의 심의·의결을 거치지 아니하거나 심의·의결의 결과와 다르게 시행하는 경우 또는 심의·의결의 결과를 시행하지 아니하는 경우나 제60조제2항의 규정에 의한 사유 없이 자문을 거치지 아니하고 시행하는 경우에는 법 제63조의 규정에 의한 시정을 명할 수 있다.
⑤사립학교 운영위원회의 구성에 관하여 이 영에서 규정하지 아니한 사항은 정관으로 정한다. [전문개정 2000.2.28]

제64조 (학교발전기금)
①법 제33조의 규정에 의한 학교발전기금(이하 "발전기금"이라 한다)은 다음 각호의 방법에 의하여 조성한다.
1. 기부자가 기부한 금품의 접수
2. 학부모 등으로 구성된 학교 내·외의 조직·단체 등이 그 구성원으로부터 자발적으로 갹출하거나 구성원외의 자로부터 모금한 금품의 접수
②발전기금은 다음 각호의 목적을 위하여 사용한다.
1. 학교교육시설의 보수 및 확충
2. 교육용 기자재 및 도서의 구입
3. 학교체육활동 기타 학예활동의 지원
4. 학생복지 및 학생자치활동의 지원
③운영위원회는 교육인적자원부령이 정하는 바에 따라 발전기금을 운영위원회 위원장의 명의로 조성·운용하여야 한다. <개정 2001.1.29>
④운영위원회는 발전기금의 관리 및 집행과 그 부수된 업무의 일부를 당해 학교의 장에게 위탁할 수 있다.
⑤제4항의 규정에 의하여 업무를 위탁받은 학교의 장은 발전기금을 별도회계를 통하여 관리하고, 매 분기마다 발전기금의 집행계획 및 집행내역을 운영위원회에 서면으로 보고하여야 한다.
⑥운영위원회는 제5항의 보고를 받은 경우에는 이를 검토하여 그 결과를 학부모에게 통지하여야 한다.
⑦운영위원회는 제4항의 규정에 의하여 발전기금에 관한 업무를 당해 학교의 장에게 위탁한 경우에는 발전기금의 집행상황 등에 관하여 감사할 수 있다.
⑧운영위원회는 학교의 회계연도 종료 후 20일 이내에 결산을 완료하여 그 결과를 관할청에 보고하고, 학부모에게 통지하여야 한다.
⑨발전기금의 조성·운용 및 회계 관리 등에 관하여 기타 필요한 사항은 교육인적자원부령으로 정한다. <개정 2001.1.29>

부 칙 <2000. 2. 28>
①(시행일) 이 영은 2000년 3월 1일부터 시행한다.
②(학교운영위원회 위원에 관한 경과조치) 이 영 시행당시 종전의 규정에 의하여 선출된 학교운영위원회 위원은 이 영에 의하여 선출된 학교운영위원회 위원으로 본다.

③(학교운영위원회 위원정수에 관한 경과조치) 이 영 시행당시 종전에 규정에 의하여 구성된 학교운영위원회의 위원정수는 당해 학교운영위원회 위원의 임기가 만료될 때까지 제58조 제1항 및 제63조제2항의 개정 규정에 불구하고 종전의 규정에 의한다.
④(학교운영위원회규정의 제정에 관한 특례) 이 영 시행 후 최초로 구성하는 사립학교 학교운영위원회의 규정은 당해 학교의 교원 및 학부모의 의견을 수렴하여 학교장이 정한다.
<중 략>

부칙 <제18551호, 2004.9.23>
이 영은 공포한 날부터 시행한다.

〈경상남도립학교 운영위원회 운영조례〉

제1조(목적) 이 조례는 초·중등교육법(이하 "법"이라 한다) 제32조제1항제12호, 제34조제1항 및 동법시행령(이하 "영"이라 한다) 제62조의 규정에 의하여 경상남도립학교의 학교운영위원회(이하 "운영위원회"라 한다)의 구성·기능·운영 등에 관한 사항과 기타 필요한 사항을 규정함을 목적으로 한다. <개정 1998. 7. 1. 조2578, 2000. 5. 31. 조2762>
제2조<삭제 1998. 7. 1. 조2578>
제3조(학교운영위원회 설치 등)
①영 제58조제1항의 규정에 의한 위원정수 결정은 위원 임기개시 당해 학년도 신입학생 입학일 학생수를 기준으로 하되, 신설학교는 개교일의 학생수를 기준으로 한다.
②분교장은 본교의 운영위원회로 대체한다. 이 경우 분교장에 재학하는 자녀를 둔 학부모와 분교장에 소속한 교원을 위원에 포함할 수 있다.
③방송통신고등학교의 운영위원회는 당해 학교가 설치된 고등학교의 운영위원회로 대체한다.
④통합운영학교의 운영위원회는 통합 구성한다. <조개정 2005. 1. 12. 조3071>

제4조(위원의 선출)
①학부모위원 및 교원위원은 임기만료 10일 이전에, 지역위원은 임기를 같이할 학부모위원과 교원위원이 임기개시 전까지 선출한다. <개정 2000. 5. 31. 조2762>
②위원이 궐원된 때에는 보궐선출하고, 임기는 전임자의 잔임 기간으로 한다. 다만, 잔여임기가 6월 미만으로서 위원 정수의 4분의 1이상이 궐원되지 아니 한 때에는 운영위원회의 결정으로 선출하지 아니할 수 있다.
③기타 위원의 선출시기·방법·절차 등에 관하여 필요한 사항은 당해 학교의 학교운영위원회규정(이하 "규정"이라 한다)으로 정한다.
제5조(위원의 임기)
①위원의 임기는 1년 또는 2년 중에서 규정으로 정하되, 1차에 한하여 연임할 수 있다.
②위원의 임기개시일은 4월 1일로 한다. <개정 2005. 1. 12. 조3071>

제6조(위원의 자격)

①삭제 2005. 1. 12. 조3071>
②학부모 및 지역위원의 자격 중 정당인에 대한 자격제한 여부는 규정으로 정한다.
③위원은 다른 학교의 위원을 겸할 수 없다.

제7조(위원의 의무 등)

①위원은 무보수 봉사직으로 하며, 수당을 지급하지 아니한다.
②위원은 운영위원회 회의에 성실히 참여하여야 하며, 이를 통하지 않고서는 학교운영에 관여할 수 없다.
③위원은 그 지위를 남용하여 당해 학교와 영리를 목적으로 하는 거래를 하거나 재산상의 권리·이익의 취득 또는 알선하여서는 아니 된다. <개정 1998. 7. 1. 조2578>
④학부모위원에게는 학교운영을 지원하기 위하여 일반 학부모가 부담하는 학교운영 지원비를 징수할 수 있으며, 학교운영지원비 외에는 사례금·찬조금 등 일체의 비용을 부담 지워서는 아니 된다.

제8조(위원의 자격상실 등)

①학생의 졸업·전학 및 퇴학, 교원의 전보, 특별한 사유 없이 3회 연속 회의에 불참하였을 때에는 당연 퇴직된다. <개정 1998. 7. 1. 조2578>
②위원 선출시 본인이 제출한 신상자료, 학력, 경력 등의 주요 내용에 허위 사실이 있는 것이 발견되었을 경우에는 운영위원회 재적위원 과반수 출석과 출석위원 과반수 찬성으로 그 위원의 자격이 상실된다.
③위원이 회기 중에 사퇴하고자 할 때에는 운영위원회의 동의를 얻어, 폐회 중에는 위원장의 결정으로 사퇴할 수 있다. <신설 1998. 7. 1. 조2578>

제9조(위원장 및 부위원장)

①영 제59조제5항에서 규정한 위원장 및 부위원장의 임기는 1년으로 하며, 연임할 수 있다.
<개정 1998. 7. 1. 조2578>
②위원장과 부위원장은 무기명투표로 선출하되 재적위원 과반수의 득표로 당선된다.
③제2항의 득표자가 없을 때에는 2차 투표를 하여 최고득표자를 당선자로 한다. 이 경우 최고득표자가 2인 이상인 때에는 연장자를 당선자로 한다.
④위원장과 부위원장은 운영위원회의 동의를 얻어 그 직을 사임할 수 있다.
⑤위원장은 운영위원회를 대표하고 회의를 소집하여 진행하며, 부위원장은 위원장의 사고가 있을 때에 그 직무를 대행한다.
⑥위원장 또는 부위원장이 임기 중에 궐위된 때에는 보궐선출할 수 있으며, 그 임기는 전임자의 잔임기간으로 한다.

제10조(심의사항)

①운영위원회는 법 제32조제1항 제1호 내지 제11호에서 규정한 사항과 다음 각호의 사항을 심의한

다. <개정 1998. 7. 1. 조2578, 2000. 5. 31. 조2762>
1. 학생지도를 위한 지원 사항
2. 교복 및 체육복 선정, 수학여행·학생야영수련(학생수련활동) 등 학부모가 경비를 부담하는 사항. 다만, 특정서클 등에서 특정학생을 대상으로 하는 사항은 제외한다.
3. 지역사회교육에 관한 사항
4. 학부모 및 일반인을 대상으로 한 평생교육 프로그램의 설치·운영에 관한 사항
5. 기타 학교운영에 관한 위원들의 제안 사항과 학교장이 심의 요청한 사항
②<삭제 1998. 7. 1. 조2578>

제11조(건의사항 처리)
①위원장은 건의를 접수한 때에는 이를 운영위원회에 회부하여 심의한다.
②건의를 소개한 위원은 운영위원회의 요구가 있을 때에는 건의의 취지를 설명하여야 한다.
③운영위원회에서 심의하여 채택한 건의 중 학교장의 권한에 관한 사항은 운영위원회의 의견서를 첨부하여 학교장에게 이송하고 학교장은 그 처리 결과를 운영위원회에 보고하여야 한다.
④위원장은 건의의 처리결과를 건의인에게 통지하여야 한다.

제12조(서류제출 요구) 운영위원회의 의결로 안건의 심의와 직접 관련된 서류를 당해 학교장에게 제출토록 요구할 수 있다.

제13조(회의소집 등)
①회의는 정기회와 임시회로 구분하여 운영하며, 정기회의 소집 시기는 규정으로 정한다.
②위원 선출 후 최초로 소집되는 임시회는 학교장이 위원 임기 개시일부터 15일 이내에 소집한다.
③임시회 소집은 학교장 또는 재적위원 4분의 1이상의 요구에 의해 위원장이 소집한다. 이 경우 위원장은 회의개최 7일전에 소집공고와 함께 회의안건을 첨부하여 개별 통지하여야 한다. 다만, 위원장이 긴급을 요하는 안건이라고 인정할 경우에는 그러하지 아니하다.
④운영위원회의 회의일수 및 회기 등에 대한 사항은 규정으로 정한다. 다만, 회의 일수는 연간 30일을 초과하지 아니하여야 한다.

제14조(안건의 제출·발의) 운영위원회에서 심의할 안건은 학교장이 제출하거나, 재적위원 5분의 1이상의 연서로 발의한다. <개정 1998. 7. 1. 조2578>

제15조(의사 및 의결 정족수) 운영위원회는 재적위원 과반수의 출석으로 개의하며, 출석위원 과반수의 찬성으로 결정한다. <개정 1998. 7. 1. 조2578>

제16조(회의의 공개 원칙)
①운영위원회 회의는 공개한다. 다만, 교육 또는 교권의 보호를 위하여 필요하다고 인정되는 경우 운영위원회의 결정으로 공개하지 아니할 수 있다.
②운영위원회는 회의 개최 시 가정통신문, 학교 게시판, 학교홈페이지 등을 통하여 회의 개최 일자,

안건 등을 알림으로써 학부모·교직원 등이 회의에 참관할 수 있도록 하여야 한다. <개정 2007. 1. 10. 조3208>

제17조(회의록 작성 등)
①운영위원회는 회의 진행 내용 및 결과와 출석위원의 성명을 기재한 회의록을 작성하고, 학교장과 위원장이 서명한다.
②위원장은 회의록을 학교에 비치하여 학부모, 교원 및 지역주민 등이 열람할 수 있도록 한다. 다만, 운영위원회에서 비공개로 결정한 사항은 공개되는 회의록에 이를 게재하지 아니할 수 있다.
③운영위원회는 매 학년도말에 예·결산 내역을 포함한 운영위원회의 활동 상황보고서를 작성하여 학부모, 교원 및 관할 교육청 등에 배포하고, 차기 정기회의시 이를 보고하여야 한다. 다만, 공개하지 아니하기로 결정한 사항은 학부모 및 교원에게 배포하지 아니할 수 있다.

제18조(소위원회 등 설치) <개정 2005. 1. 12. 조3071>
①운영위원회에는 안건 심의의 효율을 기하기 위하여 소위원회를 둘 수 있다. 다만, 학교급식소위원회는 반드시 설치하되, 공동급식학교의 경우에는 학교급식소위원회에 준하는 당해 학교 간 학교급식협의회 설치로 이를 대체한다. <개정 2005. 1. 12. 조3071>
②소위원회 등의 구성 및 운영에 관하여는 규정으로 정한다. 다만 제1항의 학교급식협의회는 당해 학교 간 회원을 동수로 구성하고 운영사무는 급식조리학교에서 수행한다. <개정 2005. 1. 12. 조3071>
제19조(간사) 운영위원회의 회의기록 등 사무를 처리하기 위하여 행정실책임자를 당연직 간사로 한다. 다만, 행정실책임자가 없는 학교의 경우에는 교직원 중에서 학교장의 추천을 받아 위원장이 임명한다. <개정 2007. 1. 10. 조3208>

제20조(운영경비 등) 위원의 연수 시 교통비와 회의운영에 필요한 경비는 규정 또는 관할청의 예산 관련 지침으로 정한다.

제21조(자생조직) 학부모, 교원, 학생 등으로 구성되는 학교내외의 자생조직은 규정이 정 하는 바에 따라 자율적으로 운영하거나, 운영위원회의 산하단체로 둘 수 있으며, 그 대표자는 그 조직의 활동과 관련하여 운영위원회의 허가를 얻어 회의에 출석, 발언할 수 있다.

제22조(교육청의 지원·지도)
①교육감 및 교육장은 운영위원회가 그 설치 취지와 목적을 달성할 수 있도록 지원하며, 운영위원 전문성 함양을 위한 위원 연수를 연 1회 이상 실시하여야 한다. <개정 2005. 1. 12. 조3071>
②교육감 및 교육장은 운영위원회에 대하여 조언, 권고, 지도할 수 있으며, 이를 위하여 필요한 때에는 자료의 제출을 요구할 수 있다.
③<삭제 1998. 7. 1. 조2578>
제23조(규정에의 위임) 운영위원회의 구성·기능·운영 등에 관하여 이 조례에 규정하지 아니한 사항은 규정으로 정한다.

부 칙
①(시행일) 이 조례는 공포한 날부터 시행한다.
②(최초의 위원 임기 개시 및 만료) 지방교육자치에관한법률시행령 제28조제2항 내지 제4 항에 의하여 최초로 선출된 위원의 임기는 제5조의 규정에 불구하고 위원이 선출된 날부터 개시하며 당해 학교의 규정이 정하는 차기 임기 개시 전일에 만료된다.
③(최초의 운영위원회 위원 정수 및 위원 구성 비율) 지방교육자치에관한법률시행령 제27조제1항 내지 제3항에 의하여 구성되는 최초의 운영위원회 정수 및 위원 구성비율은 초등학교는 당해 학교장이 교원 대표자와 협의하여 결정하고, 중등학교는 당해 학교장이 학부모회 회장 및 교원 대표자와 협의하여 결정한다.
④(최초의 기타 위원의 선출 시기·방법·절차 등) 이 조례에 의하여 선출되는 최초의 기타 위원의 선출 시기·방법·절차 등에 대하여는 제3항의 규정을 준용한다.
⑤(최초의 운영위원회 학부모 및 지역위원의 자격 중 정당인에 대한 자격 제한 여부) 이 조례에 의하여 선출되는 최초의 학부모 및 지역위원의 자격 중 정당인에 대한 자격 제한 여부는 제3항의 규정을 준용한다.

부 칙 (1998. 7. 1. 조례 제2578호)
이 조례는 공포한 날부터 시행한다.

부 칙 (2000. 5. 31. 조례 제2762호)
이 조례는 공포한 날부터 시행한다. 다만, 법 제32조제1항제9호 및 제10호에 대하여는 2000년 3월 1일부터 적용한다.

부 칙 (2005. 1 12. 조례 제3071호)
①(시행일)이 조례는 공포한 날부터 시행한다.
②(최초의 규정)이 조례 시행 후 최초로 제정되는 규정은 교원전체회의의 심의를 거쳐 학교장이 정한다.

부 칙 (2007. 1. 10. 조례 제3208호)
이 조례는 공포한 날부터 시행한다.

〈사립학교법〉

제3절 기관

제14조 (임원)
①학교법인에는 임원으로서 7인 이상의 이사와 2인 이상의 감사를 두어야 한다. 다만, 유치원만을

설치·경영하는 학교법인에는 임원으로서 5인 이상의 이사와 1인 이상의 감사를 둘 수 있다. <개정 1964.11.10, 1990.4.7, 1997.1.13, 1999.8.31>
②이사중 1인은 정관이 정하는 바에 의하여 이사장이 된다.
③학교법인은 제1항에 따른 이사정수의 4분의 1(단, 소수점 이하는 올림한다)에 해당하는 이사(이하 "개방이사"라 한다)를 제4항에 따른 개방이사추천위원회에서 2배수 추천한 인사 중에서 선임하여야 한다. <개정 2007.7.27>
④개방이사추천위원회(이하 "추천위원회"라 한다)는 제26조의2에 따른 대학평의원회(이하 "대학평의원회"라 한다) 또는 「초·중등교육법」 제31조에 따른 학교운영위원회(이하 "학교운영위원회"라 한다)에 두고 그 조직과 운영 및 구성은 정관으로 정하되, 위원정수는 5인 이상 홀수로 하고 대학평의원회 또는 학교운영위원회에서 추천위원회 위원의 2분의 1을 추천하도록 한다. 다만, 대통령령으로 정하는 종교지도자 양성만을 목적으로 하는 대학 및 대학원 설치·경영 학교법인의 경우에는 당해 종교단체에서 2분의 1을 추천한다. <개정 2007.7.27>
⑤제3항에 따라 추천위원회가 개방이사를 추천하는 경우에는 30일 이내에 완료하여야 하며, 이 기간 내에 추천하지 못하는 때에는 관할청이 추천한다. <개정 2007.7.27>
⑥제3항부터 제5항까지의 규정에 따른 개방이사의 추천, 선임방법 및 자격요건과 기준에 관한 구체적인 사항은 대통령령으로 정하는 바에 따라 정관으로 정한다. <개정 2007.7.27>

부칙 <제7802호,2005.12.29>
제1조 (시행일) 이 법은 2006년 7월 1일부터 시행한다. 다만, 제53조의2제9항의 개정규정은 2007년 3월 1일부터 시행한다.
제3조 (임원의 구성에 대한 경과조치) 이 법 시행당시 제14조 및 제21조제5항의 개정규정에 의한 학교운영위원회 또는 대학평의원회의 이사추천의 수가 미달하는 경우에는 임원을 새로이 구성하거나 임원의 임기가 만료 등으로 인하여 궐위되는 때에는 우선적으로 동위원회의 추천에 의한 임원의 구성이 이루어지도록 하여야 한다.

부칙 <제8545호,2007.7.27>
제1조 (시행일) 이 법은 공포한 날부터 시행한다.

〈사립학교법 시행령〉

제7조의2 (개방이사의 추천·선임 등)
① 법 제14조제3항에 따라 개방이사를 학교법인이 선임하고자 하는 때에는 선임사유가 발생한 날부터 15일(재직이사의 경우 임기만료 전 3개월) 안에 이사장이 법 제14조제4항에 따른 개방이사추천위원회(이하 "추천위원회"라 한다)에 추천을 요청하여야 한다.
② 제1항의 요청에 따라 추천위원회가 개방이사를 추천하는 때에는 해당 학교의 건학이념을 구현할 수 있는 자를 추천하여야 한다.
③ 추천위원회는 제1항에 따른 기간 안에 이사장이 개방이사의 추천을 요청하지 아니하는 경우에

는 그 사실을 안 날부터 30일 안에 법 제14조제3항에 따른 추천을 할 수 있다.
④ 2 이상의 학교를 설치·경영하고 있는 학교법인의 경우에는 대학평의원회 또는 학교운영위원회가 협의하여 추천위원회를 공동으로 구성할 수 있다.
⑤ 개방이사의 자격요건은 일반이사의 자격요건을 고려하여 정관으로 정한다.
⑥ 법 제14조제4항 단서에서 "종교지도자 양성만을 목적으로 하는 대학 및 대학원 설치·경영 학교법인"이란 정관에서 그 설립목적과 해당 종교단체의 관계를 명확히 하고 있는 학교법인으로서 해당 종교단체에서 종교의식의 집행, 신도의 교육, 선교 활동, 종교단체의 운영 등을 지도·담당하는 자의 양성만을 위하여 설립된 대학 및 대학원을 설치·경영하는 학교법인을 말한다.
⑦ 교육인적자원부장관은 학교법인의 설립목적과 설치·경영하는 학교의 교육과정 등을 확인하여 제6항에 따른 학교법인을 고시한다.
⑧ 이 영에서 정하고 있는 사항 외에 개방이사의 추천, 선임방법 및 기준에 관하여 필요한 사항은 정관으로 정한다.
[전문개정 2007.11.5]
부칙 <제20362호,2007.11.5>
제1조 (시행일) 이 영은 공포한 날부터 시행한다.

생각시루에 물주기

<교사 - 학급·학교> 상호작용에서

☺ 담임교사의 학급경영 역할을 설명해 보세요.
☺ 왜 성공/실패한 사장은 있는데, 이에 대한 담임은 없는 것일까요?
☺ 담임으로서 학급 학생들에 대한 학습지도 방법을 설명해 보세요.
☺ 같은 학과 급우들 개개인 모두의 생활기록부를 작성해 보세요.
☺ 부정적 상황의 중등학생을 선택하여 생활지도해 보세요(경품있음).
☺ 자치활동을 무슨 프로그램으로 어떻게 운영할지 설계해 보세요.
☺ 학급활동 지도계획서를 작성해 보세요.
☺ 공립과 사립학교에서의 근무분위기를 파악해 보세요.
☺ '가'급지와 '다'급지의 근무환경과 분위기가 어떻게 다른지 파악해 보세요.
☺ 학교운영위원회의 운영실태를 분석해 보세요.
☺ 학교운영위원회의 권한을 설명해 보세요.
☺ 학교운영위원회의 기능을 설명해 보세요.
☺ 학교운영위원회의 구성을 설명해 보세요.

참고문헌

강성빈(2009a). 기대하는 학교교사상과 학원강사상의 비교. **인문학논총**, 제14권 제1호 pp. 229-253, 경성대학교 인문과학연구소.

기순신(2001). **교사론**. 학지사.

김남성 외(2005). **교사교육론**. 학지사.

송인섭(2007). **공부는 전략이다**. 팝콘북스.

이칭찬, 주상덕(2010). **교직실무이론**. 동문사.

전국교직원노동조합(1991). **학급경영**(1**학기**-2**학기**). 돌베게.

조상일·강환웅(2007). **교육공동체를 위한 교사론**. 동문사.

국가공무원법과 교육법. **법률지식정보시스템**. http://likms.assembly.go.kr/law

[제4 장]

교사와 교사의 상호작용

제 4장에서는 교사와 교사의 상호작용에 관해, 교사와 교사자신, 교사와 동료교사 그리고 교사와 관리자(교감·교장)로 분류하여, 교사-교사자신 상호작용에서는 '근무평정', '교원평가', '성과급', '수석교사제', '교장공모제' 그리고 '교직적응'으로 나누어 살펴봅니다.

〈핵심 내용〉

첫째, 교사가 교사와 상호작용하는 상황을 분석할 수 있고,
둘째, 이 상황에서 바람직한 교사의 능력을 갖출 수 있으며,
셋째, 결국, 이러한 능력을 갖춰 교사의 전문성을 함양할 수 있다.

4-1. 교사 - 교사자신

4-1-1. 근무평정

모든 교사는 매 학년도 12월 31일을 기준으로, 해당 교사의 근무실적과 근무수행능력 및 근무수행 태도에 관해 '근무성적평정'과 '다면평가'(2010학년도부터는 '교원능력개발평가')를 정기적으로 받게 되고, 최종결과는 위 두 평가의 결과를 합산하여 처리하게 됩니다.

근무평정의 근본 목적은 교육공무원의 경력, 근무성적 및 연수성적 등의 평정과 승진후보자명부의 작성에 관한 사항을 규정함으로써 승진임용에 있어서의 인사행정의 공정

을 기함을 목적으로 교사의 전반적인 근무 내용을 대상으로 승진을 위한 자료로 활용하기 위함입니다.

통상 예비교사는 임용이 최우선의 관심이기 때문에, 상대적으로 승진에 대한 개념은 약한 편입니다. 그러나 임용되고 나서부터는 승진의 자료로써 자기가 매년 평가받는다는 점을 인식해야 되겠죠.

교원능력평가에 관해서는 다음 절에서 살펴보도록 하고, 여기서는 근무평정제도에 관해 생각해보도록 하겠습니다.

경기도 교육청(2009a)에서 2009년 12월 31일 공고한 '「교육공무원승진규정」에 따른 평정업무 처리요령(중등)'을 바탕으로 평정대상자, 평정자, 확인자, 조정자를 표로 나타내면 다음과 같습니다. 중등교사의 경우, 평정자는 현재 교감(30%)과 교장(40%), 그리고 학년말 교사다면평가위원을 선정하여 위원들이 교사를 평정(30%)하고 있습니다. 이때 위원 선정은 교과부의 방침에 따라 자율적으로 학교에서 10명 이내로 교사들에 의하여 무기명으로 선출합니다.

<표 4-1> 교원근무평정업무의 평정대상자, 평정자, 확인자, 조정자(중등)

기관명	평정대상자	평정자	확인자	조정자
중학교	일반 교사	교감	교장	학무국(과)장
	특수·보건·사서·전문상담·영양교사			
고등학교	일반 교사	교감	교장	부교육감
	특수·보건·사서·전문상담·영양·실기교사			
중학교	교감	교장	교육장	부교육감
고등학교	교감	교장	교육국장	부교육감

우선, 한 교사가 어떤 사항들에 대해 얼마만큼의 점수로 평가받는 것일까요? 교육법전(2008)과 경기도 교육청(2009a)의 지침을 바탕으로 평가 항목별 배점을 정리하면 다음과 같습니다.

<표 4-2> 근무성적평정 및 다면평가 평정 항목별 배점

<table>
<tr><th>경력평정</th><th colspan="6">근무성적평정</th><th>연수 및 연구</th><th colspan="2">가산점</th></tr>
<tr><td rowspan="3">•기본경력 갑 64
(18년)
월수×0.2962
일수×0.0098

•초과경력 갑 6
(5년)
월수×0.1000
일수×0.0033</td><td></td><td colspan="2">자질
및
태도</td><td colspan="3">근무실적
및
근무수행 능력</td><td rowspan="3">•연수 27
(자격연수 9)
(직무연수 18)

•연구실적 3(최대치)
(박사-직무관련 3
/기타 1.5)
(석사-직무관련 1.5
/기타 1.0)</td><td>공통
가산점</td><td>•연구·시범·실험 학교*
(교과부, 문체부 장관) 1.25
•재외국민 교육 0.75
•직무연수 실적 1.00</td></tr>
<tr><td rowspan="2">교감
장학사
연구사
교사</td><td>교육자로서의 품성</td><td>공직자로서의 자세</td><td>학습지도</td><td>생활지도</td><td>교육연구 및 담당업무</td><td rowspan="2">선택
가산점</td><td rowspan="2">•부장교사 1.05
•장학사, 연구사 0.75
•벽지 1.20
•한센병 환자 0.75
•농·어촌, 공단 0.54
•특수학교 0.75
•연구·시범·실험 학교*
(도, 지역교육감) 1.25
•기능사** 0.45
•문서실무사** 0.45
•청소년 단체 0.30
•담임교사*** 0.90
•순회,파견,겸임*** 0.90
•특성화(대안) 학교* 0.54
•국제올림피아드 0.30
•접경지역 0.576
•전국대회*** 0.90
•교육감 지정 선도, 중심 학교* 1.25
•고교 근무 0.54
•발명교실 0.18
•영재교육*** 0.90</td></tr>
<tr><td>10</td><td>10</td><td>40</td><td>20</td><td>20</td></tr>
<tr><td>70</td><td colspan="6">100</td><td>30</td><td colspan="2">11.286</td></tr>
</table>

'연수 및 연구'와 '가산점'은 교원승진규정에 의한 점수이며, 근무성적평정대상은 아님.
* 는 합산해서 1.25점을 초과할 수 없음.
** 는 합산해서 0.45점을 초과할 수 없음.
*** 는 합산해서 0.90점을 초과할 수 없음.

각 항목의 세부사항은 다음과 같습니다.

Ⅰ. 경력

Ⅱ. 자질 및 태도 / 근무실적 및 근무수행 능력

(1) 자질 및 태도

가. 교육자로서의 품성
* 고원의 사명과 직무에 관한 책임과 긍지
* 청렴한 생활태도와 예의
* 학생에 대한 이해와 사랑
* 신뢰받는 교육자

나. 공직자로서의 자세
* 교육에 대한 올바른 신념
* 근면, 충실, 솔선수범
* 교직원간 협조적, 학생 포용
* 자발적·적극적

(2) 근무실적 및 근무수행 능력

가. 학습지도
* 수업연구 및 준비
* 수업방법 개선, 학습지도 열의
* 교육과정의 창의적 구성, 교재의 효율적 활용
* 평가계획의 적절성, 활용성

나. 생활지도
* 학생의 인성교육 및 진로지도
* 행사 및 교내외 생활지도
* 학생을 이해하기 위한 노력
* 학생 개개인에 대한 건강·안전 지도

다. 교육연구 및 담당업무
* 적극적 연구·연수활동
* 담당업무의 합리적 처리
* 교육목표 달성을 위한 임무수행
* 담당업무의 창의적 개선·조정

세상 모든 일에 정반이 있듯이, 근무평정의 방법에도 문제가 있을 수 있습니다. 이에 관한 인터넷 1318 교육뉴스의 기사를 소개합니다.

(http://www.1318news.com/news/service/article/mess_01.asp?P_Index=395&flag=)

"국회 교육위원회 김교흥의원(대통합민주신당)이 교육부 국정감사를 준비하면서 입수한 자료에 의하면, 교육부에서 실시하고 있는 교원 근무성적평정에서 교장평가는 비공개로 이루어지는 등 객관성과 전문성이 결여된 것으로 밝혀졌다. 교육부가 시행하고 있는 근무성적평정제도는 교원 평가의 객관적인 기준과 내용을 갖추지 못하고 있고, 나아가 교사 자질에 대한 평가가 제대로 되지 못하고 있어, 교육계에서도 이견이 큰 사항이다. 김교흥의원은, 근평의 목적을 '승진임용에의 활용'으로 규정함으로써 근평제도가 교원의 전문성 제고에 활용되지 못하고 있으며, 근무 성적 미공개와 함께 이의 신청제도가 없어 제도의 객관성이 상실되어 있다고 지적했다. 또한 근평의 점수 배점을 분석해보면, 평정 요소(품성과 자세, 학습지도, 생활지도, 교육연구·담당업무) 중에서 학습지도 점수 배점이 40%에 불과하여, 교원의 전문성이 제고될 수 없는 구조로 이루어져 있으며, 학기 초에 근평의 기준을 제시하지도 않고, 근평시 근평과 관련한 면담도 추진하지 않고 있어서 근평의 객관성 · 신뢰성 · 타당성 문제가 대두될 수밖에 없다고 지적했다."

교사로서 자기가 평가받고 있는 근무평정제도의 장단점을 분석할 수 있어야 하겠습니다.

4-1-2. 교원능력개발평가

교원능력개발평가의 종류는 크게 교사능력개발평가와 교장·교감능력개발평가로 구분됩니다(이하 부산광역시교육청, 2010 참조). 교사능력개발평가의 경우 동료교원(교장·교감·교사) 평가와 학생 만족도 조사, 학부모 만족도 조사로 이루어지며, 교장·교감능력개발평가의 경우 학교경영만족도조사(교사, 학부모), 평가단에 의한 평가, 경영실적 평가, 결함유무 조사 등으로 이루어집니다(p. 56). 평가의 대상과 학부모 만족도 조사에 대해서는 '제 2장 2-2. 학부모의 교사, 교감 및 교장에 대한 평가'에서 살펴보았기 때문에, 본 장에서는 동료교원 평가, 학교경영만족도조사(교사)에 대해 생각해 보도록 하겠습니다.

기억해 두어야 할 것은 이러한 평가들은 궁극적으로 공교육에 대한 신뢰 회복을 목적으로 한다는 점입니다.

4.1.2.1. 교원능력개발평가

교과, 비교과 교사의 능력을 개발하고 평가하기 위해 실행되는 것으로, 동료교원평가와 학부모 만족도 조사, 학생 만족도 조사 등으로 이루어집니다.

4.1.2.1.1. 동료교원평가

동료교원평가란 교장, 교감 및 동학년, 동교과 교사들이 교사 각각의 학습·생활 지도 영역 및 교장·교감의 학교경영 영역에 대해 평가하는 것입니다(p. 5).

평가 참여자의 구성은 평가 대상자 1인에 대하여 교장·교감 1인 이상 및 동료교사 3인 이상이며, 특수교사 및 비교과 교사의 경우는 교장·교감을 포함하여 3인 이상 동료교원으로 구성합니다. 또한 소규모 학교, 지역청 소속 순회교사, 소수 배치 교과교사(예, 제2외국어 등), 비교과 교사 등 현실적으로 당해 학교 평가자 그룹 구성이 불가능한 경우, 인근학교 교원으로 평가자 그룹 구성이 가능합니다(p. 6).

교원들은 학습지도, 생활지도에 관련된 각 평가지표에 대한 이해 및 수행 수준을 '매우 우수', '우수', '보통', '미흡', '매우 미흡'의 5단계 척도로 구분하여 응답합니다(p. 17). 크게 교과 교사와 비교과 교사로 구분하여 평가하며, 비교과 교사(보건, 영양, 사서, 상담)가 수업을 할 경우 '학습 지도' 영역은 일반 교사의 평가 지표와 동일하게 적용하며, 비교과 교사에 대한 교원·학생·학부모의 평가 영역은 '생활지도' 영역을 '학생지원' 요소로 간주하여 평가하도록 합니다. 교사에 대한 평가자별 평가 영역을 정리해봅시다.

<표 4-3> 교사에 대한 평가자별 평가 영역 및 요소

평가영역 / 평가요소 / 평가자		학습지도			생활지도		
		수업 준비	수업 실행	평가·활용	개인 생활지도	사회 생활지도	학생지원 (비교과)
교 원	교 장	○	○	○	○	○	○
	교 감	○	○	○	○	○	○
	교 사	○	○	○	○	○	○
학 생	초1~초3	×	×	×	×	×	×
	초4~고3	○	○	○	○	○	○
학부모	초1~고3	○	○	○	○	○	○

먼저, 교과, 비교과 교사에 대한 평가 영역, 요소, 지표를 자세히 살펴보기에 앞서, 평가 지표별 약어를 정리해 봅시다(p. 178).

<표 4-4> 평가(조사) 지표별 약어(code) 일람

평가 영역	평가 요소	평가 (조사) 지표	약어 (code)
학습 지도	수업준비	교육과정의 이해 및 교수·학습방법 개선노력	01교육과정
		학습자 특성 및 교과내용 분석	02교과분석
		교수·학습전략수립	03전략수립
		※ 수업준비 포괄	04수업준비
	수업실행	수업의 도입	05수업도입
		교사의 발문	06교사발문
		교사의 태도	07교사태도
		교사-학생 상호작용	08상호작용
		학습 자료의 활용	09자료활용
		수업의 진행	10수업진행
		학습정리	11학습정리
		※ 수업실행 포괄	12수업실행
	평가 및 활용	평가내용 및 방법	13평가방법
		평가결과의 활용	14평가활용
		※ 평가 및 활용 포괄	15평가포괄
		※ 학습지도 포괄	16학습지도
생활 지도	개인생활지도	개인문제의 파악 및 창의·인성지도	17개인문제
		가정 연계 지도	18가정연계
		진로 및 특기·적성 교육	19진로특기
		※ 개인생활지도 포괄	20개인생활
	사회생활지도	기본생활습관 지도	21기본생활
		학교생활적응 지도	22학교생활
		민주시민성 지도	23민주시민
		※ 사회생활지도 포괄	24사회생활
		※ 생활 지도 포괄	25생활지도
학교 경영	학교 교육계획	○ 학교경영 목표 관리(지원)	26경영목표
		○ 교육과정 편성·운영(지원)	27편성운영
		○ 창의·인성 학생관리(학사운영지원)	28학생관리
	교내 장학	○ 교실수업개선(지원)	29교실개선
		○ 자율장학 운영(지원)	30자율장학
	교원 인사	○ 교원 인사관리(인사업무 수행)	31인사관리
	시설 및 예산	○ 시설관리	32시설관리
		○ 예산 편성·집행	33예산집행
		※ 학교 경영 포괄	34학교경영

일반 교사에 대한 평가 영역·준거, 요소, 지표는 <표2-6>과 <표2-7>을 참조하시고, 부록에서는 특수, 보건, 영양, 사서, 전문상담교사에 대한 평가영역, 요소 및 지표에 관해 소개하고 있습니다(p. 12-16).

이제, 동료교원에 의한 학습지도, 생활지도에 관한 평가지와 일반학교의 특수학급교사에 관한 평가지 및 부록에서 특수·영양·사서·전문상담 교사의 평가지 예를 살펴봅니다(p. 89-124).

<표 4-10> 동료교원에 의한 교사 평가지(학습지도)

교사 능력개발을 위한 동료교원 평가지(학습지도)

평가대상자 : ○학년(교과) ○○○ 선생님

연번	평가지표	평 가 지 표 문 항	매우 우수	우수	보통	미흡	매우 미흡
1	교육과정의 이해 및 교수·학습방법 개선노력	교육과정 분석을 통하여 교과 특성에 맞는 수업을 설계하는가?					
		교과에 적합한 교수학습모형 및 방법 적용을 위해 노력하는가?					
		교수학습방법개선을 위해 연구하고 이를 적용하기 위해 노력하는가?					
2	학습자 특성 및 교과내용 분석	학년 및 교과 특성을 반영한 수업 계획을 수립하는가?					
		학생의 학습능력과 속도를 고려하여 수업계획을 수립하는가?					
		수업과 관련된 교재 및 교과내용 연구를 충실히 하는가?					
3	교수·학습전략수립	수업 목표가 교과 내용과 일치하고 구체적인가?					
		학습주제에 적합한 수업방법과 자료 계획이 수립되어 있는가?					
		학생들의 이해 수준과 학습 발전 정도를 확인할 수 있는 평가 계획이 수립되어 있는가?					
4	수업의 도입	학습자의 학습 동기를 유발하는가?					
		학습목표를 명확하게 전달하는가?					
		교수·학습 과정을 구체적으로 안내하는가?					
5	교사의 발문	수업 내용을 분명한 어조와 발음으로 전달하는가?					
		교사의 발문이 학생들의 다양한 사고를 유발하는가?					
		발문에 따른 학생들의 응답에 적절히 대응하는가?					
6	교사의 태도	학생들의 질문에 허용적 태도를 보이는가?					
		학생들의 발언에 경청하는가?					
		교사의 태도가 안정되고 자신감이 있는가?					

7	교사·학생 상호작용	학생들이 수업활동에 적극적으로 참여하도록 유도하는가?					
		학습에 대해 교정적 피드백을 적절하게 제공하는가?					
		칭찬과 격려가 적시에 이루어지는가?					
8	학습 자료의 활용	수업내용과 목표에 적합한 학습 자료를 준비하는가?					
		학습 자료를 적절한 시기에 활용하는가?					
		학습 자료가 학생들의 학습효과를 극대화하는데 도움이 되는가?					
9	수업의 진행	학생들의 이해수준을 정기적으로 확인하는가?					
		학습 흥미를 지속시킬 수 있도록 수업내용을 제시하는가?					
		시간의 안배가 적절하고, 수업의 흐름이 자연스러운가?					
10	학습정리	학습내용에 대한 학생들의 이해 정도를 확인하는가?					
		전체적인 학습내용에 대해 요약·정리하는가?					
		다음 차시에 대한 안내가 적절하게 이루어지는가?					
11	평가내용 및 방법	평가내용이 학습 목표를 적절히 반영하고 있는가?					
		학생들의 능력과 수준에 적합한 평가 문항이나 도구를 활용하는가?					
		형성평가와 총괄평가를 평가계획에 따라 철저하게 실시하는가?					
12	평가결과의 활용	평가 결과를 정리하여 기록하고 분석하는가?					
		평가 결과를 바탕으로 학생의 학습오류에 대해 추수지도를 실시하는가?					
		평가 결과를 분석하여 자신의 수업 개선을 위해 활용하는가?					

* 위의 내용 이외에 선생님의 학습지도와 관련된 여러분의 의견을 자유롭게 써 주시기 바랍니다.

※ 평소관찰, 공개수업 참관, 수업활동자료(포트폴리오) 검토 등을 바탕으로 평가하여 평가관리자에게 제출

※ 학습지도와 생활지도 영역과 통합하여 평가지 작성 가능

※ 교과별 특수성을 반영한 지표로 문항내용을 수정 가능

<표 4-11>동료교원에 의한 교사 평가지(생활지도)

교사 능력개발을 위한 동료교원 평가지(생활지도)

연번	평가지표	평 가 지 표 문 항	매우 우수	우수	보통	미흡	매우 미흡
1	개인문제의 파악 및 창의·인성지도	학생의 가정 및 학교 생활에 대한 정보를 파악하여 지도하는가?					
		학생들의 학년수준이나 특성에 맞는 지도 방법을 활용하는가?					
		학생의 개별적 특성을 고려하여 창의·인성이 조화롭게 갖추도록 지도를 행하는가?					
2	가정 연계 지도	학생들의 학교생활에 대해 학부모에게 필요한 정보를 제공하고 있는가?					
		학생 생활 지도를 위해 가정과 공동의 노력을 기울이고 있는가?					
3	진로지도 및 특기·적성지도	학생들의 진로, 직업, 특기 등을 파악하기 위해 노력을 기울이는가?					
		학생의 적성과 특기를 고려한 진로지도 자료나 정보를 제공하는가?					
		학생들의 적성과 능력을 고려한 진학지도를 위해 개별지도를 실시하는가?					
4	기본생활습관 지도	기본 생활 습관 형성을 위한 실천사항을 학년 및 발달특성에 맞게 지도하는가?					
		학생들의 기본 생활 습관 형성(인사, 질서, 바른 언어사용 등)을 위해 적절하게 지도하는가?					
		최근 사회적 이슈가 된 청소년 문제(예 : 자살, 인터넷, 게임중독, 흡연 등)를 파악하고 적절하게 지도하는가?					
5	학교생활적응 지도	학교 생활 규칙을 준수하도록 지도하는가?					
		학교에서 발생할 수 있는 문제(예 : 집단따돌림, 학교폭력 등)를 파악하고 예방하기 위한 조치를 취하는가?					
6	민주시민성지도	다른 사람을 존중하고 배려하는 태도를 갖도록 지도하는가?					
		공익을 위해 협동하고 봉사하는 정신을 기르도록 지도하는가?					

* 위의 내용 이외에 선생님의 학습지도와 관련된 여러분의 의견을 자유롭게 써주시기 바랍니다.

평가 대상자명 (   ) **선생님**

※ 평소 생활지도 상황을 관찰하여 평가

※ 평가문항별로 5단 척도 체크하고, 통계 시 이를 합산하여 지표 단위의 환산점 또는 환산평어를 산출

<표 4-12>동료교원에 의한 특수교사 평가지

동료교원에 의한 특수교사 평가지(일반학교의 특수학급 교사용)

구분	평가지표	평 가 문 항	매우 우수	우수	보통	미흡	매우 미흡
1	개별화 교육계획 수립 및 운영	학생의 장애의 유형, 정도에 따른 교육적 요구를 파악하고 적절하게 교육계획에 반영하는가?					
		개별화교육계획 대로 실제 수업을 수행하는가?					
		개별화교육계획 수립에 보호자의 의견을 적극 반영하는가?					
2	학습자 특성 및 교과내용 분석	학생의 장애 유형이나 정도, 생활연령을 반영하여 수업계획을 수립하였는가?					
		학생의 교과에 대한 태도와 흥미를 반영하여 수업을 설계하는가?					
		평상시 수업과 관련된 교재 및 교과내용 연구를 충실히 하는가?					
3	교수·학습 전략수립	학생들의 개별화교육계획의 장기적 목표를 고려하여 단위 수업 목표, 방법, 주제 등을 선정하였는가?					
		수업목표가 명확하고 구체적인가?					
		교과특성을 고려하여 그에 적합하게 수업을 설계하는가?					
		학습주제에 적합한 수업방법과 자료를 계획하는가?					
		창의적 수업방법 고안을 위해 노력하는가?					
4	수업의 도입	학습자의 선수학습 수준(출발점 행동)을 확인하는가?					
		흥미로운 질문, 호기심 유발 등을 통해 학습자의 내적 학습동기를 자극하는가?					
		학습목표를 학습자에게 분명하게 전달하는가?					
		진행될 수업내용이나 진행방법에 대한 안내를 명확하게 하는가?					
		단위 차시에서 활용하는 다양한 학습활동에 대해 분명하게 안내하는가?					
5	교사의 발문	교사의 언어와 발문은 학생의 특성과 수준을 고려하여 사용하는가?					
		수업 내용을 분명한 어조와 발음으로 전달하는가?					
		학생의 흥미와 사고를 유도하며 쉽게 답변할 수 있는 발문을 하는가?					
6	교사의 태도	학생들이 자유롭게 자신의 의견을 표현할 수 있도록 허용적인 분위기를 조성하는가?					
		학생에 애정을 가지고 수업에 임하는가?					
		교사의 태도가 안정되고 자신감이 있는가?					
		학생의 말을 듣고 그 의견을 적극적으로 반영하는가?					
7	교사-학생 상호작용	학생들이 수업활동에 적극적으로 참여하도록 유도하는가?					
		학생들의 돌발행동 및 문제행동에 대해 적절하게 대응하는가?					
		상황에 알맞은 칭찬과 격려가 이루어지는가?					
		수업 중 학습에 대한 피드백을 적절하게 제공하는가?					
8	학습 자료의 활용	수업내용과 목표에 적합한 학습 자료나 교수매체를 활용하는가?					

구분	평가지표	평 가 문 항	매우 우수	우수	보통	미흡	매우 미흡
		학생의 장애 특성을 고려한 학습 자료나 교수매체를 활용하는가?					
		학습 자료 또는 교수매체를 적절한 시기에 알맞은 양을 제공하는가?					
		학습 자료 또는 교수매체를 능숙하게 활용하는가?					
9	수업의 진행	수업내용을 잘 전달하고 학생들의 이해수준을 확인하는가?					
		학습의 흐름에 알맞게 학습단계별로 시간을 융통성 있게 운영하는가?					
		학습동기를 지속시킬 수 있도록 수업내용을 전개하는가?					
		전반적으로 수업의 흐름이 자연스러운가?					
10	학습정리	전체적인 학습내용에 대해 요약·정리하는가?					
		학습내용에 대한 학생들의 이해 정도를 확인하는가?					
		개인능력에 따른 적절한 양의 과제를 제시하는가?					
		다음 차시에 대한 안내 시 과제해결 방법을 제시하는가?					
11	평가내용 및 방법	평가내용이 수업 목표를 적절히 반영하고 있는가?					
		평가문항이나 도구가 학생들의 장애 특성 및 수준을 고려하였는가?					
		평가계획에 따라 적절하게 평가를 실시하는가?					
12	평가결과의 활용	평가 결과를 누가 기록하여 활용하는가?					
		평가결과를 학생들이나 보호자에게 정확하게 전달하는가?					
		평가결과를 바탕으로 추수지도를 실시하는가?					
		평가결과를 자신의 수업개선을 위해 활용하는가?					
13	개인문제파악 및 창의·인성 지도	학생의 가정 및 학교생활에 대한 일반적 정보를 파악하고 있는가?					
		학생의 문제행동에 대하여 파악하고 중재계획을 수립하고 있는가?					
		학생의 문제행동 지도를 위해 가정, 동료 교사, 관련서비스 담당자와 협력을 하고 있는가?					
		학생들의 문제행동에 대해 긍정적인 방법으로 지도하는가?					
14	가정연계지도	학생지도에 보호자의 협력을 적극적으로 유도하는가?					
		학생들의 학교생활에 대한 정보를 보호자에게 제공하고 있는가?					
		학생들의 원활한 학교적응을 위해 가정과 공동의 노력을 기울이고 있는가?					
15	진로지도 및 특기적성 지도	필요한 경우 개별화전환교육계획을 수립하여 실행하고 있는가?					
		학생들의 적성과 특기를 파악하기 위해 노력을 기울이는가?					
		학생들의 적성과 특기를 고려한 진로지도 자료나 정보를 학생과 보호자에게 제공하는가?					
		학생의 적성과 능력을 고려한 진로지도를 위해 개별지도를 실시하는가?					
16	기본생활지도	학생의 기본생활 수행 능력(신변관리, 의사소통 등)정도를 파악하고 있는가?					
		학생의 기본생활 수행 능력에 따른 지도 계획을 수립하					

구분	평가지표	평 가 문 항	매우 우수	우수	보통	미흡	매우 미흡
		고 있는가?					
		학생의 기본생활 수행 능력을 수시로 파악하고 있는가?					
17	학교생활적응 지도	학교의 제반 규정을 잘 준수하도록 지도하는가?					
		학생의 안전한 생활(예 : 통학, 급식 등)을 위한 정보를 파악하고 지도하는가?					
		학교에서 발생할 수 있는 문제(예 : 집단따돌림, 학교 폭력 등)를 파악하고 예방하기 위한 조치를 취하는가?					
18	통합교육 관련지도	학생의 통합학급 적응을 위한 지도계획을 수립하고 실행하고 있는가?					
		통합학급 교육과정을 반영하여 학생의 교육과정 목표를 재수정하였는가?					
		학생의 지도를 위해 통합학급 교사와 정기적인 상담 및 자료공유가 이루어졌는가?					
		일반교사가 요청한 경우 장애의 유형이나 정도를 고려한 적절한 교수전략을 제공하는가?					
		통합학급의 학생 및 일반교사들의 장애인식개선을 위해 정기적인 교육(연수)을 실시하였는가?					

* 위의 내용 이외에 동료교원의 교육활동과 관련된 의견을 아래에 자유롭게 써 주시기 바랍니다.

※ 과다하게 많은 평가문항은 적절히 지표별로 유목화(2~5)하고, 18번 지표는 학급특성에 알맞은 문항을 선택하거나 수정·보완하여 단위학교 자율적으로 평가문항을 제작하여 활용

4.1.2.1.2. 학부모 만족도 조사

'2-1. 학부모의 교사, 교감 및 교장에 대한 평가' 참조(p. 78).

4.1.2.1.3. 학생 만족도 조사

학생들(초4~고3)이 교사의 교육 활동(학습지도, 생활지도)에 대한 만족도 응답 조사를 통해 평가하는 것으로, 개별 교사에 대하여 해당 학급 또는 수업을 받는 학생 전체가 만족도 설문에 응답합니다.

4.1.2.2. 교장·교감능력개발평가

교장·교감능력개발평가란 교장·교감의 학교 경영 전반에 대한 직무 수행 능력을 평가하는 것으로, 평가방법으로는 학교경영 만족도 설문조사(소속교사, 학부모), 평가단에 의한 평가, 경영실적평가, 결함유무 조사 등이 있는데(p. 56), 이 평가의 구성요소를 정리하면 다음과 같습니다.

<표 4-13> 교장·교감능력개발평가의 구성

<table>
<tr><th>평가방법</th><th>반영
비율</th><th>평가자</th><th colspan="2">평가영역</th><th>비고</th></tr>
<tr><td rowspan="2">학교경영
만족도
설문조사</td><td rowspan="2">40
(교사-20,
학부모-20)</td><td rowspan="2">소속 교사
및
학부모</td><td>교장</td><td>• 경영철학 및 교원관리
• 교사능력 개발지원
• 교육과정 편성·운영지원
• 교내장학 지원
• 교내·대외 업무지원
• 학교행정 시설관리</td><td rowspan="2">온라인 평가시스템 이용(연 2회)</td></tr>
<tr><td>교감</td><td>• 교사관리 및 근무자세
• 교사능력 개발지원
• 교육과정 편성·운영지원
• 교내장학 지원
• 학사 업무관리
• 인사업무 수행
• 교내·대외 업무지원</td></tr>
<tr><td>평가단에 의한
평가</td><td>20</td><td>본청 및 지역
교육청 교장·
교감 평가단</td><td colspan="2">• 직무수행 능력
• 경영실적 검증</td><td>누가기록 후
온라인평가</td></tr>
<tr><td>경영실적 평가</td><td>40</td><td>본청 및
지역교육청
주무부서</td><td colspan="2">• 학력향상도(20)
• 장학협의 결과(20)
※ 표창, 업무경감 및 체력향상도 우수실적, 지역사회와 협력추진 실적 등(가점)</td><td>담당부서로부터
수집, 실적 평가</td></tr>
<tr><td>결함유무 조사</td><td>(가·감점)</td><td>본청 및
지역교육청
주무부서</td><td colspan="2">• 청렴도 및 자질검증
• 청렴마일리지 점수 결과</td><td>감사담당부서
및 관련부서
의견조회</td></tr>
<tr><td>계</td><td>100</td><td colspan="4"></td></tr>
</table>

본 절에서는 교사가 된 후 여러분이 해야 할, 소속교사로서의 교장·교감에 대한 설문조사와 또한 훗날 학부모의 입장에서 해야 할 교장·교감에 대한 설문조사에 대해 살펴보겠습니다.

4.1.2.2.1. 학교경영만족도 설문조사(소속교사)

'학교경영만족도 설문조사'시 이루어지는 교장과 교감에 대한 조사영역(소속교사, 학부모 동일)은 위 <표 4-17>에서 살펴보았습니다.

조사자의 구성은 해당학교 소속교사 전체이며, 조사내용은 위의 <표 4-17>의 해당 영역을 학교경영 및 업무추진 만족도로 구성하여 조사합니다. 설문내용의 경우 각 해당 설문을 사전에 제공하여 충분한 검증 후 조사가 가능토록 하고 있습니다(p. 56-57).

교사들은 학교경영에 관련된 각 조사지표에 대한 수행수준에 따라 '매우 우수', '우수', '보통', '미흡', '매우 미흡'의 5단계 및 '잘 모르겠다' 항목의 척도로 구분하여 응답합니다. 각 척도에는 판단기준이 명시되어 있으며, 그 내용은 다음과 같습니다(p. 57).

<표 4-14> 교장·교감능력개발평가의 평어 및 판단기준

평 어	판 단 기 준
매우 우수	• 해당 평가지표에 대해 탁월한 능력 및 지식이 있으며, 수행 수준이 매우 높고 전문적이어서 타의 모범이 된다. • 해당 평가문항에 대하여 80% 이상 충족한다.
우 수	• 해당 평가 지표에 대해 자신감이 있으며, 수행 수준이 높다. • 해당 평가문항에 대하여 60~79% 충족한다.
보 통	• 해당 평가 지표의 능력, 지식, 수행 수준 등이 보통이다. • 해당 평가문항에 대하여 40~59% 충족한다.
미 흡	• 해당 평가 지표에 대해 자신감이 부족하거나 수행 수준이 미흡하다. • 해당 평가문항에 대하여 20~39% 충족한다.
매우 미흡	• 해당 평가 지표에 대해 자신감과 수행 수준이 매우 미흡하다. • 해당 평가문항에 대하여 0~19% 충족한다.

교사에 의한 교장·교감에 대한 조사지의 예를 제시하면 다음과 같습니다(p. 125-126).

<표 4-15> 교사에 의한 교장 평가지

학교경영능력향상을 위한 교장평가지

평가요소	평가지표	평가 문항	만족도					
			매우 그렇다	그렇다	보통이다	그렇지 않다	전혀 그렇지 않다	잘 모르겠다
학교 교육 계획	학교 경영독표 관리	• 뚜렷한 경영철학 및 청렴한 지도자상을 바탕으로 학교 경영 비전 실현을 위해 헌신 봉사하는가?						
		• 학교경영목표 설정 시 교사, 학생, 학부모, 지역사회의 특성과 요구를 반영하는가?						
		• 연수 및 홍보를 통해 학교교육에 대한 학부모의 관심과 참여를 이끌어내고 있는가?						
	교육과정 편성운영	• 교육과정을 정확히 이해하고 편성운영의 방향을 제시하며, 교사들을 지도하는가?						
		• 학교교육과정에 대한 평가를 주기적으로 실시하고 결과를 환류 하는가?						
		• 학교발전 및 교육과정운영을 위해 지역사회와의 협력관계 조성에 힘쓰는가?						
	창의인성 학생관리	• 특색 있는 인성교육프로그램을 마련하여 체계적으로 운영함으로써 학생들의 바람직한 변화를 이끌어내는가?						
		• 학교폭력 예방 등 학생들의 안전한 학교생활을 위해 노력하고 있는가?						
교내 장학	교실수업 개선	• 교실수업개선에 대한 의지와 분위기 조성 및 인적·물적·자원을 효율적으로 지원하는가?						
		• 교육과정 중심의 학교경영 철학에 근거하여 교사들이 교실수업 개선에 노력하도록 동기를 부여하고 분위기를 조성하는가?						
		• 학력향상에 관심을 갖고 학습부진아 및 기초학력 미달자에 대한 교육과정 운영에 관심을 기울이는가?						
	자율장학 운영	• 교사들의 연수 참여 및 연구 활동 분위기 조성에 노력하고 있는가?						
		• 교내 자율장학에 역점을 두며 다양한 교육활동이 이루어지도록 지원하고 있는가?						
교원 인사 및 업무 능력	교원인사 관리	• 관리·경영에 있어 교직원의 민주적인 의사결정 과정을 중시하며, 교원들의 복무와 복지후생에 관심을 기울이고 있는가?						
		• 조직의 능률성과 인화를 중시하며, 객관적이고 공정한 기준으로 교사의 교육활동을 평가하는가?						
		• 업무내용을 정확히 파악하여 창의성을 갖고 합리적이고 일관성 있게 처리하는가?						

시설 및 예산	시설관리	• 교육시설 설비를 교육활동에 적합하게 유지·관리하고 있는가?						
		• 안전하고 쾌적한 교육 환경조성을 위해 노력하는가?						
	예산편성 및 집행	• 효과적 지원을 위한 사무행정 관리에 힘쓰는가?						
		• 학교교육재정 편성과 운용과정이 투명하고 효율적인가?						
총 계			(/)점					
기타 의견								

<표 4-16> 교사에 의한 교감평가지

업무추진 능력 향상을 위한 교감평가지

평가 요소	평가 지표	평가 문항	만족도					
			매우 그렇다	그렇다	보통이다	그렇지 않다	전혀 그렇지 않다	잘 모르겠다
학교 경영 계획	학교 경영 목표 관리	• 학교경영 목표 실천을 위하여 구성원들의 적극적인 참여를 유도하는가?						
		• 학교경영 목표 실천을 위하여 정보와 각종 자료를 체계적으로 수집하고 구체적인 실천방안을 제시하고, 솔선수범하는가?						
		• 학부모들이 학교교육활동에 대한 참여도를 높일 수 있도록 계획을 수립하고 추진하는가?						
	교육 과정 편성 운영	• 교육과정을 정확히 이해하고 편성운영의 방향을 제시하며, 교사들을 지도하는가?						
		• 교육과정운영에 대한 주기적인 평가와 효과적인 결과 환류를 위해 지원·노력하는가?						
		• 지역사회의 시설 및 환경을 교육과정 운영에 도움이 되도록 적극적으로 활용하도록 하는가?						
학사 행정 및 업무 능력	학사 업무 관리	• 위임전결, 결재방식의 다양화 등 공문서 처리 절차의 개선으로 교사들의 업무 경감에 적극적인가?						
		• 학교 교육활동 결과를 효율적으로 관리하고 활용하기 위해 노력하는가?						
		• 학교폭력예방과 안전생활 지도계획에 따라 지속적인 지도가 이루어지도록 지원하는가?						
		• 보건·위생·급식지도가 원활히 이루어질 수 있도록 지원하는가?						
		• 교내 사안의 발생을 예방하고 문제발생시 적극적으로 대처하는가?						
		• 업무내용을 정확히 파악하여 합리적이며 일관성 있						

		게 적극적으로 처리하는가?						
교내 장학	교실 수업 개선	• 교사들의 교실수업 개선을 위해 유익한 정보나 필요한 자료를 제공하는가?						
		• 교실수업개선과 관련하여 교내 자율장학이 효과적으로 이루어지도록 지원하는가?						
		• 학력향상과 학습부진아 지도를 위한 구체적인 계획을 수립하여 지원하는가?						
	자율 장학 운영	• 교사들의 전문성 신장을 위한 연수활동을 효과적으로 돕고 있는가?						
		• 교사들에게 적절한 보상을 함으로써 연구 활동을 장려하고 있는가?						
교사 관리 및 근무 자세	교원 인사 관리	• 교사들의 복무규정의 처리요령을 바르게 알고 처리하며, 교원의 사기진작하고 근무여건을 개선하는가?						
		• 교직원의 민주적인 의사결정 과정을 중시하며 객관적이고 공정한 기준으로 교사의 교육활동을 평가하는가?						
		• 교육자로서 청렴하여 생활이 건전하고 복무에 충실하여 교사, 학생, 학부모로부터 신뢰를 받고 있는가?						
총 계			(/100)점					
기타 의견								

4.1.2.2.2. 학교경영 만족도 설문조사(학부모)

설문조사 영역에 대해선 <표 4-20>과 동일합니다. 응답자의 구성은 해당학교 소속 학부모 전체이며, 조사내용은 위의 <표 4-20>의 해당 영역을 자녀의 학교교육활동 만족도 조사로 구성하여 조사합니다. 설문내용의 경우 각 해당 설문을 사전에 제공하여 충분한 검증 후, 조사가 가능토록 하고 있습니다(p. 56-57).

학부모는 학교경영에 관련된 각 조사지표에 대한 만족도에 따라 '매우 그렇다', '그렇다', '보통이다', '그렇지 않다', '전혀 그렇지 않다'의 5단계 및 '잘 모르겠다' 항목의 척도로 구분하여 정의적·주관적으로 응답합니다(p. 57).

학부모에 의한 교장·교감에 대한 조사지의 예를 제시하면 다음과 같습니다(p. 125-126).

<표 4-17> 학교경영에 대한 학부모 만족도 조사지

<table>
<tr><th rowspan="2">평가요소</th><th rowspan="2">평가 문항</th><th colspan="6">만족도</th></tr>
<tr><th>매우 그렇다</th><th>그렇다</th><th>보통이다</th><th>그렇지 않다</th><th>전혀 그렇지 않다</th><th>잘 모르겠다</th></tr>
<tr><td rowspan="2">학교경영 목표관리 및 지원</td><td>• 교장(교감) 선생님은 학교교육에 관한 다양한 정보를 학부모 연수, 학교홈페이지, 학교신문, 가정통신문 등을 통해 잘 알려 주고 있습니까?</td><td></td><td></td><td></td><td></td><td></td><td></td></tr>
<tr><td>• 교장(교감)선생님은 학부모 또는 지역사회와 원만한 유대관계를 맺어 학교 발전을 위하여 노력하고 있습니까?</td><td></td><td></td><td></td><td></td><td></td><td></td></tr>
<tr><td>교육과정 편성운영지원</td><td>• 교장(교감) 선생님은 학부모의 의견을 반영하여 학교운영 및 교육활동 을 계획하고 운영하고 있다고 생각하십니까?</td><td></td><td></td><td></td><td></td><td></td><td></td></tr>
<tr><td rowspan="5">학생관리 (학사업무관리)</td><td>• 교장(교감) 선생님들은 학생들의 성적향상과 진학·진로를 위하여 애정과 관심을 갖고 노력하고 있다고 생각하십니까?</td><td></td><td></td><td></td><td></td><td></td><td></td></tr>
<tr><td>• 교장(교감) 선생님은 학생들의 올바른 인성 함양과 즐거운 학교생활에 도움을 줄 수 있는 다양한 프로그램을 운영하고 있습니까?</td><td></td><td></td><td></td><td></td><td></td><td></td></tr>
<tr><td>• 교장(교감) 선생님은 학부모 대상 수업 공개 등 선생님들이 수업을 잘 할 수 있도록 노력을 기울이고 있습니까?</td><td></td><td></td><td></td><td></td><td></td><td></td></tr>
<tr><td>• 교장(교감) 선생님은 체계적인 생활지도를 통해 자녀가 건전하고 안전한 생활을 할 수 있도록 돕고 있습니까?</td><td></td><td></td><td></td><td></td><td></td><td></td></tr>
<tr><td>• 학교에서 실시하는 방과 후 교육활동 및 체험활동(수학여행·학생수련활동 등) 프로그램에 만족하십니까?</td><td></td><td></td><td></td><td></td><td></td><td></td></tr>
<tr><td rowspan="2">시설관리</td><td>• 교장(교감) 선생님은 교육적 성과를 높이기 위해 쾌적하고 안전한 학교환경이 조성되도록 학교시설 보완과 개선에 노력하고 있습니까?</td><td></td><td></td><td></td><td></td><td></td><td></td></tr>
<tr><td>• 교장(교감) 선생님은 학생들의 건강을 위해 영양과 안전을 고려하여 학교급식을 잘 관리하고 있습니까?</td><td></td><td></td><td></td><td></td><td></td><td></td></tr>
<tr><td colspan="2">총 합</td><td colspan="6">(/)점</td></tr>
<tr><td>기타의견</td><td colspan="7"></td></tr>
</table>

한편, 교원능력평가제로 인한 경쟁교육의 심화, 학생·학부모·교사의 관계 파탄, 평가 결과를 바탕으로 한 교원 통제·구조 조정 악용 등의 문제 발생에 대해 우려하며 반대를 표하는 측도 있습니다(전국교직원노동조합(2007).

또한, 최근 전라북도 교육청은 현재 전면시행 중인 교원능력개발평가제 시행에 관련하여, 교육규칙 폐지에 관한 입법예고를 공고함으로써 교과부와 갈등을 빚고 있습니다. 전북교육청 교원능력개발평가 실시 거부에 대한 입장을 소개합니다(대한민국 정책 포털 공감 코리아, 2010. 7. 6).

> "교육과학기술부(장관 안병만)는 7월 6일(화) 전라북도교육청의(교육감 김승환) 7.1.자 '교원능력개발평가제 시행에 관한 교육규칙 폐지 입법예고'에 대해 심히 유감을 표명했다.
> 교원능력개발평가제는 그간 도입논의 10년, 시범운영 5년, 법제화 논의 3년의 과정을 거치면서 지속적인 사회적 공감대를 이루어 왔으며 올해 첫 전면시행도 이러한 배경에서 가능했다.
> 비록 국회에서 근거 법률인 초・중등교육법 개정이 지연되면서 초중등교육법 제7조상의 '교육과학기술부장관의 장학 지도권' 관련조항을 근거로 한 16개 시・도 모두 교육감이 제정하는 교육규칙에 의해 시행 중에 있으며,
> 평가제의 기본골격은 지난 '09.4월 국회 교과위 법안심사소위원회를 통과했던 초・중등교육법 개정법률안(여・야합의안)과 같은 해 12월 국회 교과위 공청회에서 '평가결과의 인사·보수 미연계' 합의 등을 반영하여 전국적인 최소한의 기준을 교육규칙에 반영한 것이다.
> 6.2.지방선거 이후, 일부 지역에서 모형개선에 대한 의견표명은 있었으나, 교원평가 실시자체를 반대하는 지역은 없었다는 점을 감안할 때, 올해 첫 시행도 제대로 해보지 못하고 취임과 동시에 교육규칙 폐지를 서두르는 것은 이해하기 어려운 부분이 있다.
> 교과부에서도 6월 28일 보도자료를 통해 평가 실시과정 중 나타난 문제점들에 대해 시・도교육청과 각계의 의견을 적극 수렴하여 보완・개선책을 마련하겠다는 입장을 밝힌 후, 단 3일 만에 나온 결정이어서 교과부에서는 입법예고를 철회해 줄 것을 강력히 요청한다고 밝혔다.
> 현재 전라북도 내 대상학교 749개교 중 학생과 학부모 만족도 조사는 1학기까지 100%(7.1기준 80% 실시완료) 실시될 예정이며, 동료교원평가는 약15%가 완료된 상황으로, 현재 실시 중이거나 실시예정인 학생・학부모 만족도 조사와 2학기 실시예정인 동료교원 평가에 큰 혼란이 예상된다.
> 참고로, 지난 여론조사('09.12, 리서치앤리서치)에서 전북지역 학부모의 82.1%와 평가대상자인 교원의 59.0%도 교원평가제 도입에 찬성하고 있는 것으로 조사되었다.
> 아울러 교육과학기술부는 전북교육청의 폐지규칙안 입법예고에서 폐지이유로 들고 있는 사항에 대해서는 현행 평가모형의 개선 및 자율적 시행으로 충분히 수용이 가능함에도, 국민적인 공감대를 토대로 전국적으로 시행 중인 교원능력개발평가제의 거부에 대하여 가능한 법적인 조치방안 검토를 착수했다고 밝혔다."

교사로서 자기가 평가받고 평가하는 교원능력개발평가제의 장단점을 분석할 수 있어

야 하겠습니다.

4-1-3. 교원성과급

교원성과급 제도란 교사들의 직무에 대한 평가를 바탕으로 추가적인(차등지급) 보수를 받는 제도입니다.

평가방법은 단위기관장(교무부장 및 소속기관장·교육감·교육장·학교장)이 구성원의 의견을 수렴하고, 이를 바탕으로 「성과급 심사위원회」의 심사를 거쳐 지급 등급을 결정·지급합니다. 단, 「성과급 심사위원회」의 구성은 학교별로 대표성을 가질 수 있는 인원을 선발하여야 합니다.

평가항목 및 배점은 각 교육청의 규정에 근거하여, 각 학교 상황에 따라 변경이 가능하며, 이해를 돕기 위해 경상남도교육청(2008.09.11)의 「08년 교육공무원 성과상여금 지급지침」 내용을 소개합니다.

교과부의 지침에 따른 성과급의 내용도 갈수록 조금씩 바뀌어가고 있는데, 2010. 2월 성과급 내용을 보면 '② 근무일수'는 반영하지 못하도록 되어 있습니다. 대신에 '전문성개발'이라는 항목이 포함되는데, 여기에는 연수시간, 연구대회입상실적, 수업관리장학 등이 해당됩니다. 또한, '④ 수업지도'중 '관리자평가점수'는 '다교과 다학년 지도'로 대신하게 되었습니다.

<표 4-18> 성과상여금 평가 지침

<table>
<tr><th>구 분</th><th colspan="2">세부항목</th><th>기준점수</th><th>점수 기재란</th><th>점수 기재확인</th></tr>
<tr><td rowspan="5">①담당업무
(20점)</td><td rowspan="2">담임 및 보직여부
(10점)</td><td>담임 및 보직교사</td><td>10점</td><td rowspan="2">10</td><td rowspan="5"></td></tr>
<tr><td>비담임</td><td>9점</td></tr>
<tr><td rowspan="3">업무적절도
(10점)</td><td>상</td><td>10점</td><td rowspan="3">10</td></tr>
<tr><td>중</td><td>9점</td></tr>
<tr><td>하</td><td>8점</td></tr>
<tr><td rowspan="3">②근무일수
(10점)</td><td rowspan="3">근무
개월수</td><td>12개월</td><td>10점</td><td rowspan="3">10</td><td rowspan="3"></td></tr>
<tr><td>10~11개월</td><td>9점</td></tr>
<tr><td>9개월 이하</td><td>8점</td></tr>
</table>

<table>
<tr><th>구 분</th><th colspan="2">세부항목</th><th>기준점수</th><th>점수
기재란</th><th>점수
기재확인</th></tr>
<tr><td rowspan="2">③학교공헌도
(20점)</td><td colspan="2">학교행사업무(도서관담당, 축제진행)</td><td>8, 9, 10점</td><td>10</td><td></td></tr>
<tr><td colspan="2">학교홍보-대회출전(학생지도 후) 입상</td><td>8, 9, 10점</td><td>9</td><td></td></tr>
<tr><td rowspan="4">④수업지도
(30젼)</td><td rowspan="3">수업 시수</td><td>20시간이상</td><td>20점</td><td rowspan="3">19</td><td rowspan="4"></td></tr>
<tr><td>18-19시간</td><td>19점</td></tr>
<tr><td>16-17시간</td><td>18점</td></tr>
<tr><td colspan="2">관리자평가점수 (10점)</td><td>10,9점</td><td>10</td></tr>
<tr><td rowspan="12">⑤생활지도
(20점)</td><td rowspan="3">학부모 상담실적(5점)</td><td>상</td><td>5점</td><td rowspan="2">5</td><td rowspan="12"></td></tr>
<tr><td>중</td><td>4점</td></tr>
<tr><td>하</td><td>3점</td><td rowspan="4">5</td></tr>
<tr><td rowspan="3">학생 상담실적(5점)</td><td>상</td><td>5점</td></tr>
<tr><td>중</td><td>4점</td></tr>
<tr><td>하</td><td>3점</td></tr>
<tr><td rowspan="3">기본생활습관지도(5점)</td><td>상</td><td>5점</td><td rowspan="3">4</td></tr>
<tr><td>중</td><td>4점</td></tr>
<tr><td>하</td><td>3점</td></tr>
<tr><td rowspan="3">등하교교통지도(5점)</td><td>상</td><td>5점</td><td rowspan="3">4</td></tr>
<tr><td>중</td><td>4점</td></tr>
<tr><td>하</td><td>3점</td></tr>
<tr><td colspan="4">총 계</td><td>96</td><td></td></tr>
</table>

평과 결과에 따른 등급은 크게 3단계 구분과 4단계 구분이 있으며, 지급률의 경우 교과부에서 공시하는 내용을 바탕으로, 각 교육청의 해당년도 상황에 따라 자율권이 주어집니다.

다음 <표 4-19>과 <표 4-20> 내용은 '교육과학기술부(2008.08.28)의 「08년 교육공무원 성과상여금 지급 지침」에 명시된 내용입니다.

<표 4-19> 성과급 등급의 3단계 구분 (단위 : 원)

등 급	A	B	C	A-C
인원비율	30%	40%	30%	
지 급 률	70%	50%	35%	
교사, 장학사, 교육연구사	1,156,930	826,380	578,460	578,470
교감, 직위 없는 장학관 및 교육연구관	1,317,970	941,410	658,980	658,990
	1,395,840	997,030	697,920	697,920
교장, 3급 과장 상당 또는 4급 과장 상당의 직위에 보직된 장학관 및 교육연구관	1,525,400	1,089,570	762,700	762,700
	1,613,500	1,152,500	806,750	806,750
3급상당 국장급, 기관장의 직위 보직 장학,연구관	1,739,290	1,242,350	869,640	869,650
2급 직위 보직 장학관	1,931,670	1,379,760	965,830	965,840
1급상당 직위 보직 장학관	2,151,710	1,536,940	1,075,850	1,075,860

<표 4-20> 성과급 등급의 4단계 구분 (단위 : 원)

등 급	S	A	B	C	S-C
인원비율	10%	20%	40%	30%	
지 급 률	100%	70%	50%	35%	
교사, 장학사, 교육연구사	1,561,780	1,093,240	780,890	546,620	1,015,160
교감, 직위 없는 장학관 및 교육연구관	1,779,180	1,245,420	889,590	622,710	1,156,470
	1,884,300	1,319,010	942,150	659,500	1,224,800
교장, 3급 과장 상당 또는 4급 과장 상당의 직위에 보직된 장학관 및 교육연구관	2,059,200	1,441,440	1,029,600	720,720	1,338,480
	2,178,130	1,524,690	1,089,060	762,340	1,415,790
3급 상당 국장급 또는 기관장의 직위에 보직된 장학관, 교육연구관	2,347,940	1,643,550	1,173,970	821,770	1,526,170
2급 상당의 직위에 보직된 장학관	2,607,630	1,825,340	1,303,810	912,670	1,694,960
1급 상당의 직위에 보직된 장학관	2,904,670	2,033,260	1,452,330	1,016,330	1,888,340

성과급 지급 결정에 대하여 이의가 있는 교사는 소속기관(부서)의 장에게 이의 신청서를 작성하여 이의를 제기할 수 있습니다. 물론 모든 이의가 받아들여져 지는 것은 아니며, 소속기관장이 타당하다고 판단되는 경우에 한하여 해당 성과급 심사위원회에 재심사 요구가 가능 합니다. 다음 서식은 교과부에서 제시하고 있는 이의신청서 서식입니다(교육과학기술부(2008.8.28).

<서식 4-1> 성과급 지급 결정에 대한 이의 신청서

이 의 신 청 서

<table>
<tr><td>소　속</td><td></td><td>직 급</td><td></td><td>성 명</td><td></td></tr>
<tr><td>성과상여금
지급등급</td><td colspan="5"></td></tr>
<tr><td>이의신청
사유(구체적으로
기재하고 관련
증빙서류 첨부)</td><td colspan="5"></td></tr>
<tr><td>기타 참고사항</td><td colspan="5"></td></tr>
<tr><td colspan="6">「공무원수당 등에 관한 규정」 및 「성과상여금업무 처리지침」에 의하여 위와 같이 이의신청을 합니다.

년　　월　　일

이의신청인　　직급　　성명　　(서명)

성과급심사위원회 귀중</td></tr>
</table>

예비교사로서, 임용 후 교사가 되면, 몇 단계의 등급을 받겠는지 말해 보세요. 또, 왜 그렇게 생각하죠?

한편, 일각에서는 성과급 차등 지급에 대한 반대 의견이 일고 있습니다. 이에 관해 인터넷 사이트 '차등성과급 전액 반납교사 모임'에 게재되었던 글을 소개합니다.

오늘 우리는 차등성과급 전액반납! 신자유주의 반대 투쟁을 선언한다. 국가권력의 차등성과급 지급 강행은 교사들을 등급화 시키고, 더 나가 순진무구한 학생들을 상품으로 전락시키는 행위임을 우리는 이미 알고 있다. 교사들에게 지급하는 성과급은 재원마련 과정은 물론 차등 지급 근거에서부터 그 정당성을 잃었다. 최근 몇 년 동안 높은 물가 인상률에 훨씬 못 미치는 교원 임금인상으로 인한 실질임금의 감소로 인해 교원들의 경제적 처지는 어려워지고 있다. 더구나 성과급 지급 재원은 어떤 돈인가? 전체 교원들이 마땅히 받아야할 임금 인상분을 성과급이란 이름으로 둔갑시켜 등급별로 차등지급하는 것이 아닌가? 또한 교육부가 발표한 차등지급 근거는 얼마나 우스꽝스런 것인가? 교육부가 중요한 근거로 내세운 것들은 거의 대부분이 기존 급여체계에 반영하고 있는 것이다. 담임수당, 학생지도수당, 연구수당, 보직수당, 시간외 근무수당으로 지급하고 있는 마당에 이들 항목을 참고하여 성과급을 지급한다는 것에 문제가 있다. 차라리 성과급이라고 말하지 말고 과로업무수당이라고 분명하게 말하라!
(http://www.chamtec.kr/technote7/board.php?board=cham).

교원성과급제도의 장단점을 분석해 보세요.

4-1-4. 수석교사제

초등·중등학교에 근무하면서 터득한 교육경험과 전문적 지식 및 교수방법이 우수하다고 인정 되어진 교사들을 수석교사(master teacher)로 임명하여, 관리직(교장, 교감)이 되지 않고도 정년까지 수업, 장학, 신규 교사 지도를 맡도록 하는 제도입니다.

수석교사는 부장교사와 교감의 중간 위치에서 학교수업 외에 학교·교육청 단위의 수업코칭, 현장연구, 교육과정의 개발보급, 교내연수 주도, 신임교사 멘토, 교원양성 및 연수기관 강의 등을 맡게 됩니다.

선발은 교육경력 15년 이상으로 소정의 자격연수를 받은 교원 중, 동료교사의 추천을 통해 심사위원회의 실적 심사와 역량 평가 등을 거쳐 선발 되며, 총교원의 약 10%에 해당하는 교원을 뽑아 학교수업 외의 임무를 맡기고 업무추진비를 지급합니다.

심사위원회는 시·도교육청에서 '수석교사 심사위원회'를 구성·운영하도록 하며, 교장·교감, 교사, 교육전문직, 학계 전문가 등을 포함하여 7인~11인으로 구성하도록 합니다. 심사위원단의 세부구성 사항에 대해서는 각 시·도교육청별로 결정하게 됩니다.

수석교사제의 목적은 교사가 본연의 업무인 가르치는 일에 전념할 수 있도록 하고, 명예로운 교직 풍토를 조성하기 위함입니다.

이에 따라 우수한 수업 전문성을 가진 교사에게 그에 걸 맞는 역할을 부여해, 수업의 질을 강화하여 공교육의 신뢰회복과 교사들의 수업지도력 향상을 도모함을 최종 목표로 삼고 있습니다.

국내의 경우 아직까지 시범운영의 형태로 운영되고 있으며, 그 실태에 관해 교육과학기술부에서 제시한 '2009학년도 수석교사 시범운영 기본계획'의 내용을 정리하면 다음과 같습니다(교육과학기술부(2008.12).

가. 3기 시범운영 개요

(1) (시범운영 필요성) 시범운영을 통해 우리 교직사회에 적합한 도입모형을 정립

(2) (역할) 소속 학교 수업담당(일부 경감), 교내·외 수업장학/교수학습·평가방법 개발 등 교과수업지원, 신규교사 연수지원 등

(3) (운영모형) 적정 직위에 대한 검증을 위해, '교차유형', '이원화유형', '다단계화유형'으로 구분하여 시범운영

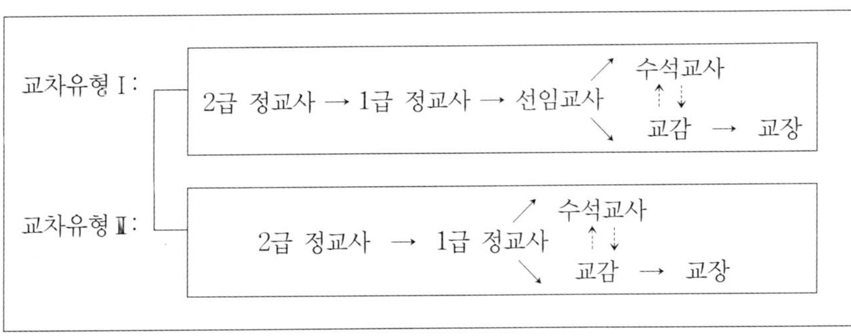

[그림 4-1] 교차유형 모형

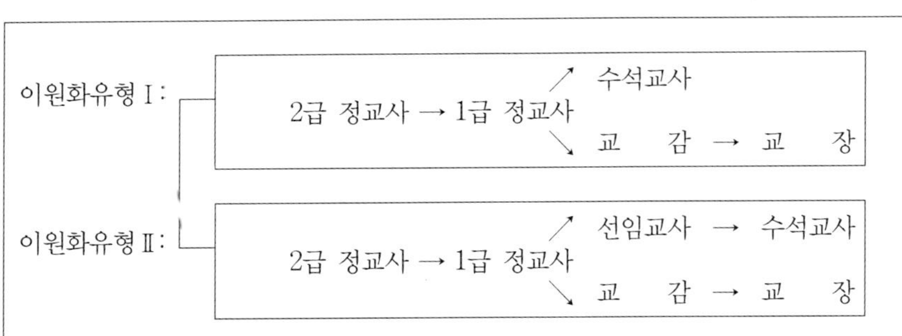

[그림 4-2] 이원화유형 모형

2급 정교사 → 1급 정교사 → 수석교사 → 교감 → 교장

[그림 4-3] 다단계화 유형

(4) (요건 및 선발인원) 교육경력 15년 이상(1급자격), 총333명
(5) (선발) 시·도별 수석교사 선발위원회에서 3단계 전형으로 선발
※ 서류심사(1차) → 수업능력심사 및 심층면접(2차) → 동료교원 면담(3차)

나. 수석교사 지원 및 의무
(1) (인증서부여) 교육과학기술부장관 명의, 수석교사 인증서 부여
(2) (연구활동비지급) 연 180만원(학기당 90만원)
(3) (수업시수 경감) 배정시수의 약 40%경감, 대체 강사비 지원
(4) (시·도별 인센티브 부여) 특별연구비, 해외연수 기회부여 등 자율지원
(5) (활동보고서의 제출) 학기당 1회 연구활동 보고서 제출 및 평가

위 내용을 바탕으로, 교육현장에서 실제 운영 되고 있는 경기도교육청의 '수석교사 시범운영 기본계획(경기도교육청, 2010)'을 소개합니다.

<표 4-21> 수석교사 시범운영(안) 비교

내용	2009	2010
운영기간	• '09.3.1 ~ '10.2.28(1년)	• '10.3.1 ~ '11.2.28(1년)
목적	• 시범운영으로 수석교사제(모형) 도입방안 검토	• 좌동
지원자격	• 교육경력 10년 이상	• 교육경력 15년 이상
인원	• 경기도 34명/전국 295명	• 경기도 42명/전국 350명
전형	• 신규응모자 : 3단계 전형 • 기존대상자 : 1, 2단계 제외, 3단계 전형만 실시	• 3단계 전형(신규, 기존 공통) 1단계 : 서류심사 2단계 : 수업능력 심사 및 심층면접 3단계 : 동료교사 등 관련자 면담
선발배치	• 25개 지역 선발 후 소속교 배치 • 전보, 전보유예 없음	• 시범교육청 군 폐지 • 전보 대상자 현 소속교 유예 권장
지원	• 연구활동 지원비(연180만원) • 국외연수 실시 • 학교 형편에 따라 수업감경(20%)	• 연구활동 지원비 지급(연180만원) • 운영비 지원 : 1인 70만원 • 학교형편에 따라 수업 감경
주요역할	• 장학사, 교감, 연구부장교사와 역할구분	• 2타입의 운영모형 제시

구분	제시	'가'형 : 관리직과 교수직 분리 모형 '나'형 : 부장교사와 교감의 중간 위치
활동지원	• 수업시수 20%(4시수) 경감	• 수업시수 40%(8시수) 경감
인센티브 부여	• 연구활동비 지원(연180만원)	• 우수 활동자 교육감 표창(30%) • 연구활동비 지지원(연180만원)

물론 수석교사제에 대한 반대 의견도 있습니다. 마정구(2008)의 '중등교원의 수석교사제 도입에 대한 인식연구'에 의하면, 반대하는 이유 및 비율은 다음과 같습니다..

<표 4-22> 수석교사제 반대의견 분포

구분	백분율(%)
평교사의 업무 부담 가중	30.2
일부 소수를 위한 제도	35.8
승진 경쟁 과열	26.4
기타	7.5
계	100.0

위 표는 경기도 16개 중· 고등학교 교사 517명을 대상으로 한 설문에서 수석교사제에 대해 '찬성한다(282명)'와 '그저 그렇다(146명)'를 제외한 '반대한다(89명)'의 의견 중, 세부 항목 답변 결과를 종합한 내용입니다.

그는 수석교사제의 도입을 통해,

첫째, 현행 교원 승진제도의 불만을 해소할 수 있으며,

둘째, 교사가 가르치는 일에 전념할 수 있는 방안을 제공하고,

셋째, 기존의 부담스러웠던 장학사가 아닌, 현장 속에서 이루어지는 현장 친화적 근접 장학이 이루어 질 수 있기에,

수석교사제의 도입이 필요하다고 결론짓고 있습니다.

예비교사로서 수석교사제의 장단점을 분석할 수 있으면 좋겠습니다.

4-1-5. 교장공모제

교장공모제란 교장 선발시 기존에 있던 연공서열에 의한 교장자격증 획득자로 임용하는 것이 아니고, 학교운영위원회가 공모를 통해 자격기준에 부합하는 인원을 선발하여 추천하면, 교육청이 최종 결정하여 임용하는 제도입니다.

교장공모제의 목적은 학교현장의 각종 폐해를 개선하고 올바른 풍토를 조성하기 위함입니다.

현재 학교 현장은 일부 승진에 따른 부작용과 수직적인 행정체제로 인한 문제가 있습니다. '교장선출 보직제와 학교자체 입법발의'에 관한 최순영 의원의 기자회견(2005.11.17)에 따르면, 학교를 승진경쟁의 체제로 만들고, 교육청의 공문수발이 우선하는 풍토의 한가운데는 근무평정의 결과가 교장으로 이어지는 교장승진제가 있습니다. 다시 말하면, 현행 교장승진제도의 문제점은 근무평정에 의해 결정되는 교장자격증 제도이며, 교장이 교사의 근무업적을 평가해 점수를 매기고, 이 점수를 통해 교감 자격자가 결정되는 형태입니다. 교장은 교감 경력 3년이 넘은 이 가운데 임용되는데, 이 또한 교육청과 교장이 매긴 근무평가 점수로 결정됩니다.

이러한 교장 임용방식은 승진을 위한 교육현장의 비리현상을 낳았으며, 근무평가 점수의 소수점 이하 세 자릿수(0.001)당 한명씩 대상자가 줄을 서 있을 정도로 소모적인 승진경쟁을 유발하였습니다. 또한 교사의 근무업적을 평가하는 근무평가가 교장 1인의 영향력이 크게 행사되어 공정성 논란이 끊임없이 제기되었습니다. 따라서 교장제도에 대한 근본적인 개혁이 요구되었고, 이에 대한 대안으로 교장공모제가 나타난 것입니다.

(http://blog.naver.com/jjan009?Redirect=Log&logNo=100025271398)

교육법 시행령 제105조와 교육공무원법 제 31조에 의거한 교장공모제의 유형은 다음과 같습니다.

1. 초·중등 교육법 시행령 제105조의2(자율학교 및 자율형 사립고등학교 공모교장의 자격)

가. 다음 각 목에 해당하는 학교 중 자율학교로 지정된 학교의 경우에는 그 학교 교육과정에 관련된 교육기관, 교육행정기관, 교육연구기관, 국가기관, 지방자치단체, 공공

단체, 국제기구, 외국기관, 산업체 등에서 3년 이상 종사한 경력이 있는 자(개방형)

① 법 제28조에 따른 학습부진아 등에 대한 교육을 실시하는 학교

② 특성화중학교

③ 특성화고등학교

④ 제105조 제3항 제6호에 해당하는 전문계 고등학교 또는 예체능계 고등학교

나. 다음 각 목에 해당하는 학교 중 자율학교로 지정된 학교의 경우에는 법 제21조 제1항에 따른 교장자격증(이하 이 조에서 '교장자격증'이라 한다)을 가진 교원 및 교육전문직원(법 제19조 제1항에 따른 교원과 「교육공무원법」 제2조 제1항 제2호 및 제3호에 따른 교육전문직원을 말한다. 이하 이 호에서 '교원등'이라 한다), 교원등으로서 근무한 경력이 15년 이상 이며 법 제21조 제1항에 따른 교감자격증을 가진 교원등 또는 교원등으로서 근무한 경력이 20년 이상인 교원등(내부형)

2. 교육 공무원법 제31조(초빙교원)

② 고등학교 이하 각급학교의 장은 당해 학교에 특별히 필요한 자(교장자격증 또는 교사자격증을 가진 자로 한한다.)를 교원으로 초빙하고 자 하는 경우에는 초빙하고자 하는 교원의 임용권자에게 초빙교장 또는 초빙교사로 임용하여 줄 것을 요청할 수 있다.<신설 1995.12.29>

③ 제2항의 규정에 의하여 임용의 요청을 받은 임용권자는 임용이 요청된 자 중에서 당해 학교의 초빙교장 또는 초빙교사를 임용할 수 있다.<신설 1995.12.29>

④ 초빙교원의 임용·보수·복무 등에 관하여 필요한 사항은 대통령령으로 정한다.

위의 내용을 표로 정리하면 다음과 같습니다.

<표 4-23> 교장공모제의 유형

유형	대상학교	자격 기준
내부형	자율학교	① 교장자격증 소지자 ② 초중등학교 교육경력(교육전문직 경력 포함) 15년 이상인 교감 자격증 소지자 ③ 교육경력 20년 이상인 교육공무원 또는 사립학교 교원
개방형	자율학교 (특성화 중·고, 전문계고, 예체능고)	당해학교 교육과정에 관련된 기관 또는 단체에서 3년 이상 종사한 경력이 있는 자(교장자격증 소지 유무 관계없음)
초빙 교장형	일반학교	교장자격증 소지자

교장공모제 확대에 대한 반대 의견도 있습니다. 그 실례로 학국교원단체총연합회(이하 '교총')은 2010년 5월 18일 "교장공모제의 확대에 반대한다."는 내용을 중심으로, '특별 교섭 및 현안 해결 촉구 동의서'에 18만 7천명의 교원이 참가한다고 밝혔습니다.

반대 이유로는 교장공모제의 확대가 학교 비리문제 근절과는 상관없는 문제이며, 교장공모제의 확대와 교장자격증 남발은 인사제도에 대한 훼손이라는 것입니다. 교총에서 교장공모 확대에 관해 설문조사한 결과는 교원의 82%가 반대한다고 나타났습니다(한국교육신문, 2010.4.19).

> 교과부가 교육비리 대책의 일환으로 국공립 초중등학교의 50%까지 초빙형 교장공모제를 확대하겠다고 밝힌 데 대해 현장 교원들의 82%가 반대하고 있으며, 교장공모제를 확대하기 위해서는 선발심사위원회의 전문성, 공정성 확보가 시급하다고 여기는 교원이 75%인 것으로 조사됐다. 아울러 91%의 교원들은 교장공모제 확대 실시가 교육비리 근절 대책이 될 수 없다고 생각하고 있다.
> 이 같은 내용은 한국교총이 4월 5일부터 12일까지 전국 초·중등 교원 2863명을 대상으로 이메일 설문조사한 결과로 표본오차는 95% 신뢰수준에 ±1.8%이다.

또한, 현재 교장공모제는 초빙 교장형이 주를 이루고 있는데, 초빙 교장형은 기존의 교장임용제와 다를 게 없다며, 내부형, 개방형을 확대할 것을 촉구하는 입장도 있습니다. 이에 관한 YTN(2008.6.22)의 기사 내용을 살펴봅시다.

> <교육단체, 초빙형 교장공모제 반발>
>
> [앵커멘트]
> 유능한 교장을 임용한다는 취지로 지난해부터 '교장 공모제'가 시범 운영되고 있습니다. 하지만 일부 교원 단체에서는 교장공모제가 교장 임기를 연장하는 수단으로 악용되고 있다며 반발하고 있습니다. 성문규 기자의 보도입니다.
>
> [리포트]
> 전국 16개 시도교육청은 올해 9월 임용되는 교장공모제 3차 시범운영 학교로 모두 78곳을 지정했습니다. 이 가운데 교장자격증을 요구하는 초빙형이 57곳, 교장 자격증이 필요없는 내부형과 개방형이 21곳입니다. 지난 1·2차 때 각각 12대 43, 18대 39였던 것에 비하면 완전히 역전된 것입니다. '좋은교사운동' 등 일부 교육 관련 단체들은 교장공모제에서 '초빙형'을 제외해야 한다며 반발하고 나섰습니다. 이미 임기가 끝난 교장에게 다시 한 번 교장이 될 기회를 제공하는 수단으로 악용되고 있다는 것입니다.

[인터뷰 : 정병오, 좋은교사운동 대표]
"학교의 혁신에 대한 의지가 있는 분들을 학교에서 모셔서 학교를 혁신하기 위한 제도임에도 불구하고 초빙교장제를 섞어버려서 이 취지가 퇴색해 버리고, 오히려 교육청의 통제를 받는... 교장 선생님이 다시 교장이 되는..."

하지만 교육청은 일선 학교에서 '초빙형 교장공모제'를 원하고 있어 어쩔 수 없다는 입장입니다. 내부형이나 개방형으로 하더라도 결국 해당 학교운영위원회는 교장 자격증이 있는 사람을 교장으로 선택한다는 것입니다. 실제로 서울의 한 중학교는 내부형 교장공모제 예비학교로 지정됐지만, 교장 자격증이 없는 교장이 학교를 이끌면 혼란이 일 것이라며 교장공모제를 거부하기도 했습니다.

[인터뷰 : 조학규, 서울시교육청 교원정책과장]
"학교운영위원회에서는 아무래도 교장 자격증 소지자를 선호하는 편입니다. 그것은 교장 자격 연수도 받고 교감도 해 보신 준비된 교장선생님을 원하기 때문입니다." 교육과학기술부는 초빙형 교장공모제와 지난 1995년부터 시행되고 있는 '초빙교장제'를 하나로 합치는 안을 검토해 보겠다고 밝혔습니다.

유능한 교장을 임용해 학교 발전을 도모한다는 교장공모제가 시범 운영 단계부터 논란에 휩싸이면서 본래의 취지대로 정착할 수 있을 지 우려의 목소리가 커지고 있습니다.

예비교사로서 교장공모제의 장단점을 분석해 보십시오.

4-1-6. 교직 적응

얼핏 생각하기에는 교사가 수행해야 할 일이란 '학생을 가르치는 일'이라고 여기는 경우가 많겠지만, 현대사회에서 교사에게 요구하는 것, 그리고 학교 현장에서 교사에게 요구되어지는 것들은 단순히 '가르치는 일'만을 의미하지는 않습니다.

교사의 다양한 업무에 관해서는 제3장에서 담임으로서 학급경영자의 권리와 책임, 그리고 본 장에서 근무평정과 교원능력개발평가의 평가지표를 통해 살펴보았습니다. 정말이지 많고 다양한 업무입니다.

교사에 대한 위와 같은 다양한 요구에 대해, 교사는 수행능력을 갖추고 적응하게 되는데, 해당 영역에 대한 수행능력이 부족하거나 어려움을 겪게 될 경우 교직 부적응이라는 형태로 나타나게 됩니다.

이 책에서 분석하고 있는 영역을 비롯해 다루고 있지 않은 영역도 포함해서, 교사가 상호작용하는 모든 영역에서 교직 부적응의 현상이 나타날 수 있습니다.

쉽지 않은 과정을 거쳐 교사로 임용됐는데, 적응하지 못하고 어려워한다면, 얼마나 안타까운 일입니까.

교직 적응이 중요한 이유는 부적응을 겪게 될 경우, 교사가 자신과 주위 요소에 대한 회의감, 불신 등을 경험하게 되고, 이는 개인적으로는 사퇴, 사회적으로는 공교육의 실패로 이어질 수 있기 때문입니다.

우선, 교사의 교직에 대한 만족도가 낮아지고 있는 현상을 그 원인과 함께 살펴봅시다(이종규, 2009).

교원 절반 이상, 최근 1~2년새 만족도 떨어져
'사회적 비난·업무과중 스트레스'

교원 10명 가운데 절반 이상이 최근 1~2년 사이 교직에 대한 만족도가 떨어졌다고 느끼는 것으로 나타났다.
한국교원단체총연합회가 스승의 날을 앞두고 11~13일 전국 교원 628명에게 실시한 설문조사 결과를 보면, 응답자의 55.4%가 '교직에 대한 만족도와 사기가 최근 1~2년간 떨어졌다'고 답했다. 만족도가 높아졌다는 응답은 11.3%에 그쳤다. 교직 만족도가 낮아진 이유로는 66.4%가 '학부모·학생에 대한 권위 상실'을 꼽았다.

교사로서 스트레스를 받는 요인에 대해서는 '교직에 대한 사회적 비난 여론'(25.3%), '과중한 수업 부담과 잡무'(23.7%), '교사의 권위를 인정하지 않는 학부모의 태도'(15.5%) 등이 지적됐다.

또 응답자의 67.2%가 성대결절에 의한 목소리 이상 등 '교사 직업병'을 경험한 적이 있다고 답했다. 성대결절을 경험했다는 응답이 34.4%로 가장 많았고, 정신적 스트레스에 의한 탈모(15.3%), 오래 서서 수업을 하다 생기는 하지정맥류(7.3%) 등이 뒤를 이었다.

학교 교육에서 교원들의 가장 큰 문제점으로는 40.1%가 '사회와 학생들의 변화에 대한 이해 부족'이라고 답했고, 학생의 문제로는 '이기적인 행동과 과도한 경쟁심리'(46%)를, 학부모의 문제로는 '내 자녀만을 생각하는 이기적인 교육관'(51.3%)을 각각 꼽았다.

위 조사 결과에 나타나 있듯이, 교직에 대한 사회적 신뢰저하와 업무과중이 교직생활의 만족을 저해하는 주된 요소임을 알 수 있습니다.

위 저해 요인을 감소시키는 노력으로 다음 세 가지를 생각해봅시다.

첫째, 교직에 대한 사회적 신뢰 저하의 원인을 분석해 보시오.

둘째, 교사가(로서) 교직(교사, 교직, 학교 등)에 대한 사회적 신뢰 저하를 회복할 수 있는 방안을 제시해 보시오.

셋째, 교사의 업무과중을 경감시킬 수 있는 방안을 제시해 보시오.

심상보(2003)의 '신임교사의 교직적응을 위한 학교중심 현직연수에 관한 연구'에 따르면, 현대사회는 급속도로 변화하고 있으며, 변화하는 사회의 복잡성과 함께 교육에 거는 기대와 요구도 역시 급증하였으며, 이에 따라 교사들에 대한 요구 또한 증가하게 되었습니다.

하지만 문제는 현재의 교육 현장은 처음 교직에 진출하는 신임교사들에게 경험이 많은 교사와 동일한 정도의 업무 수행을 요구하고 있으며, 이로 인해 신임교사들은 교수-학습, 생활지도, 학급경영 등에서 많은 문제에 직면하게 된다는 것입니다.

따라서, 신임교사에 대한 연수의 필요성은 더욱 커지고 있으며, 이러한 시대적 요청에 따라 임용 전 2주 이상의 신임교사 연수를 실시하게 되어 있고, 현실적으로 각 시·도 교육청은 약 60시간 정도의 임용 전 연수를 실시하고 있습니다. 그럼에도 불구하고 교사들의 교직 부적응 사례가 증가하고 있는데, 이는 결국 임용 전 연수가 신임교사의 요구와 필요를 수용하는 적절한 기회가 되지 못하고 있다는 반증입니다(pp. 1-2). 날로 불어만 나는 각종 요구들로 인해 신임교사들은 자연히 교직 생활에 대한 부적응의 문제들을 갖게 되었으며, 그 정도는 시간이 갈수록 더욱 심해진다고 판단됩니다.

교사들은 일정 경력에 따라 서로 다른 직무기능, 지식, 행위, 태도 등을 나타내는데, 이러한 변화는 일관된 발달패턴을 나타내고 있습니다. 신임교사들의 일반적인 발달 특징에 대해 송홍근(2000)은 '신임교사의 교직 적응에 관한 연구'에서 다음과 같이 말하고 있습니다.

> Fuller(1969)는 교직발달을 단계별 주요 관심사를 중심으로 개념화한 선구적인 학자로, 교사의 발달단계를 교직이전단계(pre-teaching phase), 초기교직단계 (early-teaching phase). 후기교직단계(late-teaching phase)의 3단계로 구분하고 각 교직단계의 특징을 설명하고 있다. 초기교직단계에 있는 교사들은 주로 새로운 환경의 학교현장에서 자신

의 존재와 위치에 대하여 관심과 우려를 갖게 되며, 표면적으로는 아동을 가르치는 일, 그리고 학급상황에 대처하는 일에 관심을 갖는 것 같이 보이지만, 사실은 내면적으로 학교현장의 전체적인 구조와 운영, 그리고 상황변수를 탐색하는데 커다란 관심을 기울이게 된다.

> 교사 발달 단계 관점에서의 교육인사행정((구)삼척대학교 교육행정 까페)
> http://cafe.naver.com/govn.cafe?iframe_url=/ArticleRead.nhn%3Farticleid=118
> (1) 교직 이전 단계 : 특정한 관심사가 없는 단계
> 학생들과의 접촉이 거의 없는 교직 생활 직전에 해당하는 시기. 청소년들을 상담해주는 것에 관심을 가장 많이 가지고 있으나 가르치는 것 자체와 관련된 특별한 관심은 별로 가지고 있지 않음. 학생시절과 대학생 시절의 자신의 경험대로 가르친다는 것을 생각하고 있다.
>
> (2) 초기 교직 단계 : 자아에 대한 관심이 높아진다.
> 내적 관심으로는 학교상활의 변수를 찾으려고 노력하며 외적관심으로는 "과연 내가 교사에 적합한가?"이다. 학급을 통제하는 능력은 신임교사의 가장 큰 관심거리이며 이러한 관심들을 외적으로 드러나는데, 자신의 교직에 대한 적합성의 문제로 인식되기도 한다.
>
> (3) 후기 교직 단계 : 학생에 대한 관심이 높아지는 단계
> 타인에 대한 개인적 성취나 평가보다는 학생들의 성취, 평가에 관심을 갖는다. 학생들의 능력을 이해하고 그들에게 적절한 목표를 설정해주며 성취정도를 평가해 주고 학생들의 성취정도에 의해 자기 자신을 평가하기도 한다.

그 후 Fuller, Bown(임현숙, 1997에서 재인용)은 학생지도방법을 학습함에 있어서 거치는 일반적인 과정으로 생존에 대한 관심(survival concern), 교수 상황에 관한 관심(teaching concern), 학생에 대한 관심(pupil concern) 등의 3단계를 제시하였다. 1단계는 생존에 대한 관심으로 교사로서 생존, 교실통제, 관리자의 의견, 관찰, 평가, 칭찬 듣는 것 등에 관심을 갖는다. 이것은 현직교사보다 예비교사가 더 많은 관심을 갖는 부분이다. 2단계는 교수상황에 대한 관심으로 과다한 학생 수를 가지고 생활하는 것, 과중한 업무부담, 시간적인 압박, 교수자료의 부족 등에 관심을 갖는 단계이다. 이러한 좌절감은 교수 상황에 의해 전개되며 예비교사보다 현직교사들이 더 큰 관심을 가지고 있다. 3단계는 학생에 대해 관심을 갖는 단계로 학생의 사회적·감정적 요구를 인식하고 어떤 학생에게는 어떤 교육과정과 학습자료가 적합하지 않다든지 또는 개개 학생의 능력에 알맞은 교육내용이 무엇인지 관심을 갖는다(pp. 9-10).

즉, 신임교사들은 교직 발달 단계상 새로운 상황에 대해 적응해 나가려는 특성을 갖고 있습니다. 따지고 보면, 너무나도 당연한 현상이지요.

위 인용문을 참조하여, 교사의 교직발달 3단계와 학생지도방법 3단계를 제시하고, 각 단계의 특징을 설명해 보세요.

송홍근(p. 23)은 신임교사들이 직면하게 되는 활동 및 문제를 다음과 같이 정리하여 제시하고 있습니다.

<표 4-24> 신임교사에게 요구되는 활동과 문제

<table>
<tr><th colspan="2">활동</th><th>문제영역</th></tr>
<tr><td rowspan="2">교과지도영역</td><td>교과지도</td><td>-교과내용의 파악
-교수용어의 선정
-학습자료의 부족
-기재조작 능력의 부족
-수업진행 방법에 대한 미숙
-수업 중에 주의집중 어려움
-학습지도 방법에 대한 자신감 부족
-경험의 부족에 따른 교과지도의 어려움
-학생들이 어려움을 느끼는 교과목 지도에 대한 부담</td></tr>
<tr><td>특별활동지도</td><td>-특별활동 지도상의 어려움</td></tr>
<tr><td rowspan="5">교과지도 외의 영역</td><td>생활지도</td><td>-문제 학생 지도의 어려움
-떠드는 것 지도의 어려움
-학생사회에 대한 이해부족
-생활지도의 성과에 따른 어려움</td></tr>
<tr><td>학급경영</td><td>-역할분담활동의 지도
-학급 사무 처리의 어려움
-교실 환경 구성의 어려움</td></tr>
<tr><td>인간관계</td><td>-관리자와의 관계
-학부모와의 인간관계
-동료간의 세대차, 견해차</td></tr>
<tr><td>학교생활</td><td>-교사로서의 무력감·회의감
-교과지도 외의 과다 행정업무처리
-과정보다 결과 중시에서 오는 어려움</td></tr>
<tr><td>기타</td><td>-당직의 부담
-전문성 향상의 기회부족
-교내여건의 불편에서 오는 어려움</td></tr>
</table>

한편, 위 활동영역에 대해, 근무경력 4년 미만의 교사 178명을 대상으로 가장 어려움을 느끼는 영역이 어느 것인가에 대한 설문 결과는 다음과 같습니다(p. 26).

<표 4-25> 교사가 가장 어려움을 느끼는 활동

단위 : 명(%)

총사례 수	교과지도	특별활동 지도	생활지도	학급경영	인간관계	학교생활
178 (100.0)	28 (15.7)	35 (19.7)	35 (19.7)	15 (8.4)	10 (5.6)	55 (30.9)

예비교사로서 여러분이 만약 교직에 나아가게 된다면, 어려움을 겪게 될 영역은 무엇인지 생각해 보고, 이를 해결(적응)하기 위해 무슨 노력을 기울여야 할지 생각해 봅시다.

4-1-7. 사회 · 경제적 지위

여러분이 되고자 하는 교사란 직업이 갖는 사회·경제적인 지위는 어떤 위치를 차지하고 있을까요?

현재 교사의 사회·경제적 지위는 '중간 혹은 중간 이하'로 나타나 있습니다.

유홍준 외(2010, pp. 95-96)는 '한국 교원의 사회·경제적 지위에 대한 교육관련 주체들의 인식 : 현황, 변화 및 결정요인'에서, 교원의 사회·경제적 지위에 대한 인식 현황 및 변화를 다음과 같이 보여주고 있습니다.

<표 4-26> 1979년과 2007년 교원의 사회·경제적 지위에 대한 인식의 현황 및 변화

구분 / 직업 ( )는 1979년 직업명	사회적지위		경제적 지위		1)사회적 지위의 인식변화 ②-①	1)경제적 지위의 인식변화 ④-③	2)1979년 지위관 인식격차 ①-③	2)2007년 지위관 인식격차 ②-④
	1979년 평균① (백분위)	2007년 평균② (백분위)	1979년 평균③ (백분위)	2007년 평균④ (백분위)				
판검사(판사)	4.81 (98)	4.42 (94)	4.51 (92)	4.39 (90)	-0.39 (-4)	-0.12 (-2)	0.30 (6)	0.03 (4)
국회의원	4.71 (92)	4.48 (98)	4.81 (98)	4.59 (98)	-0.23 (6)	-0.22 (0)	-0.10 (-6)	-0.11 (0)
대학교수	4.47 (91)	4.16 (86)	3.80 (70)	4.04 (78)	-0.31 (-5)	0.24 (8)	0.67 (20)	0.12 (8)

직업 ( )는 1979년 직업명 \ 구분	사회적지위		경제적 지위		1)사회적 지위의 인식변화	1)경제적 지위의 인식변화	2)1979년 지위관 인식격차	2)2007년 지위관 인식격차
	1979년	2007년	1979년	2007년				
	평균① (백분위)	평균② (백분위)	평균③ (백분위)	평균④ (백분위)	②-①	④-③	①-③	②-④
의사	4.33 (83)	4.26 (90)	4.75 (95)	4.46 (94)	-0.07 (7)	-0.29 (-1)	-0.42 (-13)	-0.20 (-4)
언론인(일간지기자)	3.48 (70)	3.76 (78)	3.24 (58)	3.74 (74)	0.28 (8)	0.50 (16)	0.24 (13)	0.02 (4)
회사원 (대기업회사원)	3.40 (64)	3.05 (46)	3.82 (73)	3.14 (54)	-0.35 (-18)	-0.68 (-19)	-0.42 (-9)	-0.09 (-8)
은행원	3.26 (61)	3.26 (66)	3.49 (64)	3.55 (70)	0 (5)	0.06 (6)	-0.23 (-3)	-0.29 (-4)
군장교(육군대위)	3.17 (58)	3.56 (70)	3.15 (55)	3.49 (62)	0.39 (12)	0.34 (7)	0.02 (3)	0.07 (8)
연예인(영화배우, TV탤런트)	2.93 (48)	3.74 (74)	4.10 (83)	4.29 (86)	0.81 (26)	0.19 (3)	-1.17 (-34)	-0.55 (-12)
일반직공무원 (4급공무원)	2.84 (45)	3.21 (58)	2.77 (33)	3.18 (58)	0.37 (13)	0.41 (25)	0.07 (13)	0.03 (0)
생산직근로자 (중소기업회사원)	2.83 (42)	2.26 (14)	3.03 (45)	2.39 (18)	-0.57 (-28)	-0.64 (-27)	-0.20 (-3)	-0.13 (-4)
중고등학교교원 (중등교사)	2.75 (36)	3.20 (54)	2.52 (27)	3.08 (50)	0.45 (18)	0.56 (23)	0.23 (9)	0.12 (4)
기술자(전기기사)	2.53 (33)	2.70 (34)	2.87 (36)	2.96 (34)	0.17 (1)	0.09 (-2)	-0.34 (-3)	-0.28 (0)
농민(자작농)	2.50 (30)	2.13 (10)	2.93 (39)	2.05 (10)	-0.37 (-20)	-0.88 (-29)	-0.43 (-9)	0.08 (0)
간호사(간호원)	2.48 (27)	2.72 (38)	2.72 (38)	2.81 (30)	0.24 (11)	0.48 (10)	0.15 (6)	-0.09 (8)
초등학교교원	2.38 (23)	3.14 (50)	2.16 (19)	3.02 (42)	0.76 (27)	0.66 (23)	0.22 (5)	0.12 (8)
경찰(순경)	2.30 ()20	3.24 (62)	2.16 (19)	2.97 (38)	0.94 (42)	0.81 (19)	0.14 (2)	0.27 (24)
택시기사 (개인택시기사)	2.23 (17)	2.39 (22)	3.06 (48)	2.45 (22)	0.16 (5)	-0.61 (-26)	-0.83 (-31)	-0.06 (0)
집배원(우체부)	2.00 (11)	2.34 (18)	1.91 (2)	2.34 (14)	0.34 (7)	0.43 (12)	0.09 (9)	0 (4)
육체노동자(목수)	1.87 (5)	1.92 (2)	2.48 (23)	2.00 (2)	0.05 (-3)	-0.48 (-21)	-0.61 (-19)	-0.08 (0)

※ 1) '+'값은 1979년에 비해 2007년의 지위에 대한 인식이 높아진 것이며, '-'값은 낮아진 것임. 괄호 안의 수치는 순위의 변동임

2) '+'값은 사회적 지위를 경제적 지위보다 높게 인식하는 것이며, '-'값은 사회적 지위보다 경제적 지위를 높게 인식하는 것임

3) 5점 척도

위 <표 4-30>은 1979년 대한교육연합회의 연구결과와 2007년 한국교원단체총엽하회에서 실시한 조사자료를 분석·비교한 것으로, 교원의 사회적 지위 및 경제적 지위에 대한 인식의 현황과 30년 간의 시간 흐름에 따른 인식의 변화를 나타내고 있습니다.

중등과 초등교원의 경우를 살펴보면, 1979년에 비해 2007년의 사회적·경제적 지위는 상승하였습니다. 그러나 이러한 상승에도 불구하고 2007년 교사의 사회적·경제적 지위는 위의 직업군에서 중위권에 머무르는 것을 확인할 수 있습니다.

계속해서 유홍준 외(p. 97)는 표본 집단 1800명(교원 900명, 대학생(교대, 사범대) 300명, 고등학생 300명, 학부모 300명)을 대상으로 다양한 직업군에 대해 교원의 사회·경제적 지위 및 사회적 공헌도에 대한 조사 결과를 제시하고 있습니다.

<표 4-27> 교원의 사회·경제적 지위 및 사회적 공헌도 (단위 : 점, ( )은 순위)

	교원			예비교원			고등학생·학부모		
	사회적 지위	경제적 지위	사회적 공헌도	사회적 지위	경제적 지위	사회적 공헌도	사회적 지위	경제적 지위	사회적 공헌도
국회의원	4.62 (1)	4.70 (1)	2.68 (24)	4.61 (1)	4.65 (1)	2.83 (23)	4.20 (1)	4.41(1)	3.03 (20)
판검사	4.61 (2)	4.51 (3)	3.70 (5)	4.40 (3)	4.33 (4)	3.74 (4)	4.20 (1)	4.26 (2)	3.74 (3)
의사	4.42 (3)	4.62 (2)	3.94 (2)	4.41 (2)	4.59 (2)	3.92 (3)	3.97 (3)	4.17 (3)	3.84 (1)
대학교수	4.30 (4)	4.09 (6)	3.70 (5)	4.26 (4)	4.01 (6)	3.64 (7)	3.93 (4)	4.01 (4)	3.60 (4)
기업가	4.06 (5)	4.44 (5)	3.85 (3)	3.82 (6)	4.12 (5)	3.60 (9)	3.61 (6)	3.86 (6)	3.52 (6)
언론인	4.03 (6)	3.96 (7)	3.49 (12)	3.73 (7)	3.72 (7)	3.56 (119)	3.44 (8)	3.49 (8)	3.42 (7)
연예인	3.84 (7)	4.47 (4)	3.05 (20)	3.85 (5)	4.38 (3)	2.87 (22)	3.54 (7)	3.99 (5)	3.17 (14)
군장교	3.48 (8)	3.43 (10)	3.44 (13)	3.51 (8)	3.50 (8)	3.30 (14)	3.71 (5)	3.57 (7)	3.55 (5)
은행원	3.41 (9)	3.82 (8)	3.10 (18)	3.15 (13)	3.37 (10)	3.12 (17)	3.15 (13)	3.34 (10)	3.17 (14)
일반직공무원	3.16 (10)	3.10 (13)	3.26 (16)	3.27 (11)	3.17 (11)	3.16 (16)	3.23 (12)	3.29 (12)	3.19 (13)
경찰	3.14 (11)	2.89 (16)	3.85 (3)	3.18 (12)	2.92 (15)	3.95 (1)	3.42 (9)	3.12 (14)	3.79 (2)

	교원			예비교원			고등학생·학부모		
	사회적 지위	경제적 지위	사회적 공헌도	사회적 지위	경제적 지위	사회적 공헌도	사회적 지위	경제적 지위	사회적 공헌도
회사원	3.08 (12)	3.21 (12)	3.18 (17)	3.00 (14)	3.08 (12)	3.05 (18)	3.04 (14)	3.10 (15)	3.13 (16)
중고등학교교원	3.06 (13)	2.90 (15)	3.70 (5)	3.34 (9)	3.07 (13)	3.69 (6)	3.29 (10)	3.34 (10)	3.30 (10)
초등학교교원	2.96 (14)	2.82 (17)	3.95 (1)	3.33 (10)	3.02 (14)	3.91 (3)	3.25 (11)	3.29 (12)	3.35 (9)
기술자	2.73 (15)	3.02 (14)	3.64 (8)	2.48 (17)	2.74 (17)	3.57 (10)	2.83 (17)	3.04 (16)	3.40 (8)
간호사	2.71 (16)	2.78 (18)	3.56 (9)	2.56 (16)	02.74 (17)	3.56 (11)	2.84 (16)	2.89 (17)	3.30 (10)
부동산중개인	2.64 (17)	3.59 (9)	2.57 (25)	2.72 (15)	3.48 (9)	2.68 (25)	2.92 (15)	3.45 (9)	2.83 (24)
도소매영업자	2.59 (18)	3.22 (11)	2.87 (23)	2.36 (20)	2.84 (16)	3.01 (20)	2.74 (18)	2.88 (18)	2.85 (21)
관광안내원	2.41 (19)	2.63 (19)	2.99 (21)	2.25 (21)	2.58 (19)	2.81 (29)	2.61 (19)	2.88 (18)	2.85 (22)
택시기사	2.28 (20)	2.36 (20)	2.95 (22)	2.40 (18)	2.43 (20)	2.89 (21)	2.52 (21)	2.58 (20)	2.77 (25)
집배원	2.24 (21)	2.18 (22)	3.44 (13)	2.38 (19)	2.40 (21)	3.38 (13)	2.44 (22)	2.49 (22)	3.08 (19)
생산직근로자	2.10 (22)	2.28 (21)	3.39 (15)	2.16 (22)	2.29 (22)	3.21 (15)	2.53 (20)	2.58 (20)	3.09 (18)
농민	1.97 (23)	1.82 (25)	3.55 (10)	2.06 (23)	2.07 (23)	3.70 (5)	2.38 (23)	2.34 (23)	3.23 (12)
육체노동자	1.80 (24)	1.87 (23)	3.09 (19)	1.79 (25)	1.93 (25)	3.02 (19)	2.15 (25)	2.22 (25)	2.84 (23)
청소부	1.77 (25)	1.83 (24)	3.53 (11)	1.89 (24)	1.96 (24)	3.62 (8)	2.20 (24)	2.27 (24)	3.13 (16)

※ 5점 척도 계산임

위 <표 4-31>에 의하면 초·중등 교원에 대한 사회적 지위와 경제적 지위 및 사회적 공헌도에 대해 당사자인 초·중등 교원들과 예비교원인 교대생·사범대생 그리고 일반인 집단인 고등학생·학부모간에는 인식차가 존재합니다.

특히 교원들은 자신들의 사회적 공헌도에 비해 사회적 지위와 경제적 지위는 낮은 것으로 인지하고 있음을 알 수 있습니다. 이는 초·중등 교사들에 있어서, 자신들이 기여하는 사회 공헌도에 비해 실제 사회·경제적 지위는 중간 혹은 중간이하에 머물고 있기 때문에,

그에 따른 박탈감이 존재한다는 것을 말해주고 있는 것입니다.

교원들은 직업별 사회적 공헌도에서 초등학교 교원이 1위, 중·고등학교 교원이 5위라고 높게 생각하는데 반해, 사회적 지위와 경제적 지위는 13~17위로 중간 이하로 인식하여, 교원들 스스로 사회·경제적 지위 평가에서 소외감을 느끼고 있으며, 특히 경제적 소외감을 보다 크게 느끼는 것으로 나타나 있습니다.

하지만 고등학생과 학부모는 직업별 사회적 공헌도에서 초등학교 교원이 9위, 중·고등학교 교원이 10위라고 응답했고, 사회적 지위와 경제적 지위는 10~12위로 인식하여, 교원들이 사회적 공헌도에 대체로 부합하는 적절한 수준의 사회·경제적 지위를 부여받고 있는 것으로 평가하여, 교원들의 박탈감은 더 커질 수 밖에 없는 상황입니다.

예비교사로서 다음 3가지를 분석해 봅시다.

첫째, 교원의 사회적 지위를 향상시킬 수 있는 방안.

둘째, 교원의 경제적 지위를 향상시킬 수 있는 방안.

셋째, 교원의 사회적 공헌도를 향상시킬 수 있는 방안.

4-2. 교사 - 동료교사(교원단체)

전통적으로 교직관에 대해서는 성직(聖職)관, 노동직관, 전문직관의 세 유형이 존재합니다.

교직관이란 교직의 본질과 성격을 어떻게 인식하느냐의 문제인데, 이것이 중요한 이유는 교직관의 차이에 따라 교직과 교원단체에 대한 가치관 및 태도에 차이가 생기고, 결국은 교육의 결과에 차이를 초래하기 때문입니다.

교직관의 세 유형에 관해 곽영우 외(1997, pp. 60-71)는 각 유형의 주장과 특징 및 비판을 소개하고 있고, 이어 교직의 전문성을

가. 전문가적 정신

나. 고도의 지적 기술봉사

다. 장기간의 전문교육

라. 자율과 책임

마. 권위와 자유

바. 자치조직과 윤리강령

으로 분류하고, 사회변화에 따른 교직 전문성의 제고를 위해,

가. 고도산업사회

나. 지식·정보의 팽창

다. 고학력 사회

라. 사회의 급격한 변화

마. 국제사회화

등에 따른 전문성 함양의 필요성을 환기시키고 있습니다(pp. 71-93).

이 외에 정일환·권상혁(1993, pp. 32-35, 65-80), 정우현(1992, pp. 17-21, 28-108), 김종철 외(1987, pp. 26-40) 등도 교직관과 교직의 전문성에 관해 논의하고 있습니다.

교사는 다양한 교원단체 중 어느 한 곳에 속하게 될 가능성이 있습니다. 그리고 여러분이 학교현장에서 만나는 동료교사 역시 특정 단체에 가입하고 있을 가능성 있습니다. 따라서 여러분이 학교현장에서 상호작용하게 되는 동료교사들이 가입한 단체들에 대해 미리 알아두는 것은 교직생활에 도움이 될 것입니다. 즉, 여러분이 어떤 단체에 소속되느냐에 따라 10년, 20년, 30년 동안을 지속하게 될 교직생활에서 서로 차이를 발생시킬 수 있다는 것은 교사로서 중요한 선택인 것입니다.

국내 교원 단체로는 크게 한국교원단체총연합회, 전국교직원노동조합, 한국교원노동조합 등이 있습니다. 이러한 교원단체의 공통적인 기능은 첫째, 교원들의 의사 대변 둘째, 타기관 또는 단체에 대한 압력 행사 셋째, 교육과 관련된 전문직 단체 혹은 노동조합의 성격 등을 갖는다고 볼 수 있습니다. 각 단체마다 상이한 사항들이 존재하기는 하나 기본적으로 교원들의 단결과 이익 증진 및 전문성 제고를 목적으로 하고 있습니다.

이 외의 교원단체로는 자유교육조합, 대한민국교원조합 등이 있으며, 이칭찬과 주상덕(2010, pp. 408-413)은 교직단체를 설립근거, 가입대상, 교섭·협의 당사자, 교섭·협의 구조, 교섭·협의 대상, 교섭·협의 시기, 합의사항(규범적 부분)의 법적 성격 등으로 구분하여 비교하고 있습니다.

각 교원 단체의 설립목적, 성격, 강령, 가입 자격, 권리와 의무, 주요 추진 사안, 특징 및 행적 등에 관해 살펴봅시다(해당 내용은 각 단체 공식사이트의 자료를 근거로 함).

4-2-1. 한국교원단체총연합회

한국교원단체총연합회의 설립목적은 회원 상호간의 강력한 단결을 통하여, 교원의 사회적·경제적 지위 향상과 교직의 전문성 확립을 기함으로써, 교육의 진흥과 문화의 창달에 기여하는 것을 목적으로 하고 있으며, 그 성격으로는 이익 단체의 성격과 전문직 단체의 성격을 동시에 지니고 있습니다.

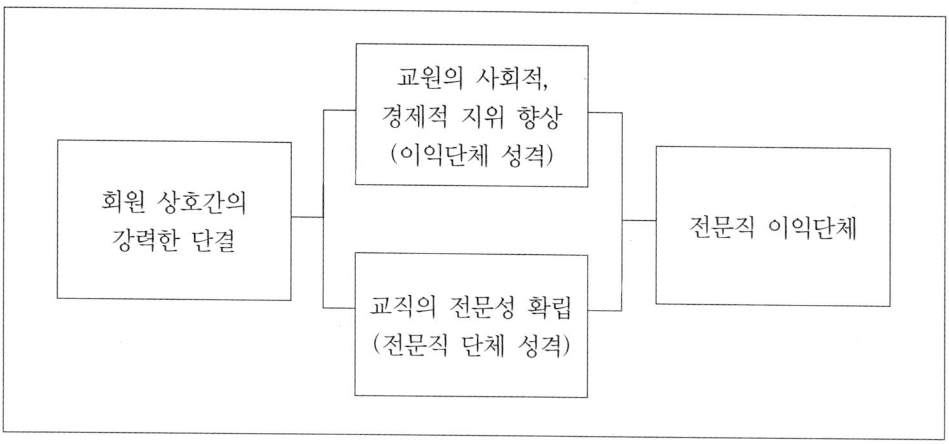

[그림 4-4] 한국교원단체총연합회의 성격

한국교원단체총연합회의 강령은 다음과 같습니다.

> 교육은 국민 개개인의 삶의 질을 향상시키며 민주복지 사회를 건설하고 인류 공영의 이상을 실현하기 위한 원동력이다. 우리는 교원들의 전문직 단체로서 교육의 발전과 쇄신을 위한 책임과 사명감이 막중함을 명시하고 이에 21세기에 대비하는 교육을 위하여 우리들의 나아갈 바를 밝힌다.
>
> - 우리는 교육의 기회확대와 균등화 및 수월성 추구에 앞장선다.
> - 우리는 교육의 자주성 확립과 교직의 전문성 신장에 적극 노력한다.
> - 우리는 청소년의 복지 증진과 교육환경 개선에 최선을 다한다.
> - 우리는 공고한 단결과 광범한 참여로써 교원의 지위를 확립한다.
> - 우리는 교육정책의 결정에 적극 참여하고 교육 우선의 국책실현을 기한다.

위 강령에 나타나 있듯이, '교직의 전문성 신장에 적극 노력한다.'라고 하여, 전문직 단체로서의 위상을 밝히고 있습니다.

가입 자격 조건으로는, 정회원이 되기 위해선 초·중등교육법 제21조(교원의 자격) 및 별표와 사립학교법 제52조(자격), 고등교육법 제16조(교원 등의 자격기준) 및 제17조(겸임교원 등)에 의한 자격기준을 갖추고 임용된 교원과 교육기관, 교육행정기관 및 교육연구기관의 장학직, 연구직 등에 한하고 있습니다.

준회원이 되기 위해선 교육대학교 및 사범대학에 재학 중인 자와 대학(교)에서 교원자격을 취득하기 위한 과정을 이수하고 있는 자, 또는 교원 임용요건을 갖춘 자에 한하고 있습니다.

별도로 명예회원이 존재하는데 이는 정년·명예퇴직 교원, 분회장 추천을 받은 학교운영위원 및 학부모 등입니다.

회원이 됨으로써 갖게 되는 권리와 의무는 다음과 같습니다. 한국교원단체총연합회 회원의 권리로는 의결권, 선거권과 피선거권, 사업 참여권, 건의권, 기타 권익을 옹호 받을 권리를 가지게 되며, 이러한 권리를 갖기 위해 지켜야 할 의무사항으로는 정기적 회비납부, 정관 및 각종 규정, 의결사항에 대한 준수 등입니다.

주요 추진 사안으로는 회세 확대와 회원중심의 운영을 우선하고 있으며, 교육현장정책의 주도와 경쟁력 강화에 힘쓰고, 교권 보호, 교육정보에 대한 서비스제공 확대, 그리고 단체의 이미지 개선과 인지도 혁신을 중점 과제로 삼고 있습니다. 또한 평교사의 참여를 확대하기 위해 대의원회의 총원을 비례대표제로 선출하여 젊은 교사들의 참여의식을 확대하는데 힘쓰고 있으며, 1991년부터 '한국교육신문'을 발행하고 있고, 교원지위 향상을 위한 특별법을 제정하는 등 교원의 지위와 전문성을 키우는데 노력을 기울이고 있습니다.

4-2-2. 전국교직원노동조합

전국교직원노동조합의 설립목적은 교육노동자로서의 선언 및 강령의 정신에 입각하여 교육노동자로서의 기본 권익을 적극 옹호하고 민주교육의 발전에 기여하기 위함이며, 그 성격으로는 노동조합의 성격을 띄고 있습니다.

즉, 교직을 하나의 노동직으로 보고 이를 위해 노동3권(단결권, 단체교섭권, 단체행동권)의 완전보장 등 교육관계법의 개정을 통한 교직원의 민주적 제 권리 확보 사업에 힘쓰고 있고, 노동운동단체와의 제휴 및 노동운동의 국제적 연대활동에 관한 각종 사업을 추진하고 있습니다.

전국교직원노동조합의 강령은 다음과 같습니다.

- 우리는 교육의 자주성, 전문성 확립과 교육민주화 실현을 위해 굳게 단결한다.
- 우리는 교직원의 사회·경제적 지위 향상과 민주적 권리의 획득 및 교육여건 개선에 모든 노력을 기울인다.
- 우리는 학생들이 민주시민으로서 자주적 삶을 누릴 수 있도록 민족·민주·인간화 교육에 앞장선다.
- 우리는 자유, 평화, 민주주의를 사랑하는 국내 여러 단체 및 세계교원단체와 연대한다.

위 강령 네 개에서 '민주'라는 용어가 빠짐없이 등장하고 있네요.

이 강령과 관련하여 박완식(2008, p. 27)은 "전국교직원노동조합의 강령에서 발견되는 특이사항으로는 목적과 설립취지에서 볼 수 없는 전문성 확립에 대한 얘기를 하고 있다. 이는 교원이 노동직이기에 앞서 전문직이어야 함을 부정할 수 없었던 것으로 보인다."고 지적하고 있습니다.

가입 자격 조건으로는 한국교원단체총연합회와 크게 다르지 않으나, 유치원 교원도 가입할 수 있다는 점과 사용자를 위해 일하는 자는 조합원이 될 수 없다는 점이 다릅니다. 이는 교직이라는 것이 노동직이라는 관점에 입각하여, 한국교총과는 다른 입장을 취하는 것입니다.

그렇다면 이 단체의 조합원이 됨으로써 얻게 되는 권리와 의무는 무엇일까요? 전국교직원노동조합 조합원의 권리로는 선거권, 피선거권, 발언권, 의결권, 조합 활동에 대한 참여권, 기타 권익을 보호받을 권리로 한국교총과 크게 다르지 않습니다. 의무사항 또한 한국교총과 크게 다르지 않으나, 조합원이 조합의 사업 및 활동에 적극적으로 참여할 것을 규정·명시하고 있습니다.

주요 추진 사안으로는 근로조건의 개선 및 교직원의 사회·경제적 지위 향상, 교육환경 및 교육제도의 개선을 위한 사업 추진, 민족·민주·인간화 교육을 위한 각종 연구 및 실천을 위한 사업을 추진하고 있습니다.

4-2-3. 한국교원노동조합

한국교원노동조합의 설립목적은 조합원 상호 단결을 통하여, '푸른교육'을 구현하고, 교원으로서의 존엄성을 유지하며, 교직의 전문성 확립을 기함으로써, 창조적이고 민주적인 교육문화 창달에 기여하기 위함입니다. 한교조가 말하는 '푸른교육'이란 입시지옥이 아닌 가고 싶은 학교, 교사가 열정을 쏟을 수 있는 학교, 학부모가 믿고 보낼 수 있는 학교가 되기 위한 교육을 말합니다.

선언문과 강령에 "교원의 노동기본권 보장과 교육환경개선 및 푸른교육의 실천을 위하여 힘차게 매진할 것이다(선언문).", "우리는 교원의 노동기본권 보장을 통하여 교원의 정치, 경제, 사회적 지위를 향상시킨다(강령)."라고 명시하고 있는데, 이는 단체명에도 나타나 있듯이 노동조합으로서의 성격을 띠고 있음을 의미하고 있습니다.

한국교원노동조합의 강령은 다음과 같습니다.

- 우리는 푸른교육을 실천함으로써 민주적이고 창의적인 2세 교육에 매진해 나아간다.
- 우리는 조합의 민주적 운영을 확립하고 교원운동의 자주성을 견지한다.
- 우리는 교원운동의 생명인 조직의 단결과 통일을 위해 매진한다.
- 우리는 교원의 노동기본권 보장을 통하여 교원의 정치, 경제. 사회적 지위를 향상시킨다.
- 우리는 교원의 전문성 제고와 교권 수호를 위해 매진한다.
- 우리는 학교운영의 민주화와 교육여건 개선을 위해 노력한다.
- 우리는 반교육적 사회병폐를 타파하고 올바른 교육환경 조성에 기여한다.
- 우리는 헌법에 보장된 국민의 교육받을 권리를 보호하고 교육기회의 균등화를 위해 노력한다.
- 우리는 겨레의 소원인 평화적이고 민주적인 통일을 위해 노력한다.
- 우리는 국내·외의 모든 교원단체 및 민주세력과 연대를 강화하고 세계평화에 기여한다.

가입 자격 조건으로는 전교조와 대동소이하나 조합의 심의에 의해 심사 결정한다는 점이 다릅니다.

한국교원노동조합 조합원의 권리 중 일반적인 사항은 전교조와 대동소이하나, 징계처분에 대한 재심을 청구할 수 있다는 점, 각종 회의 결정 사항 및 업무에 대해 공개, 열람을 요구할 수 있다는 점이 다릅니다. 의무사항에 대해선 전반적으로 전교조와 비슷한 모습을 보이고 있습니다.

주요추진 사안으로는 '푸른교육'이라는 기치 하에, 교육의 노동기본권 신장과 임금·근로조건·후생복지 등 경제적 사회적 지위향상을 위해 매진하며, 학교교육의 민주화, 교원의 전문성 제고 및 교육 발전에 관한 사항, 교육의 정치적 중립성 확립을 위한 사업 등에 노력하고 있습니다.

교원단체를 제시하고 각각의 특징을 분석하십시오.

4-3. 교사 - 관리자(교감·교장)

교사는 학교 내에서 앞서 살펴본 교사 자신, 동료교사, 그리고 본 절에서 살펴보게 될 관리자와 관계를 맺게 됩니다. 교사 자신, 동료교사 간 관계도 중요하나 그에 못지않게 관리자와 맺는 관계 또한 중요합니다. 관리자는 학교 내의 모든 것을 총괄하고 있고 그러한 관리자와의 관계는 교직 생활을 해 나감에 있어 일정한 의미를 줄 수 있기 때문이죠. 따라서 본 절에서는 관리자의 입장에서 원하는 교사의 모습은 어떠하며, 그와 반대로 평교사의 입장에서 원하는 관리자의 모습은 어떠한지에 대해 부산 모 중학교 L 교장 선생님과의 인터뷰와 부산 모 중학교 L 선생님과의 인터뷰 내용을 통해 살펴보도록 하겠습니다.

4-3-1. 관리자가 원하는 교사의 모습

Q. 관리자 측면에서 바라는 평교사의 모습은 어떤 것인가요?
A. 음...여러 가지가 있겠습니다만, 일단 첫째는 편견이 없어야 한다고 생각합니다. 우리가 사람을 처음 대할 때 30초안에 그 사람이 어떻다하는 걸 판단하는 경우가 있는데 그걸 잘못 판단하면 큰 시행착오를 겪게 됩니다. 학생을 있는 그대로 받아들이지 못하

는 경우가 생기는 거죠. 만약에 어떤 학생이 생활기록부상에 문제를 일으켰다고 하면 부정적으로 받아들이는 경향이 많습니다. 만약 공부를 잘한다. 혹은 학생 어머니가 학부모 회장이다 운영회장이다 할 때는 긍정적으로 생각할 수 있죠. 그런 것들이 잘못 됐다는 것이에요. 교사는 편견 없이 학생들을 바라볼 줄 알아야 합니다.
두 번째로, 칭찬과 꾸지람을 서로 조화 있게 해주는 교사. 오른손으론 벌주고 왼손으로 안아주라는 속담이 있지 않습니까? 그것처럼 칭찬과 꾸지람의 적절한 조화가 이루어져야하고 꾸지람을 할 때도 왜 꾸지람을 하는지 체벌의 내용을 인식 시켜줘야 하지 단순히 감정적으로 행동해서는 안 된다는 것이에요. 요즈음 무분별한 체벌로 인해 말들이 많은데 그것은 교사 자신을 폄하시키는 행동들이죠.
Q. 그렇군요. 교사가 학생들을 지도하는 측면에 있어 그들을 편견 없이 바라보고 잘했을 때는 아낌없는 칭찬과 체벌이 필요한 경우에는 정도에 맞는 체벌을 통해 교직의 권위를 지킬 줄 알아야 한다는 것인가요?
A. 그렇죠.

Q. 그렇다면 생활지도를 제외하고, 평교사와의 직접적인 관계에 있어 바라는 점은 무엇을 들 수 있을까요?
A. 음...관계적인 측면에 있어선 서로가 원만해야 한다는 겁니다. 동료 간의 인간관계, 학부모들 간의 인간관계, 학생들 간의 인간관계가 있을 것인데 그런 관계가 모두 원만해야 한다는 겁니다. 다르게 말한다면 서로 간에 믿음과 신뢰가 있어야 된다는 겁니다. 교사들은 관리자와의 관계에 앞서 학생들과의 관계가 더 중요 합니다, 만약 학생들이 교무실에 와서 선생님한테 뭘 물어볼 때 하던 일을 멈추고 학생의 말을 귀담아 들어주는 자세가 필요하다는 거죠. 그래야 학생들 또한 선생님을 존중하게 되고 서로 인정하게 된다는 거죠. 학생들이 믿고 따라올 수 있도록 신뢰관계를 형성해주는 것이 교사의 역할입니다. 관리자도 마찬가지입니다. 선생님들과의 관계에서 교장이 무엇인가를 시행할 때에도 교사들이 나를 신뢰해주지 않으면 이루어지지 않거든요. 사회적으로 이슈되거나 시행해야 하는 정책들이 있으면 선생님들을 이해시키고 설득시켜서 차츰 이루어 나가야 하는 거지 권위적으로 힘을 내세워서 이루려고 하면 오히려 역효과를 불러오게 되거든요. 서로 간에 신뢰 관계 속에서 감사하는 마음과 존경하는 마음도 생기는 거거든요.
Q. 그러면 관리자 입장에서 무조건적으로 원하는 것이 아니라 관리자가 먼저 교사들을 신뢰하고 배려해줌으르서 교사들이 관리자를 신뢰할 수 있도록 하는 것이 올바르다는 말씀인가요?
A. 그런 분위기가 좋은 분위기인거죠. 우리가 비단 관리자와 교사와의 관계에서 뿐만 아니라 학생들과의 관계에서도 그렇다는 거죠.

Q. 요즘 관리자와 평교사간의 관계가 좋지 못해서 이슈화 되는 사건들이 있는데요. 가령 관리자가 평교사를 홀대하거나 혹은 반대의 경우로 인해 이슈화 되는 일들이 있는데요. 그것은 어떠한 문제가 있어서 발생하는 것일까요?

A. 그러한 문제는 인성적인 측면으로 접근해야 하지 않나 생각해요. 정책적인 문제를 가지고 논할 때는 다르지만, 학교 내에서 동료 간, 혹은 관리자와의 관계 속에서 폭력적인 일들이 발생하는 것은 인성적인 측면에서 접근해야 한다고 생각해요. 그러한 일들은 관계가 원만하지 않았기 때문에 발생하는 것인데, 그러한 문제를 해결하기 위해선 대화와 소통을 통한 인간적인 관계가 중요하다고 생각합니다. 우리가 오해한다는 것이 대화 부족 속에서 오는 일들이 많거든요. 어떠한 일에도 결과가 있지만 그 결과가 나타난 원인이 있을 것이거든요. 그 원인을 대화로서 풀어내는 것이 중요하다고 생각합니다.
Q. 그렇다면 교장선생님께서는 일반적으로 신뢰를 형성하기 위한 대화와 소통이 중요하다는 것인가요? 즉, 대화를 할 자세가 갖춰져 있는 교사를 원하시는 건가요?
A. 그렇다고 할 수 있죠. 그래서 우리 학교에서는 많은 자문회의들을 통해서 의견을 수렴하고 수렴된 의견을 교사들에게 전하고 거기서 또 나오는 의견들을 최대한으로 수렴하고 있어요. 그렇게 해야 문제가 가장 적고, 만약 관리자 마음대로 시행하게 되면 결국 브레이크 걸리거든요. 그래서 참모회의를 하고 참모들이 각부에 가서 회의를 또 하고 그러한 내용들을 다시 전달하고. 그런 식으로 하면 큰 문제가 일어나지 않거든요.
Q. 단순히 내 말을 들어주기 보다는 함께 의견을 나누고 소통함으로써 행하는 것이 옳다는 말씀이죠?
A. 그게 가장 현명한 방법이죠. 지금은 예전에 비해 많이 오픈 되어있지만 그 오픈되어 있는 상황 속에서 많이 나눠야 더 좋은 정책들이 나올 수 있는 거죠. 만약 관리자가 원하는 정책이 A인데 그 A를 바로 시행하는 것이 아니라 의견타진을 통해서 서로의 이해를 통해서 행해야 한다는 거죠. 무조건 밀어붙이면 안 되는 거죠. 그렇게 해야 서로 간에 문제가 없고.

Q. 지금까지의 내용을 종합해 본다면 단순히 관리자로서 평교사에게 "내 의견을 내세우고, 내 의견을 따라주는 교사가 좋은 교사이다" 라기 보다는 그들을 배려하고 이해하게 된다면 자연히 인간적인 관계가 형성되고 학교를 운영해 나감에 있어서 좋은 방향으로 이끌 수 있다는 것인가요?
A. 그렇게 운영을 해 나가야 만이 학생들을 지도함에 있어서도 좋은 결과를 얻을 수 있다는 거죠. 만약 관리자와 평교사간에 문제가 있다면 그 악영향은 결국 학생들한테 돌아가게 되는 것이거든요. 선생님들이 편하고 즐겁게 교육할 수 있는 환경을 조성해주는 것이 교장의 역할이에요. 그러니깐 선생님들이 어떻게 학생지도를 위해서 공부할 수 있는가를 관리자가 생각해야하는 거지. 교사들에게 먼저 "이렇게 해라. 저렇게 해라." 하는 것이 아니거든요.
Q. 아...교사한테 먼저 원하기보다 그렇게 할 수 있도록 만들어주는 것이 중요하다는 거군요.
A. 그렇죠.

Q. 그 외에 교사에게 바라는 점이라던가 전하고 싶은 말씀을 부탁드립니다.
A. 교사들이 잡무가 많다라고 생각하는 경우들이 있을 텐데, 교사들의 업무가 적지 않

다는 건 저도 알고 있습니다. 하지만 교직이라는 것은 매우 중요한 위치에 있습니다. 기본적으로 생활지도와 학습지도가 있고 공문처리 같은 것들이 행정적으로 더해지는데..요즘 교사들이 잡무로 생각하는 내용에는 조·종례 하는 것조차 잡무로 생각하는 경우가 있다고 합니다. 그러면 자기 자신이 피곤해 집니다. 교사가 기본적으로 책임져야 할 것은 학습지도와 생활지도 이지만 공직자로서 수행해야 할 다른 업무도 존재하는 것이 사실입니다. 물론 재정적인 지원 등이 원활하게 이루어져서 그런 일들을 해줄 수 있는 행정직들이 고용된다면 가장 좋겠지만 현실이 그렇지 못하니, 주어지는 일들에 대해 책임감을 갖는 자세가 필요하다고 생각합니다. 그러기 위해선 투철한 교육관이 필요한 것이겠죠.

Q. 그렇다면 만약, 채용권한이 관리자에게 있다면, 수업지도 능력이 뛰어난 교사와 인성적인 측면에서 갖춰진 교사가 있다면 어떤 교사를 임용하시겠습니까?
A. 저는 인성적인 측면을 갖춘 교사를 임용하겠습니다. 수업기법은 성장의 여지가 많지만 이 인성이라는 것은 변하기가 힘들거든요. 동료 간에도 마주치면 서로 인사하는 교사, 그렇지 못한 교사들도 많거든요. 학생들이랑 마주칠 때도 그렇고요. 그러니깐 우리가 가르치는 것도 중요하지만 생활지도도 매우 중요한데, 이 생활지도 측면에 있어서 인성적으로 올바른 교사가 필요한 거죠.

Q. 지금까지 좋은 말씀 감사합니다.

위의 인터뷰 내용을 바탕으로 할 때, 교장선생님은 관리자의 위치라고 하여 무조건적으로 자신을 따라주는 교사를 원하기보다, 관리자로서 자신의 역할을 다할 때 교사 또한 자신을 믿고 따라줄 것이며, 교사들 또한 학생들에게 그런 모습을 보일 때 학교교육의 올바른 모습이 실현될 수 있다고 얘기하고 있습니다.

위 인터뷰 내용만으로 관리자가 원하는 평교사의 모습을 모두 대변할 수는 없겠으나, 위 내용을 통해 우리는 올바른 교사의 모습에 대해서 다음과 같이 정리해 볼 수 있습니다.

① 학생지도 측면에서, 편견 없이 학생들을 바라볼 수 있는 교사
② 학생지도 측면에서, 칭찬과 체벌을 균형있고, 올바르게 사용할 수 있는 교사
③ 관계적인 측면에서 원만한 교사. 즉, 신뢰관계 형성의 기초인 대화할 준비가 되어 있는 교사
④ 교직에 대한 투철한 교육관을 지닌 교사
⑤ 학습지도 또한 중요하나 먼저 인성적으로 올바른 교사

4-3-2. 교사가 원하는 관리자의 모습

Q. 평교사 입장에서 바라는 관리자(교장·교감)의 모습은 어떤 것인가요?
A. 관리자는 학교공동체라는 테두리에서 지적부문과 인성적 부문에서 고루 겸비한 사람이면 좋겠죠. 하지만 학교현장에서 대다수의 관리자는 전통적인 관료주의적인 태도를 벗어나지 못하고 있는 게 현실이죠. 특히 교육과정이 개정되면서부터 학교장에게 자율권을 많이 부여하고 있는 즈음, 관리자의 독주, 독재, 심지어 교사에 대한 독설까지 겸비하고 있는 학교장이 있습니다. 이러한 상황에서 교사가 관리자에 바라고자 하는 상은 인간적이고 덕을 겸비한 사람을 우선적으로 기대하고 있습니다. 학교장 공모제 시행은 어떤 면에서는 교장의 인성적인 면을 고려할 수 있어 교사의 입장에서는 환영하는 분위기라고 할 수 있죠. 이웃의 어느 교장은 마치 학교가 자신의 학교인 것처럼 착각하는 경우도 있다고 합니다. 교무실의 선생님과 전혀 협의체제가 구성되지 못하고 교장의 특권을 누린다고 할 수 있으며, 당연히 학교의 분위기는 나쁠 수밖에 없겠죠. 학교라는 공동체는 한 사람의 힘으로 구성되어 발전되어 진다고는 할 수 없습니다. 그런데 업무처리를 원활하게 하기 위해 인사위원회라는 제도를 두어 협의체제를 갖춘다고 하지만 결국은 관리자의 권한으로 업무가 추진됨으로써 인사위원협의제도가 있다고는 하나 실효성을 찾아보기가 어렵고 결국은 학교장의 권한으로 업무가 결정되는 경우가 많은 게 현실이죠.
Q. 아... 지성과 인성을 고루 갖춘, 독선이 아닌 협의체제하에서 공동체의 모습을 실현할 수 있는 관리자를 원한다는 말씀이신가요?
A. 네. 관리자라는 위치에서 자신의 의사만을 독단적으로 내세우고 행동하는 것이 아니라 교사들을 배려하고 교사의 말에 귀를 기울여 학교라는 체제가 잘 이루어질 수 있도록 이끌어주는 것이 관리자의 모습이 아닐까요.

Q. 교사에겐 많은 업무가 주어지고 있고 그러한 많은 업무를 수행함에 있어 많은 어려움을 겪고 있다고 하는데, 업무적인 측면에서 원하는 관리자의 모습은 무엇인가요?
A. 교사는 학생들의 교과지도, 생활지도, 진로지도와 더불어 업무에도 시달리는 경우가 다반사입니다. 이러한 차원에서 볼 때 관리자라면 융통성을 가지고 교사와 학생들의 복지정책과 쾌적한 환경을 조성할 수 있는 능력을 겸비할 수 있어야 한다고 생각해요.
Q. 구체적인 예를 들자면 어떤 것이 있을까요?
A. 음..예를 들자면 교사에게 주어지는 업무라는 것이 기본적으로 가르치는 일이 있지만 그 외에 많은 업무들이 주어지고 있어요. 그러한 상황에서 만약 관리자가 교사들의 상황을 고려치 않고 다른 많은 요구사항들을 무분별하게 요구한다면 교사들은 가르치는 일에 소홀해질 수밖에 없는 거죠. 이것은 교육의 수혜자가 되어야 할 학생들에게도 큰 피해를 주는 것이구요. 그렇기에 관리자는 이러한 상황들을 고려해서 융통성을 발휘하고 더 나은 환경을 제공할 수 있는 노력을 해야 한다는 거죠.

Q. 위의 사항들 외에 관리자에 대해 바라는 점이라던가, 전하고 싶은 말씀을 부탁드립니다.
A. 관리자는 솔선수범하는 자세와 교사를 대변하고 배려해 줄 수 있는 마인드를 갖출 필요가 있다고 봐요. 특히, 교원평가제도가 도입되면서 학교장은 자신에 대한 인기술로 나가는 경우가 많아졌어요. 학부모와 학생들에 대한 필요 이상의 배려, 때로는 교사들에 대해서도 그런 경우가 있어요. 자신의 자리만 고수하기 위해서요. 공교육이 무너진다는 차원에서 교사의 역할은 갈수록 많아지고 있는 반면, 교사들은 힘없이 무너지고 있는 상황에서 학부모들은 앞뒤 판단 없이 막무가내로 교사를 상대로 권한을 행세하는 경우가 간혹 있어요. 곤혹을 치르는 것은 교사이고, 학교장은 역시 자리만 고수할 뿐이죠.
Q. 아..고사의 관리자로서, 교육 현장의 관리자로서, 교육할 의무를 다하고 있는 교사에 대해 힘이 되어 줄 수 있는 마인드가 필요하다는 말씀인가요?
A. 네. 도한, 관리자는 열심히 하는 교사에 대해 격려와 지원을 해 줄 수 있는 마인드가 되어져 있어야 해요. 열심히 하는 교사는 오히려 배제시키고, 학교장이라는 권한을 남용하는 경우가 있어요. 얼마 전에 만난 남학교의 어느 관리자분은 교사들이 어려워하는 부분이 두엇인지, 교사들이 자신의 직무를 수행하기 위해 어떠한 환경을 필요로 하는지 모른다는 것은 관리자로서 부끄러운 일이라고 얘기하셨어요. 이처럼 오로지 승진만을 위해 점수관리를 하기보다는 관리자가 되었을 때 학교교육방향을 어떻게 정하고 운영해야 할 것인가에 대한 관리자의 정체성이 필요하다고 생각해요.

Q. 지금까지 좋은 말씀 감사합니다.

위 인터뷰 내용만으로 평교사가 원하는 관리자의 모습을 모두 대변할 수는 없겠으나, 위 내용을 통해 우리는 올바른 관리자의 모습에 대해서 다음과 같이 정리해 볼 수 있습니다.

① 지성과 인성의 올바른 조화를 갖춘 관리자
② 협의체제하에서 교사의 의견에 관심을 갖는 관리자
③ 융통성을 발휘하고 교사와 학생 모두를 위한 복지정책에 힘쓰는 관리자
④ 솔선수범하며, 교사를 대변하고 배려하는 관리자
⑤ 교사를 진심으로 격려하는 관리자

생각시루에 물주기

<교사 - 교사> 상호작용에서

☺ 근무평정에서 한 교사는 무엇 무엇을, 누구로부터 평가받나요?
☺ 교원근무평정제도의 장단점을 분석해 보세요.
☺ 동료교원평가에서, 한 교사는 누구, 누구로부터 평가받습니까?
☺ 동료교원평가에서, 한 교사는 무엇, 무엇을 평가받습니까?
☺ 교장·교감능력개발평가에서 한 교사는 무엇, 무엇을 평가합니까?
☺ 교원능력개발평가제의 장단점을 분석해 보세요.
☺ 교사가 되면, 몇 단계의 성과급을 받겠는지 그 이유와 함께 말해보세요.
☺ 교원성과급제도의 장단점을 분석해 보세요.
☺ 수석교사의 자격과 임무 및 어드벤티지를 설명해 보세요.
☺ 수석교사제의 장단점을 분석해 보세요.
☺ 교장공모제의 장단점을 분석해 보세요.
☺ 교직에 대한 사회적 신뢰 저하의 원인을 분석해 보세요.
☺ 교직에 대한 사회적 신뢰 저하를 회복할 수 있는 방안을 제시해 보세요.
☺ 교사의 업무과중을 경감시킬 수 있는 방안을 제시해 보세요.
☺ 교사의 교직발달 3단계와 각 단계의 특징을 설명해 보세요.
☺ 교사의 학습지도방법 3단계와 각 단계의 특징을 설명해 보세요.
☺ 교원의 사회적 지위를 향상시킬 수 있는 방안을 제시해 보세요.
☺ 교원의 경제적 지위를 향상시킬 수 있는 방안을 제시해 보세요.
☺ 교원의 사회적 공헌도를 향상시킬 수 있는 방안을 제시해 보세요.
☺ 교원단체를 제시하고, 각각의 특징을 분석해 보세요.
☺ 교직관의 세 유형을 제시하고, 각각의 특징을 설명해 보세요.
☺ 교직이 전문직임을 타당하게 주장해 보세요.
☺ 관리자가 바라는 교사상을 설명해 보세요.
☺ 교사가 바라는 관리자상을 설명해 보세요.

참고문헌

경기도교육청(2009.12.31a). 「**교육공무원승진규정」에 따른 평정업무 처리요령**(**중등**).

경기도교육청(2009.12.31b). **중등 교육공무원 근무성적 평정 시 유의사항**.

경기도교육청(2010a). 2010 **교육공무원 성과상여금 지급 지침**.

경기도교육청(2010b). **수석교사 시범운영 기본계획**.

경기도남지중학교(2010). **남지중학교 교원성과상여금 시행 계획**.

경상남도교육청(2008.09.11). 08**년 교육공무원 성과상여금 지급 지침**

곽영우 외(1997). **예비교원을 위한 교사론**. 한국교원단체총연합회 편, 교육과학사.

교육과학기술부 보도자료(2010.1.19). **수석교사 시범운영 주요내용**.

교육과학기술부 보도자료(2010.7.6). **전북교육청 교원능력개발평가 실시 거부에 대한 입장**.

교육과학기술부(2008.12). 2009**학년도 수석교사 시범운영 기본계획**.

교육과학기술부(2008.8.28). '08**년 교육공무원 성과상여금 지급 지침**.

교육부(2008). **교육법전**.

김종철 외(1987). **교사론**. 교육과학사.

마정구(2008). **중등교원의 수석교사제 도입에 대한 인식연구**. 공주대학교 교육대학원 교육행정전공, 석사학위논문.

박완식(2008). **우리나라 교원단체의 조직정체성에 관한 연구**. 한국교원대학교 교육대학원 교육행정전공, 석사학위논문.

부산광역시교육청(2010). **교원능력개발평가 표준매뉴얼**.

송홍근(2000). **신임교사의 교직 적응에 관한 연구**. 전북대학교 교육대학원 교육행정전공 석사학위논문.

심상보(2003). **신임교사의 교직적응을 위한 학교중심 현직연수에 관한 연구**. 한신대학교 교육대학원 교육행정전공, 석사학위논문.

유홍준 외(2010). 한국 교원의 사회·경제적 지위에 대한 교육관련 주체들의 인식 : 현황,

변화 및 결정요인. **한국교육,** 제37권 제1호.
이칭찬, 주상덕(2010). **교직실무이론**. 동문사.
전국교직원노동조합(2007). **교원평가 기자간담회 정책자료**.
정우현(1992). **교사론**. 배영사.
정일환·권상혁(1993). **교사론**. 교육출판사.
조영진(2005). **초임교사의 교직생활 적응을 위한 현직연수 프로그램 개선방안 연구**. 서울교육대학교 교육대학원 초등교육행정 전공, 석사학위논문.
한국교육신문(2010.4.19). **'교장공모 50% 확대' 교원 82% 반대**.

김윤정(2004). 교사 발달 단계 관점에서의 교육인사행정. **(구)삼척대학교 교육행정 까페**.
http://cafe.naver.com/govn.cafe?iframe_url=/ArticleRead.nhn%3Farticleid=118
임용태(2008.11.11). 교원근무성적평정, 잣대는 없고 비밀만 있다. 1318**교육신문·뉴스**.
http://www.1318news.com/news/service/article/mess_01.asp?P_Index=395&flag=
성문규(2008.6.22). 교육단체, 초빙형 교장공모제 반발. YTN.
http://search.ytn.co.kr/ytn_2008/view.php?s_mcd=0103&key=200806221112135711&q=%C3%CA%BA%F9%C7%FC+%B1%B3%C0%E5%B0%F8%B8%F0%C1%A6+%B9%DD%B9%DF
신비로운 그녀 블로그(2006). **교장초빙 공모제를 중심으로 본 행정사례 연구**.
http://blog.naver.com/jjan009?Redirect=Log&logNo=100025271398
이종규(2009.05.15). 교원 절반 이상 '최근 1-2년새 만족도 떨어져. **한겨레**.
http://www.hani.co.kr/arti/society/schooling/355060.html
전국교직원노동조합. http://www.eduhope.net
차등성과급 전액 반납교사 모임. http://www.chamtec.kr
최순영(2005.11.17). **'교장선출 보직제와 학교자체 입법발의'에 관한 기자회견** 내용.
http://www.eduhope.net/commune/view.php?board=eduhope-4&id=2971&page=175
한국교원노동조합. http://www.kute.or.kr
한국교원단체총연합회. http://www.kfta.or.kr

제5장

교사와 사회 · 문화의 상호작용

제 5장에서는 교사와 사회·문화의 상호작용에 관해, '교사의 직무와 권리' 및 '교육과학기술부의 정책'으로 나누어 살펴봅니다. 이 외에도 생각할 수 있는 분야로는 '사회·문화 속에서의 교사 신뢰도', '학교와 학원의 관계', '학교와 대학입시준비와의 관계', '가정교육' 등을 들 수 있는데, 본 장에서는 다루지 않습니다.

〈핵심 내용〉

첫째, 교사가 사회 · 문화와 상호작용하는 상황을 분석할 수 있고,
둘째, 이 상황에서 바람직한 교사의 능력을 갖출 수 있으며,
셋째, 결국, 이러한 능력을 갖춰 교사의 전문성을 함양할 수 있다.

5-1. 교사의 의무와 권리

교사는 한 시민으로서의 의무와 권리 외에, 교직을 수행하는데 수반되는 의무와 권리를 지니게 됩니다.

교사가 교직과 관련된 여러 직무들을 동시에 효율적으로 수행하는 것이 벅찬 것도 사실입니다. 그렇기 때문에 효율적 직무 수행을 위해 교사에게는 이와 관련된 권리들 또한 보장되고 있습니다. 본 절에서는 교사의 의무와 이의 효율적 수행을 위해 보장되는 교사의 권리에 대해 알아보겠습니다(이칭찬·주상덕, 2010, pp. 269-299; 기순신, 2001, pp.

299-319).

5-1-1. 교사의 의무

교사의 벌률적 의무는 법률상으로 주어진 일을 적극적으로 행해야하는 의무와 해서는 아니되는 소극적 의무로 나눌 수 있습니다.

적극적 의무는
첫째, 선서·성실·복종의 의무
둘째, 교육 및 연구 활동의 의무
셋째, 교원으로서의 품위 유지 의무
넷째, 비길 엄수의 의무
다섯째, 친절·공정·청렴의 의무
여섯째, 주어진 책무를 성실히 수행해야하는 의무 등이고,

소극적 의무는
첫째, 정치활동 금지
둘째, 집단행위 제한
셋째, 영리 업무 금지 등입니다.

이칭찬·주상덕(pp. 298-299)은 교사의 법규적 직무를 학생교육 및 관리, 전문성 신장, 복무, 대외관계로 구분하여 다음과 같이 제시하고 있습니다.

<표 5-1> 고사의 법규적 직무

영역	하위영역	내용	관련 근거
학생교육 및 관리	교육과정 및 수업	• 교사는 법령에 정하는 바에 따라 학생을 교육한다. • 교육과정을 운영하며, 방송 프로그램, 정보통신 매체, 교외 체험학습 등을 활용하여 학생에게 수업할 수 있다.	• 초·중등교육법 및 동법시행령
	학생평가	• 학생의 학업 성취도 및 인성 등을 종합적으로 관찰·	• 초·중등교육법,

영역	하위영역	내용	관련 근거
		평가하여 학생지도 및 상급학교의 학생 선발에 활용할 수 있는 자료를 작성·관리 한다.	사립학교법시행령
	학생생활 지도	• 학생의 인격이 존중되는 교육적 방법으로, 훈육과 훈계 등의 방법으로 지도할 수 있다.	• 초·중등교육법 및 동법시행령
	학생 자치활동 지도	• 학생의 자치활동을 권장·보호하기 위하여 필요한 사항을 지원해야 한다.	• 초·중등교육법 시행령
	건강증진 지도	• 학생의 체위향상, 영양관리, 질병의 치료와 예방 등을 위한 필요한 지도를 해야 하며, 체력향상 도모하기 위하여 신체검사를 실시한다.	• 학교보건법 • 학교 신체검사 규칙
전문성 신장	자질함양	• 교원은 교육자로서 갖추어야 할 품성과 자질을 향상시키기 위하여 노력해야 한다.	• 교육기본법
	연구개발	• 교육공무원은 그 직책을 수행하기 위하여 연구와 수양에 노력해야 한다.	• 교육공무원법
	연수	• 교원은 수업에 지장이 없는 한 소속기관장의 승인을 얻어 연수기관 또는 근무 장소 이외의 시설/장소에서 연수할 수 있다.	
복무	이행의무	• 공무원은 성실, 복종, 친절·공정, 비밀엄수, 청렴, 품위유지의 의무 등을 수행해야 한다.	• 국가공무원법
	금지의무	• 직장이탈 금지, 정치운동 금지, 영리업무 및 겸직 금지, 집단행위 금지의 의무 등을 수행해야 한다.	
대외관계	전문/교원 단체 참여	• 교원은 상호 협동하여 교육의 진흥과 문화의 창달에 노력하며, 교원의 경제적·사회적 지위를 향상시키기 위하여 각 지방자치단체 및 중앙에 교원단체를 조직할 수 있다.	• 교육기본법

위 표의 내용항목에서 알 수 있듯이, 교사로서의 직무는 법으로 규정되어 있습니다. 즉, 직무 중에 이 규정을 위반하면 그에 상응하는 처벌이 뒤따르는 것이겠죠.

위 전문성신장 영역의 자질함양에서처럼 예비교사로서, 교육자로서 갖추어야 할 품성과 자질을 향상시키기 위하여 노력하고 있겠고, 대외관계 영역에서처럼 상호 협동하여 교육의 진흥과 문화의 창달에도 노력하고 있겠죠?

예비교사로서 교직을 수행하는데 따르는 법률적 의무를 알고, 이를 지킬 수 있어야 하겠습니다.

5-1-2. 교사의 권리

5-1-2-1. 교사의 적극적 권리

교사의 적극적 권리는 교사가 교육이라는 전문적 활동을 수행하는 데 필요한 권리로서 교육자유권, 생활보장권, 근무조건의 개선, 복지후생제도의 확충 등을 포함하고 있습니다.

첫째, 교육자유권이란 교직이 전문직으로서의 직능 발휘 및 업무 수행을 하기 위해서는 고도의 자율성이 필요함을 말하는 것으로, 여기에서의 자율성이란 교육 전문가들에게는 교수와 학문 연구에 있어서의 자유를 누리도록 해야 함을 말합니다(기순신, p. 302).

그렇다면 이러한 자율성은 어떻게 보장되고 있을까요? 헌법 제31조 4항을 살펴보면 "교육의 자주성·전문성·정치적 중립성 및 대학의 자율성은 법률이 정하는 바에 의하여 보장된다."라고 명시되어 있습니다. 이는 교육 현장에서 교사가 학생들을 교육 목적에 부합하는 인간으로 형성할 수 있도록 하기 위해, 그 활동에 대한 자율성을 보장해야 한다는 의미입니다. 자율성에 대한 세부 사항으로는 교육과정 편성권, 교육방법의 결정권과 징계권, 교재의 채택 및 선정권 등이 있습니다(이칭찬·주상덕, p. 279).

둘째, 생활보장권이란 교사가 안정된 생활 기반 위에서 가르치는 일에 전념할 수 있도록 하기 위한 것입니다(기순신, p. 303). 즉, 교사 자신이 안정된 생활 기반이 보장 되어야 가르치는 일에 전념할 수 있게 되고, 이는 교육의 성공을 위해 중요한 요소라는 것이기에 교사에 대한 생활보장권이 필요하다는 것입니다.

이러한 생활보장권은 교육기본법 제14조 1항과 제27조 1항에서 각각 "교원의 경제적·사회적 지위는 우대되고 그 신분은 보장받는다.", "국가와 지방자치단체는 학생과 교직원의 건강 및 복지를 증진하기 위하여 필요한 시책을 수립·실시하여야 한다."라고 명시하고 있으며, 또한 교육공무원법 제34조 1항에서 "교육공무원의 보수는 우대되어야 한다."라고 명시하여 교사에 대한 생활보장권을 보장토록하고 있습니다.

셋째, 근무조건의 개선에 관한 권리입니다. 이는 교사가 본연의 임무인 교육활동에 전념하고 봉사할 수 있도록 보장받아야 할 권리를 말합니다. 즉 근무조건 환경을 정비하고 제약조건들을 완화하는 것을 말합니다. 이에는 과밀 학급, 낙후된 시설, 잡무 과다, 과중한 수업 부담 등의 해소를 들 수 있습니다. 근무조건 개선에 관한 권리가 중요한 이유는 교육의 효능성과 능률성을 위해서 필요한 내용이기 때문입니다(이칭찬·주상덕, p.

279-280).

넷째, 복지후생제도의 확충에 관한 권리입니다. 이는 교사가 가르치는 일에 전념할 수 있도록 교직의 유인구조를 개선하고 각종 부가 혜택을 확충하는 것을 말합니다(기순신, p. 311). 이와 관련 하여 교육기본법 제27조 1항에서 "국가와 지방자치단체는 학생과 교직원의 건강 및 복지를 증진하기 위하여 필요한 시책을 수립·실시하여야 한다."라고 명시하여 보장하고 있습니다.

5-1-2-2. 교사의 소극적 권리

교사의 소극적 권리는 신분보장, 쟁소제기권, 불체포 특권, 교직단체 활동권 등이 있습니다.

첫째, 신분보장에 관한 권리로 이는 법령으로 강력하게 보장 받고 있습니다(기순신, p. 312). 교육기본법 제14조 1항과 "학교교육에서 교원의 전문성은 존중되며, 교원의 경제적·사회적 지위는 우대되고 그 신분은 보장된다.", 교육공무원법 제43조 1항에서 "교권은 존중되어야 하며, 교원은 그 전문적 지위나 신분에 영향을 미치는 부당한 간섭을 받지 아니한다."라고 명시하여 보장하고 있습니다.

이 외에도 본인의 의사에 반한 신분조치를 금지하고 직권휴직, 직권강임, 직권면직, 권고사직, 당연퇴직, 명예퇴직 등은 그들에 대한 신분상 법적 조치의 한계와 처분사유의 설명서 교부와 절차를 명확히 명시하고 있어, 교사의 신분보장을 법으로 보장하고 있습니다

사립학교 교원의 경우 공립학교와 달리 학교 법인 등과 사법상 관계에 있습니다. 그러나 '사립학교법'에서는 사립학교 교원의 복무가 국·공립학교의 교원에 관한 규정을 준용하도록 규정하고 있으며, 신분보장에 있어서도 학급이나 학과의 개폐에 의한 폐직이나 과원인 경우를 제외하고는 '교육공무원법'을 적용하고 있습니다(이칭찬·주상덕, p. 280). 즉, 공·사립 간 교사의 신분상 권리는 차이가 없다고 볼 수 있습니다.

둘째, 쟁소제기권은 교사들이 위법 부당한 처분을 받았을 때 고충처리의 심사청구나 징계와 재심청구와 관련한 권리입니다. 즉, 소청이나 처분사유 설명서 교부권 및 후임자 보충발령의 유예 등 행정상 쟁소제기를 할 수 있는 권익을 최대로 보장하는 것을 말합니다.

현재 교육공무원에 대한 징계 사유는 법령 위반, 직무 태만, 위신 손상 등이 있으며 징계의 종류로는 파면, 정직, 감봉, 근신, 견책 등이 있습니다. 만약 교사가 부당하게 이러한

처분을 받게 되었을 때 교사는 쟁소제기권을 내세울 수 있는 것입니다.

이러한 권리는 교육공무원법 제 49조 1항 "교육공무원은 누구나 인사·조직·처우등 각종 직무조건과 기타 신상문제에 대하여 인사상담이나 고충의 심사를 청구할 수 있으며, 이를 이유로 불이익한 처우나 대우를 받지 아니한다.", 2항 "제 1항의 규정에 의하여 청구를 받은 임용권자 또는 임용제청권자는 이를 고충심사위원회에 부의하여 심사하게 하거나 소속공무원으로 하여금 상담하게 하고, 그 결과에 따라 고충의 해소등 공정한 처리를 위하여 노력하여야 한다."라고 명시하여 보장하고 있습니다.

셋째, 불체포 특권이란 학교 내에서 교사를 함부로 체포할 수 없도록 보장하는 것으로 교사의 신븐상 보장뿐만 아니라 학원의 자율성과 교육 및 연구 활동의 불가침성을 보호하려는데 중요한 의미를 가지는 권리입니다(이칭찬·주상덕, p. 281).

이에 대해 교육공무원법 제 48조와 사립학교법 제 60조에서 "교원은 현행범인인 경우를 제외하고는 소속 학교의 장의 동의 없이 학원 안에서 체포되지 아니한다."라고 명시하여 보장하고 있습니다.

넷째, 교직단체 활동권이란 교원들이 단체를 조직하고 그 적극적인 운영을 통하여 회원들의 상호 유대강화, 호원들의 복지 향상, 회원들의 자질 향상 등의 공동 목표를 추구할 수 있도록 보장하는 것으로 교사의 권리를 확보하고 교사로서의 직업을 효과적으로 수행하기 위한 간체 활동을 하는 것을 말합니다(기순신. p .314).

이에 대허 교육기본법 제15조 1항 "교원은 상호 협동하여 교육의 진흥과 문화의 창달에 노력하며, 교원의 경제적·사회적 지위를 향상시키기 위하여 각 지방자치단체와 중앙에 교원단체를 조직할 수 있다."라고 명시하여 보장하고 있습니다.

그러나 유의해야 할 사항은 단체 활동을 하더라도 교육기본법 제 6조 1항 "교육은 교육 본래의 목적에 따라 그 기능을 다하도록 운영되어야 하며, 정치적·파당적 또는 개인적 편견을 전파하기 위한 방편으로 이용되어서는 아니 된다.", 교육기본법 제 14조 4항 "교원은 특정한 정당이나 정파를 지지하거나 반대하기 위하여 학생을 지도하거나 선동하여서는 아니 된다."라고 명시 되어진 것처럼 정치적 활동을 금해야 합니다.

지금까지 교사에게 주어지는 다양한 권리들에 대해 살펴보았는데요. 이러한 권리들과 관련하여 권리의 올바른 사용에 대해 생각해보도록 하겠습니다. 그 예로 얼마 전 서울특별시교육청에서 실시하겠다고 밝힌 체벌 전면 금지에 대한 SBS의 기사 내용을 소개하겠습니다(SBS:2010.7.19).

“체벌 전면금지” 극약처방. “심각한 교권 침해”

<앵커>
최근 폭력교사 사건을 계기로 서울시교육청이 일선 학교의 체벌을 전면금지하기로 했습니다. 급작스러운 결정에 논란이 뜨거워지고 있는데요.
최우철 기자가 취재했습니다.

<기자>
최근 서울 동작구의 한 초등학교에서 벌어진 교사의 학생 폭행사건.
이른바 ‘오장풍 사건’으로 불린 이 동영상에서 교사의 체벌은 거의 폭행 수준에 이르러 큰 파문을 몰고 왔습니다.

서울교육청은 이 사건을 계기로 체벌에 대한 비난 여론이 비등하자 체벌을 전면 금지하겠다고 선언했습니다.
[김용호/서울교육청 중등교육정책과 : 신체적 정신적으로 그동안 많은 피해를 입었었고, 학생의 인권을 보호하고 교사들의 피해도 최대한 줄이도록 하는데 목적이 있습니다.]
이에 따라 유치원과 초·중·고교에서 사실상 허용됐던 체벌 규정은 오는 2학기부터 전면 폐지됩니다.

하지만 한국교총이 즉각 반발하고 나서면서 다시 논란이 일고 있습니다.
[김동석/한국교총 대변인 : 대안적 마련이 없는 상태에서 일률적 제한을 하게 됐을 때 교사의 교육폭이라든지, 또 교수권 침해, 여타 학생들의 학습권 침해가 우려됩니다.]
일부에서는 학생인권조례를 추진하고 있는 곽노현 서울교육감이 사회적 논의과정 없이 체벌 문제를 손쉽게 해결하려 한다는 비판도 나오고 있습니다.
특히 교육상 체벌이 불가피한 경우를 인정하고 있는 현행 교육법과도 상충됩니다.
따라서 체벌에 대한 진지한 논의를 통해 사회적 공감대를 만드는 게 필요하다는 지적입니다.

이런 사태가 발생한 이유는 무분별하고 그 정도가 매우 심한 체벌 때문입니다. 교사로서의 권리를 보장받기 위해선 무엇보다도 이에 상응하는 의무 지킬 줄 알아야 하며, 그러기 위해선 남용이 아닌 올바른 사용이 선행되어야 하는 것이겠죠.

예비교사로서 교직을 수행하는데 따르는 법률적 권리를 알고, 이를 행사할 수 있어야 하겠습니다.

5-2. 교육과학기술부

교육과학기술부에서 추진하는 정책들이나 사안들은 학교현장에 직접적인 영향을 미치게 되며, 따라서 교사들은 교육과학기술부의 행보에 대해 관심을 가져야 합니다. 본 절에서는 교육과학기술부의 정의와 비전, 최근 추진하는 주요 과제 및 정책들이 무엇인지 살펴봄으로써 교육과학기술부의 추진방향에 대해 교사로서 갖추어야 할 능력이 무엇인지 알아보겠습니다.

5-2-1. 교육과학기술부의 정의와 비전

교사를 희망하는 사람들이라면 한번쯤 들어 봤을 만한 '교육과학기술부'란 어떤 부처이며, 어떤 역할을 하고 있는가에 대해서는 어느 정도 알고 있으리라 생각 됩니다.

과거 교육인적자원부와 과학기술부가 하나의 부처로 통합되어 2008년 2월,

4실 기획조정실, 인재정책실, 과학기술정책실, 학술연구정책실,

5국 평생 직업교육국, 학교지원국, 교육 복지국, 국제 협력국, 원자력국,

13관 정책보좌관, 감사관, 홍보담당관, 정책기획관, 교육선진화 정책관, 미래인재 정책관, 교육정보 정책관, 학교자율화 추진관, 정책조정기획관, 거대과학 지원관, 기초연구 정책관, 학술 정책관, 대학 지원관,

1단 국제 과학비즈니스 벨트추진지원단,

총인원 997명으로 조직된 국가 차원의 교육·과학기술 기관입니다. 그리고 이 기관에서 추진하는 국가 차원의 교육개발 비전은 아래와 같습니다.

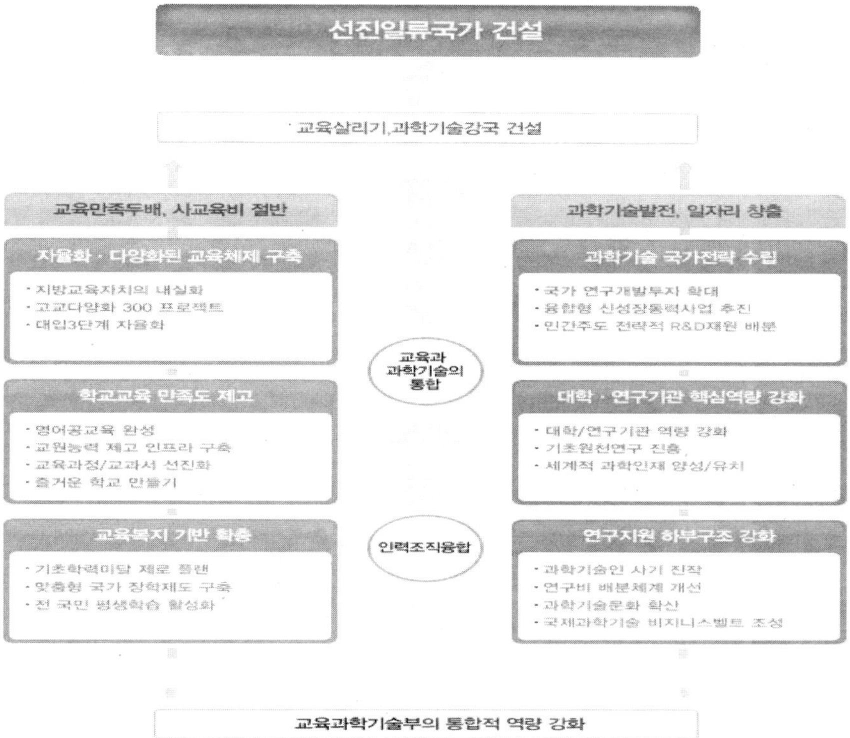

[그림 5-1]. '교육과학기술부의 2010년도 비전'

(http://www.mest.go.kr/me_kor/intro/general/vision/index.html)

위 [그림 5-1]에서 알 수 있듯이, 교육과학기술부의 비전은 교육을 살리고, 과학기술강국의 터전을 잡아, 선진일류국가를 건설함에 있습니다. 이를 위해

교육만족도를 상승시키고,

사교육비를 절감시키며,

교육을 통한 과학기술의 발전을 도모하고,

일자리 창출을 하위 목표로 하고 있습니다.

따라서 이 후 살펴 볼 내용은 이러한 목표를 달성하기 위해 시행되고 추진되는 과제와 정책이라고 여겨야 하겠습니다.

5-2-2. 교육과학기술부의 최근 3년간의 주요 추진 과제

한 국가의 전반적인 교육정책을 다루는 교육과학기술부는 그 역할도 다양합니다. 초·중등 교육과정 및 교과서와 관련된 정책뿐만 아니라, 장학제도, 평생교육제도, 지역 사회와 관련된 제도 등 많은 과제들을 맡아 하고 있습니다. 그리고 이러한 과제와 정책은 경우에 따라 교사뿐만 아니라 학생, 학부모들에게도 민감한 사항이 될 수 있습니다. 교육과학기술부에서는 어떤 과제를 수행해 왔고 계획해왔는지, 3년간의 활동을 살펴보겠습니다.

교육과학기술부 '2008년 주요 업무 계획'

(http://www.mest.go.kr/me_ko r/intro/general/duty/1202959_11205.html)

<주요국정과제추진계획>

1	교육살리기

자율화 · 다양화된 교육체제 구축	지방교육자치의 내실화 ■ 지방교육행정기관의 조직·정원 결정 권한을 시도교육청에 실질적으로 이양 ■ 학교장 임용방식 다양화 및 학교단위 교원채용 확대 고교다양화 300 프로젝트 ■ 기숙형 공립고(150), 마이스터고(50), 자율형 사립고(100) 도입 ■ 학교특색 살리기 플랜 추진 대학입시 3단계 자율화 ■ 대입업무 대교협/전문대교협 이양, 입학사정관제 지원 확대

학교교육 만족도 제고	영어공교육 완성 ■영어로 수업하는 교원 확충, 영어 교육과정 개편, 영어 친화적 교육환경 구축 교원능력 제고를 위한 인프라 구축 ■교원능력개발평가 확대실시를 위한 초·중등교육법 개정 ■교원평가 연계 맞춤형 연수 및 '학습연구년제' 추진 교육과정·교과서 선진화 ■학교 교육과정 편성·운영 자율권 확대 ■미래사회에 필요한 핵심역량 개발을 위한 교육과정 개편 즐거운 학교 만들기 ■지역사회와 연계한 인성·문화예술 교육 및 스포츠 활동 강화
교육복지 기반 확충	기초학력미달 제로 플랜 ■학력수준 파악을 위한 평가체계 선진화 ■학습부진 학생 최소화를 위한 지원 및 책임지도 맞춤형 국가장학제도 구축 ■소득수준에 따른 맞춤형 학자금 대출 및 장학금 지원 ■장학금·학자금의 효율적 관리 및 정보 제공체계 마련 전 국민에 대한 평생학습 활성화 ■평생학습계좌제 도입 및 프로그램 평가인증 ■고등교육기관의 평생교육 기능 강화

⇩

국민이 만족하는 교육 · 가난의 대물림 차단	교육만족 두 배, 사교육비 절반 ◎ 관 주도에서 탈피하여 학교의 자율 경영체제 구축 ■(교과부) 국가수준 교육과정, 교육격차 해소 등 기획·조정기능만 수행 ■(시·도교육청) 조직·정원 등 초·중등교육의 실질적인 의사결정 ■(학교) 인사, 교육과정 등 학교운영에 대한 교장의 자율과 책임 강화 ◎ 학교교육 신뢰회복으로 사교육비 경감 ■학생·학부모가 실제로 필요로 하는 교육을 학교에서 맞춤형으로 제공하여 국민의 사교육비 고통을 해소 ■능력과 의지만 있으면 누구나 교육을 받을 수 있도록 하여 가난의 대물림 차단

교육과학기술부 '2009년 주요 업무 계획'

(http://www.mest.go.kr/me_kor/intro/general/duty/1257755_11205.html)

2008년에 진행되었던 교육 과제들을 바탕으로, 2009년에는 또 다른 과제들이 제시되었습니다. 이 모든 계획은 2008~2012년간의 장기적인 계획을 바탕으로 진행되고 있는 것입니다. 2009년도에는 기존 2008년도에 제시 했던 전략을 보다 구체화 시켰다는 것을 확인할 수 있습니다. 따라서 기존 계획에서 크게 변하지는 않는다는 것입니다.

교육과학기술의 미래경쟁력 강화

12대 중점과제

공교육 신뢰 확보 (초·중등교육)	교육·연구역량 강화 (대학·연구기관)	과학기술 경쟁력 강화 (과학기술)
교육 경쟁력 강화 사교육비 절감 교육복지 확대 교육내용 선진화	대학의 교육역량 강화 대학의 자율과 책임 확보 대학·출연(연)의 연구 역량 제고 교육·과학기술의 융합 시너지 창출	녹색성장 핵심기술 개발 창의적 기초·원천 연구 지원 강화 선택과 집중에 의한 거대연구 성과창출 국제과학비즈니스 벨트 추진

2009년 중점 추진과제

1 공교육 신뢰 확보

추진방향

'08년	'09년	'10~'11년	'12년
자율화·다양화 기반 구축 주력	교육개혁의 현장확산 가속화	국민이 체감하는 성공모델 정착	공교육 정상화
학교자율화/교원평가/정보공시제/역사교과서 수정	기 구축된 제도의 현장 착근	좋은 교육을 위한 선의의 경쟁과 협력	국민이 신뢰하는 학교교육

2. 대학·연구기관 교육·연구역량 제고

추진방향

'08년	'09년	'10~'11년	'12년
자율화·다양화 기반 구축	교육개혁의 현장 확산 가속화	국민이 체감하는 성공모델	교육연구 역량 극대화
대학자율화/정보공시제/대학평가/WCU 추진	기 구축된 제도의 현장 착근 본격화	교육·연구로 특성화된 대학·연구소	국민이 만족하는 대학·연구소

3 과학기술 경쟁력 강화

추진방향

'08년	'09년	'10~'11년	'12년
새정부 과학기술기본계획 수립	녹색·융합·우주 등 현안핵심기술 개발 및 미래대비 성장 잠재력 확충	국가주력 분야 가시적 성과 창출	과학기술 7대강국 실현
국과위 활성화/과학기술 577전략		원전수출/우주산업화/융합신기술 확보	

2010년도 **주요 교육 업무 계획, 교육과학기술부**

(http://www.mest.go.kr/me_kor/intro/general/duty/1261325_11205.html)

교육과학기술 선진화로 세계일류국가 도약

⇧

창의와 배려 조화	미래성장동력 창출
● 창의·인성교육 강화 ● 다양하고 좋은 학교 확산 ● 직업교육 선진화 ● 교육비 부담 경감 가시화 ● 능동적 교육복지 실현	● 고급인재 양성 ● 대학·연구기관 역량 강화 ● R&D 선진화 ● 녹색 교육 및 연구 활성화 ● 우주기술 개발 및 원자력 수출

국격향상 : 교육과학기술 세계홍보 강화 및 GKS 본격 실시

중점 추진 과제

과제 1 창의·인성교육 강화

창의·인성교육 방향

초·중등 교육		대입전형		대학생
교과별 창의·인성관련 교육내용 및 방법 강화 창의적 체험활동 도입 평가방식 개선	⇨	입학사정관제 확대 (평가시 학생의 창의성과 인성을 고려)	⇨	대학의 봉사활동 역량 강화 자생적 대학생 봉사활동 지원

과제 2 다양하고 좋은 학교 확산

다양하고 좋은 학교 확산 방안

농산어촌 우수학교	자율·창의적 학교
전원학교(초·중) 110교	자율형 사립고 50교
기숙형고 150교	자율형 공립고 50교
통합운영학교 150교	

⇧ ⇧ ⇧

학교자율화 지속 추진, 교원전문성 강화, 학교책무성 강화

과제 3 직업교육 선진화

직업교육 추진 단계

초·중등 진로교육	고등학교 직업교육	고등 직업교육	성인 평생 능력개발
체험 중심 진로교육 소질·적성에 맞는 진로선택	전문계고 체제 전환 전문계고 취업기능 강화 산업수요맞춤형 교육과정 일반계고교생 직업교육	전문대학 특성화 글로벌 수준의 고등직업교육기관 육성	평생학습중심대학 육성 기술계학원 전문화·대형화 평생학습계좌제 운영 사이버대학(원) 특성화

과제 4 교육비 부담 경감 가시화

교육비 부담 경감 추진 전략

사교육비 경감	+	대학등록금 부담 완화	⇨	목 표
• 제도적 인프라 강화 • 학교 영어교육 내실화 • 사교육 대체서비스 확대 • 방과후학교 경쟁력 강화 • 학원 운영의 투명성 제고		교내장학금 확충 (대학교) 공익장학기금 확충 (한국장학재단) 근로장학금 확대 ICL 본격 실시 (정부)		경제적 부담 없이 꿈을 실현 • 교육비 부담 없는 학교 • 등록금 걱정 없는 대학

과제 5 능동적 교육복지 실현

대상별 교육복지 방안

유아	장애학생	소외계층 학생	위기학생
• 교육기회 확대 • 교육과정 내실화 • 교원 전문성 신장 • 학부모 선택권 강화	• 의무교육 확대 • 직업교육 강화	• 다문화가정 지원 • 탈북청소년 지원 • 저소득층 지원	• Wee 프로젝트 • 대안교육

과제 6 고급인재 양성

체계적인 전략

연구집단	⇨	석학·스타과학자 육성
대학	⇨	우수 연구인력 양성 강화
초중고	⇨	잠재력 있는 학생 수월성교육 강화

과제 7 대학·연구기관 역량 강화

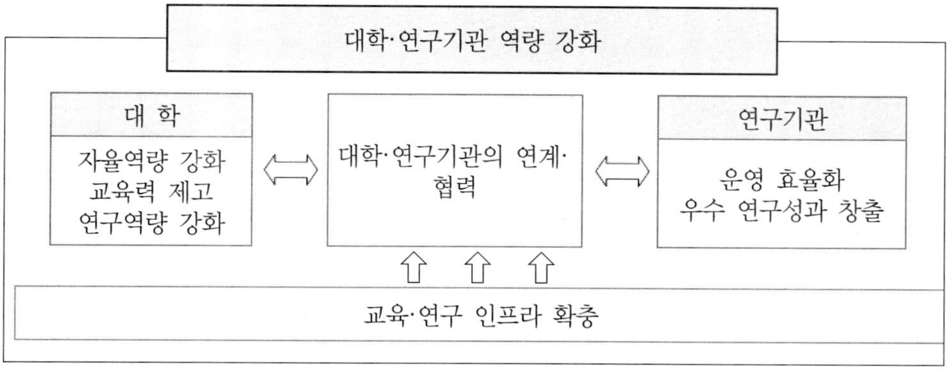

과제 8 R&D 선진화

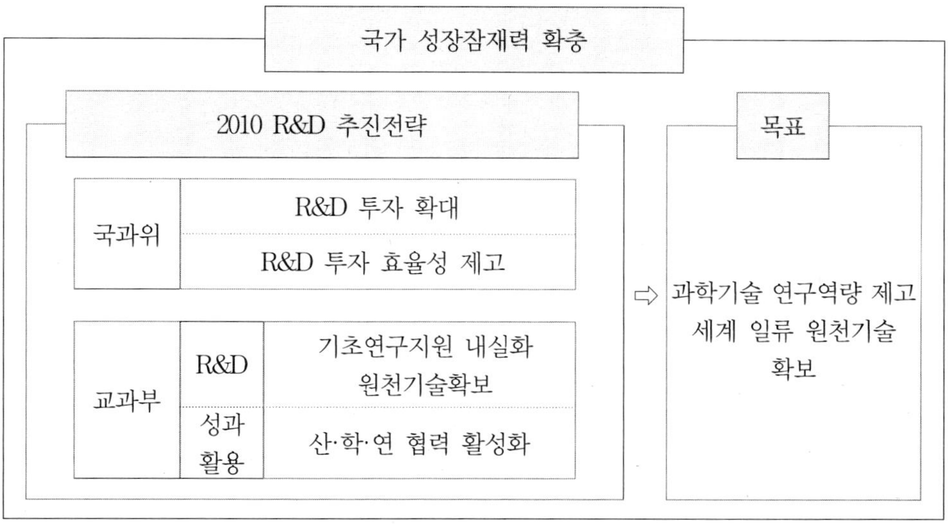

과제 9 녹색 교육·연구 활성화

녹색 교육·연구 목표

'08		'09		'10		'20
저탄소 녹색성장 비전 선포 (8.15 경축사)	⇨	■녹색성장교육 활성화 방안 수립('09.8) ■녹색기술 R&D 종합대책 수립('09.1)·시행	⇨	■학교 안팎 녹색생활 교육 강화 ■녹색기술 연구개발 가속	⇨	국가 온실가스 감축목표 달성

과제 10 우주기술 개발 및 원자력 수출

국가 전략기술 추진 방향

첨단 우주기술 자립화 추진	원자력 수출 본격화
■우주 핵심기술 개발 및 산업화 ■나로호 2차 발사 및 한국형 발사체 개발 ■국가 수요 기반 위성 개발 ■우주 강국과 협력 다각화	■(연구용 원자로) 수출 가속화 ■(중소형 원자로) 수출형 모델 개발 ■(대 형 원 전) 범부처적 수출 지원 강화 ■(차세대 원자력) 미래 원자력 시스템 개발
⇩	⇩
'10년 발사체 독자 개발 원년의 해	'10년 세계 3대 연구용 원자로 수출국 도약

5-2-3. 교육과학기술부의 최근 2년간의 주요 추진 정책

2009년과 2010년에 교육과학기술부에서 실제로 시행했고, 현재 시행하고 있는 주요 정책들에는 어떠한 것들이 있는지를 살펴보도록 하겠습니다.

2010년 정책1 - 2단계 연구중심대학 육성 사업(BK21)

BK21은 두뇌한국 21을 칭하는 'Bain Korea 21'을 의미하며, 세계수준의 대학원생을 육성하고 우수한 연구인력을 양성하기 위해 석.박사 과정학생 및 신진연구인력을 집중적으로 지원하는 고등교육인력양성 프로그램입니다. 우리 대학의 연구력을 한 단계 끌어올린 것으로 평가되고 있는 1단계 BK21사업은 1999년 부터 2005년 부터 7년간 총 1조3천억원이 투자되어 종료되었으며, 이를 바탕으로 '분야별 특성화된 연구중심대학을 육성하고 10년 후 한국을 이끌어 갈 핵심 고급 인력을 지속적으로 양성'하기 위해 2006년 2단계 BK21사업이 시작되었습니다. 지원사업 분야를 살펴보면, '과학기술 및 인문사회 분야 등 전국단위 우수 대학원 지원', 'Global Standard에 맞는 고급서비스 분야 인력양성 사업'으로 구분되며, 이를 위해 20006년 부터 2012년 까지 약 2조원의 예산이 투입될 것입니다. '10년 현재 70개 대학, 현재 557개 사업단/팀(242개 사업단, 315개 사업팀)을 지원하고 있으며, 한편으로는 '선택과 집중'원칙하에 성과평가를 강화해 나감과 동시에 동 사업의 성과 확산을 도모하기 위하여 우수사례집을 하는 등 모범사례를 널리 공유하고 홍보해 나갈 계획입니다.

(http://www.mest.go.kr/me_kor/intro/general/1/1/policy.jsp?ucd=F01&nno=12&pageNum=1)

2010년 정책2 - 대학정보공시제도

대학정보공시제도는 대학의 교육 및 연구 등에 관한 주요 정보를 대학 홈페이지를 통해 국민에게 적극적으로 알리는 제도로써 학생·학부모 등 국민의 알권리를 충족시키고 대학교육의 질을 제고하기 위해 도입되었습니다.

2007년 5월『교육관련기관의 정보공개에 관한 특례법』이 제정·공포되고 2008년 2월 새정부가 출범함에 따라, 변화된 정책 환경을 반영해 동법 시행령(안)을 마련하고, 관계기관 의견 수렴 및 입법예고와 규제심사를 거쳐 2008년 11월에 동법 시행령을 제정·공포하였습니다. 그리고 2008년 12월 1일부터 각 대학의 홈페이지와 대학정보공시 포털사이트인 "대학알리미(www.academyinfo.go.kr)" 를 통해 국민들이 보다 쉽고 편리하게 대학정보를 이용할 수 있도록 공시하고 있습니다.

대학정보공시제도를 통해 학생과 학부모는 대학 및 학과 선택이 용이해지고 기업은 더욱 우수한 고용 인력을 발굴, 채용할 수 있게 될 것입니다.

교육과학기술부는, 향후 대학의 공시정보에 대한 신뢰도 제고와 활용성 확대로 교육수요자의 합리적 선택권을 강화하고 대학운영의 투명성 및 대학교육의 책무성을 제고하여 대학의 경쟁력이 강화될수 있도록 동 제도를 지속적으로 보완·발전시켜 나갈 계획입니다.

(http://www.mest.go.kr/me_kor/intro/general/1/1/policy.jsp?ucd=F01&nno=11&pageNum=1)

2009년 정책1 - 친환경 그린스쿨 조성

정부의 「녹색 New Deal」 사업의 핵심 프로젝트인 「친환경 그린스쿨 조성 사업」은 획일적이고 노후된 기존 학교를 생태녹지 공간 조성, 빗물이용 시설, 에너지 절약 등 친환경 기법을 적용한 자연 친화적이고 현대적인 학교로 개선하는 사업입니다.
교육과학기술부는 2009년부터 2012년까지 총 1조원을 투자하여 200개교를 전면 개보수할 예정입니다. 지역과 학교 특성에 맞도록 다양한 유형의 그린스쿨을 조성하고, 유해성분을 최소화한 건강하고 안전한 학교를 만들 것입니다.
친환경 그린스쿨 사업의 추진으로 학교가 환경 교육의 장으로 거듭나게 되어 학생들의 정서함양과 인성교육은 물론 인근 주민들에게는 공원같은 편안한 휴식 공간이 제공될 것으로 기대됩니다. 또한, 일자리 창출을 통해 경제 활성화에 기여하고, 구 도심지 등 낙후된 지역의 균형 발전을 도모하여 학생, 학부모, 주민들의 교육·생활 만족도가 높아질 것입니다.

(http://www.mest.go.kr/me_kor/intro/general/1/1/policy.jsp?ucd=E01&nno=29&pageNum=1)

2009년 정책2 - 국제과학비즈니스벨트 조성

우리나라는 지난 30년 간 선진국 모방전략으로 외형적인 성공은 거두었으나, 핵심원천 기술에서는 선진국에 크게 못 미치는 한계에 직면하고 있습니다. 미래 신산업을 창출하기 위해서는 신소재,신물질 등 원천기술을 확보하는 것이 가장 중요한데, 이는 물질의 근본을 탐구하는 기초과학의 토대가 갖춰져야 가능한 일입니다.
교육과학기술부는 이러한 요구에 부응하고자 국제과학비즈니스벨트사업을 통해 세계최고 수준의 세계적 두뇌 유치, 물질의 근본을 연구할 수 있는 대형연구 시설 구축, 연구 성과를 산업화로 연결시킬 수 있는 최첨단 네트워크 조성 등을 추진하기로 하였습니다.
국제과학비즈니스벨트 사업은 기초과학연구원과 국내외 대학,연구기관에 수십개 연구단(Site-Lab)을 설립하여 3,000명 규모의 최고급 두뇌를 유치하고, 중이온가속기 등 첨단대형 연구시설을 설치하여 기초연구의 기반을 조성하는 한편, 국내외 첨단기업이 입주하여 공동연구와 사업화를 할 수 있도록 지원하는 시스템 마련을 포함하고 있습니다.
교육과학기술부는 '09년 1월초 '국제과학비즈니스벨트 종합계획'을 마련하였고, 관련 특별법 제정을 진행 중입니다. 특별법이 제정되는 대로 '09년 안에 입지를 선정하고 세부계획을 수립하여, '10년부터 사업의 첫삽을 뜰 계획입니다.
2015년까지 총 3조 5,487억원의 예산을 투입하여 국제과학비즈니스벨트를 성공적으로 조성하게 되면, 우리나라는 노벨상 과학상 수상은 물론 선진국에 뒤지지 않는 과학기술강국으로 거듭나게 될 것입니다.

(http://www.mest.go.kr/me_kor/intro/general/1/1/policy.jsp?ucd=G01&nno=6&pageNum=1)

2009년 정책3 – 개인·소규모기초연구지원확대

교육과학기술부는 선진국수준의 원천기술을 확보하고자 2008년 8월 과학기술 577전략을 발표하면서 정부 연구개발사업의 기초연구 비중을 2008년 25.6%에서 2012년 35% 수준까지 확대하기로 하였습니다.
특히 이공계 교수를 중심으로 한 개인소규모 기초연구지원의 경우에는, 2008년 3,640억원에서 2012년에는 1.5조원으로 크게 증가시킴에 따라 2007년 13% 수준이었던 이공계교수의 개인 기초연구비 수혜율이 2012년에 35%수준까지 높아질 것으로 예상됩니다.
아울러 대학의 젊은 연구자와 창의적인 아이디어를 가진 연구자들에게 더 많은 연구기회를 제공하기 위한 다양한 프로그램을 개발하는 한편, 단기과제보다 다년도 과제 중심으로 신규과제를 선정하여 연구비를 안정적으로 지원하겠습니다.

(http://www.mest.go.kr/me_kor/intro/general/1/1/policy.jsp?ucd=G01&nno=1&pageNum=2)

2009년 정책4 – 대학 장학금 및 학자금 지원확대

소득수준에 따른 맞춤형 학자금 지원은 "돈이 없어 공부를 하지 못하는 일은 없도록 하겠다"는 정부방침에 따라 대학생의 가구 소득수준에 따라 무상장학금과 학자금대출을 지원하는 제도입니다. 2009년에는 기초생활수급자인 대학생에게 연간 450만원 이내의 장학금을 지급 하였다. 학자금대출 이자도 소득수준을 고려하여 '09년 1학기 하위 2분위까지 이자전액(무이자), 3~5분위는 4%p, 6~7분위는 1.5%p를 지급하였으며 '09년 2학기에는 소득 1~3분위까지 무이자, 4~5분위 4%p, 6~7분위는 1.5%p를 지급하며 이자지원혜택을 확대하였습니다.
2010년에는 저소득층 대학생의 등록금 마련부담을 덜어주며, 재학 중 이자상환 부담이 없이 학업을 수행하고, 졸업 후 소득수준에 따라 원리금을 상환하는 든든학자금 대출제도를 시행하고 있습니다.
앞으로, 정부는 소득수준에 따른 맞춤형 학자금지원 제도를 계속하여 확대하여, 대학생들이 등록금 걱정 없이 학업에 전념할 수 있는 맞춤형 학자금 지원제도를 만들어 갈 계획입니다.

(http://www.mest.go.kr/me_kor/intro/general/1/1/policy.jsp?ucd=F01&nno=10&pageNum=2)

2009년 정책5 - 대학입학사정관제 활성화

입학사정관(Admissions Officer)이란, 전형자료를 종합적으로 심사한 후 학생의 잠재력 및 소질을 평가하여 입학 여부를 판단하는 전문가를 일컫는 것으로서, 입학사정관제는 대학이 입학사정관을 채용하고 이들을 활용하여 학생을 선발하는 제도를 의미합니다.
입학사정관제는 학생 개개인의 특성과 더불어 거주지,가정환경,출신고교의 특성 등 학생의 제반 환경까지 종합적으로 고려하여 주어진 여건 하에서 얼마나 성취해 냈는가를 평정함으로써 저소득층 등 다양한 계층의 학생들에 대한 대학 입학기회가 확대되는 계기가 될 수 있습니다.
뿐만 아니라 대학의 학생선발권 확대가 초중등교육 정상화와 함께 이루어지는 선진형 대입전형의 핵심 방안으로서의 의미가 있습니다.
정부는 입학사정관제의 정착을 위해 2009년 올해 40여개 대학에 총 236억원을 지원하며, 특히 제도 도입의지와 발전가능성이 높은 대학 10여개교를 선도대학으로 선정하여 집중적으로 지원할 계획입니다.
아울러 정부와 대교협은 입학사정관제의 공정성과신뢰성 확보방안을 마련하는 한편, 자질있는 입학사정관을 확보하기 위해 공모를 통해 5개 기관을 선정하여 입학사정관 전문양성 훈련과정 개설을 지원함으로써 입학사정관제도의 내실화를 기할 예정입니다.

(http://www.mest.go.kr/me_kor/intro/general/1/1/policy.jsp?ucd=F01&nno=9&pageNum=2)

2009년 정책6 - 대학 교육역량강화사업

'대학 교육역량강화사업'은 대학 교육력 제고를 위한 필수 지표가 반영된 포뮬러에 의해 성과중심으로 재정을 지원하여 대학간 경쟁을 촉진하고, 나아가 대학 교육의 질을 제고하기 위한 사업입니다.
대학 교육역량 제고의 성과와 여건을 측정할 수 있는 핵심지표로는 ① 취업률, ② 학생 충원율, ③ 교수 확보율, ④ 외국인 교원 비율, ⑤ 외국인 학생 비율 ⑥ 학생 1인당 교육비, ⑦ 학생 장학금 지급률 등이 있습니다.
2008년 500억 규모로 64개 대학을 지원한 동 사업은 2009년부터 2,649억원으로 확대되고, 지원 대학도 늘어납니다. 지원 대학으로 선정된 대학에 대해서는 예산의 자율적 재정집행(Block Funding)을 보장, 대학의 자체 발전계획에 따른 교육역량 강화를 통해 재정 운용의 자율성과 효율성을 제고할 계획입니다.
아울러 각 대학은 인성, 전공 및 교양교육을 위한 프로그램을 개발하여 운영하고, 우수 교원에 대한 인센티브 제공과 교수학습센터의 설치·운영 등을 통해 교수 능력을 향상시키는 등 자율적으로 교육역량을 제고하기 위해 노력할 수 있습니다.
사업의 성과관리를 위해 전문가로 구성된 상시 컨설팅단이 각 대학의 사업 계획 수립, 집행, 성과 평가의 전 과정을 전주기적으로 자문하게 되며, 사업 종료 후에는 각 대학이 자율적으로 제시한 성과지표의 달성 여부와 사업의 운영, 관리 사업 계획의 창의성에 대한 성과 평가 및 환류가 이어집니다.

(http://www.mest.go.kr/me_kor/intro/general/1/1/policy.jsp?ucd=F01&nno=7&pageNum=2)

2009년 정책7 - 국립대학 법인화

국립대학은 「국립학교설치령」에 설치 근거를 둔 정부조직의 하나로써, 조직·인사·예산운용 등에 있어 매우 경직적으로 운영되므로, 대학이 자체 발전목표를 세우고 이를 전략적으로 달성하는데 한계를 가지고 있습니다.
따라서 교육과학기술부는 국립대학에 별도의 법인격을 부여함으로써 국립대학이 획일적인 규제에서 벗어나 자율성을 갖고, 대학 책임 하에 스스로 발전전략을 수립·운영할 수 있도록 하는 국립대학 법인화를 추진하고 있습니다.
국립대학이 법인화되면 대학 자체 발전을 위하여 교직원 충원, 교육·연구 조직개편, 예산편성·집행 등이 자유로워지고 외부자금 획득을 위한 노력도 활발해질 것으로 예상됩니다.
국립대학 법인화는 대학마다 처한 여건과 상황을 고려하여 모든 국립대학을 일시에 법인으로 전환하기 보다는 희망하는 대학에 한해 자율적·단계적으로 도입하고자 합니다. 현재 울산과학기술대학교가 우리나라 최초 국립대학 법인으로 출범하여 2009년 3월 개교하였으며, 인천대학교, 서울대학교 등이 법인화 의지를 가지고 논의 중입니다.

(http://www.mest.go.kr/me_kor/intro/general/1/1/policy.jsp?ucd=F01&nno=5&pageNum=2)

2009년 정책8 - 학업성취도 평가

학업성취도 평가는 우리 학생들의 학업성취 수준을 제대로 파악하고 분석하여 학력격차 해소 등 효과적인 교육정책을 만들기 위한 국가 차원의 노력입니다.
과거에는 정확한 조사도 해보지 않고, 학교간 서열화를 조장한다는 명분으로 객관적인 자료수집을 하지 않아 학력이 뒤처지는 아이들을 위한 실효성 있는 지원이 이루어지지 않았습니다.
또한, 지금까지의 평가는 전체 학생의 3~5%의 표집조사를 한 결과, 전반적인 학업성취 수준은 알 수 있었지만, 어느 학교, 어느 학생이 잘하고 못하는지를 알 수가 없어 실효성 있는 대책을 만드는데 한계가 있었습니다.
따라서, 교육과학기술부는 국가수준에서 학생들의 학업성취 수준을 확인하고, 그 분석결과에 근거하여 수준에 맞는 프로그램을 제공함으로써 학력의 수준을 전반적으로 높이고자 학업성취도 평가를 전수로 실시하게 되었습니다.
2010년 학업성취도 평가는 전국의 모든 초등학교 6학년, 중학교 3학년, 고등학교 2학년 학생을 대상으로 초6·중3은 5개 과목(국어, 사회, 수학, 과학, 영어), 고2는 3개 과목(국어, 수학, 영어)을 시행합니다.
학업성취도 평가결과는 학생 개인들에게 4개 등급으로 구분되어 통지되고, 지역별은 '보통학력 이상', '기초학력', '기초학력 미달'의 3개 등급을 발표합니다.
교육과학기술부는 학업성취도 평가를 토대로 기초학력 미달학생에 대한 집중적인 지원을 할 계획입니다.
특히, 기초학력이 부진한 학생들에 대한 책임지도가 가능하도록 학습보조 인턴교사, 대학생 멘토링 서비스 등을 제공하겠습니다. 이들은 교사의 수업을 돕고 방과후 학교에 참여하는 학생들의 수업을 도와주게 됩니다.
또한 기초학력 미달학생 밀집학교는 필요시 자율학교로 지정하여 교장 및 교원 초빙, 교원 전보에 관한 교장의 권한 확대 등 학교운영의 자율권을 확대하겠습니다.

(http://www.mest.go.kr/me_kor/intro/general/1/1/policy.jsp?ucd=E01&nno=26&pageNum=3)

2009년 정책9 - 교원능력개발평가제 전면시행

교원능력개발평가는 학교 선생님의 지속적인 능력 신장을 목적으로 선생님의 교육활동에 대하여 학교 구성원인 선생님, 학생, 학부모의 평가 내지 만족도를 조사하는 것입니다. 2000년 도입논의를 시작으로 2005년 전국 48개교 시범운영 이후, 매년 그 규모를 확대하여 2009년에는 전국 3,164개교를 시범운영한 바 있으며, 2010년 3월부터는 시도교육규칙에 근거하여 전국 모든 학교에서 시행중에 있습니다. 교원능력개발평가는 교장,교감선생님의 경우 학교경영 전반에 대하여, 이외 선생님에 대하여는 수업 및 생활지도 등에 대하여 동료교원간 평가, 학생 만족도 조사, 학부모 만족도 조사로 이루어집니다. 평가시기는 학생과 학부모 만족도 조사의 경우 매년 6~7월 중에(1학기말 실시 권장), 동료교원 평가는 매년 10월까지 실시(*구체적인 실시일은 학교에서 결정)되며, 그 결과는 선생님 개개인에게 통보됩니다. 결과를 통보받은 선생님은 이를 바탕으로 자기능력개발계획서를 작성하여 학교의 장에게 제출하며, 학교 및 교육청에서는 평가결과 미흡한 영역에 대한 연수 등의 실시를 통해 선생님의 능력을 신장하게 됩니다. 교원능력개발평가의 정착을 위하여 학부모님은 자녀의 학교생활에 대하여 관심을 갖고 응답해 주셔야 하며, 학생은 공정하고 성실하게 선생님들의 지도에 대하여 만족여부를 답해야 합니다. 아울러, 선생님들은 공정하게 동료교원을 평가하고, 학생과 학부모의 의견을 경청하여 교육방법 개선에 힘을 쏟아야 합니다.

(http://www.mest.go.kr/me_kor/intro/general/1/1/policy.jsp?ucd=E01&nno=25&pageNum=3)

2009년 정책10 - 교장공모제

교장공모제는 학교를 효율적으로 조직·관리하고 지원할 수 있는 탁월한 역량과 전문성을 갖춘 인사를 교장으로 임용하기 위해, 현재의 승진 임용제도와는 달리 공개모집을 통해 교장을 임용하는 제도입니다.
이 제도는 기존 승진 임용 방식보다 교장 지원 자격 요건을 완화하고, 민주적이고 투명한 공모 절차를 적용하는 등 교장 임용과정에서 개별학교의 자율성과 특수성을 반영할 수 있는 것이 장점입니다.
2007년 9월부터 시범학교 운영을 통해 2009년 3월 현재 291개 학교에서 교장공모제를 추진하였으며, 2009년 9월에도 100여개 학교에서 공모를 통해 교장을 임용할 예정입니다. 교육과학기술부는, 현재까지 자율학교 및 초빙교장제 학교를 중심으로 추진한 교장공모제를 일반학교를 대상으로 확대하기 위해 교육공무원법 등 관련 법령개정을 추진하고 있습니다.

(http://www.mest.go.kr/me_kor/intro/general/1/1/policy.jsp?ucd=E01&nno=24&pageNum=3)

2009년 정책11 - 기숙형고등학교 지정·운영

기숙형고등학교란, 교육여건이 열악한 지역 학생들의 통학불편을 해소하기 위하여 기숙사 시설을 만들고, 기숙사연계 프로그램 등 학교특성에 맞는 다양한 콘텐츠를 보급함으로써 학생들의 자주적 생활능력과 학습능력 향상 등 전인적인 성장을 목표로 하는 학교입니다.
교육과학기술부는 고교다양화 300 프로젝트의 일환으로 2008년부터 '기숙형고등학교 150교 지정·운영'을 추진하고 있으며 2008년에는 '농산어촌 지역 거점고'를 중심으로 1군 1교 기준으로 82교를 선정하여 3,173억원을 지원하였습니다.
2009년도에는 추가로 기숙형고등학교 68교 지정을 추진하고 있으며, 지역여건 등 실태파악을 거쳐 도농복합도시 및 사립고까지 대상을 확대할 계획입니다. 아울러 안정적인 정착과 성공적인 운영을 위하여 기숙형공립고 모델학교 시범운영, 전문가 학교운영 컨설팅, 우수사례의 확산 등 각종 지원방안도 마련하여 추진하고 있습니다.
기숙형고등학교의 확산을 통해, 자녀교육을 위하여 도시로 떠나지 않고도 안심하고 자녀교육을 시킬 수 있는 교육환경이 조성되어 농산어촌 및 낙후지역의 활성화에도 기여할 수 있을 것으로 기대하고 있습니다.

(http://www.mest.go.kr/me_kor/intro/general/1/1/policy.jsp?ucd=E01&nno=22&pageNum=3)

2009년 정책12 - 마이스터 고등학교 운영

마이스터 고등학교는 조기에 직업 기술인으로 진로를 결정한 학생이 고교 졸업후 우선 취업을 통해 사회에서 인정받는 기술 명장으로 성장할 수 있는 경로개발을 지원하고 우수 기술인재를 양성하는 학교입니다.
1차(2008.10월), 2차(2009.2월) 선정를 통해 분야별로 가장 적합한 학교 21개교를 선정하여 2010년 3월에 개교할 예정이며, 향후 연차적으로 2011년까지 50개교로 확대·발전시켜 나갈 계획입니다.
우선, 산업계와 연계하여 맞춤형 교육이 가능하도록 교육과정·교과서를 자율화하며, 실습·계절학기, 기업교육 프로그램 활용도 가능하도록 지원할 것입니다. 모든 학생은 학비가 면제되며, 기숙사를 제공하여 마이스터 교육에 전념할 수 있도록 하여 산업체, 지자체, 학교 등이 공동으로 미래 기술인재를 양성할 수 있는 기틀을 마련하였습니다.
'마이스터고' 졸업 후 지속적인 경력개발이 가능하도록 군 복무제도를 개선하여 졸업생이 취업을 하면 최대 4년간 군 입대연기가 가능합니다. 또한 마이스터고 졸업자가 군 입대시 학교에서 배운 기술을 군에서 활용하고 계속 익힐 수 있도록 군 특기병으로 근무할 수 있습니다.

(http://www.mest.go.kr/me_kor/intro/general/1/1/policy.jsp?ucd=E01&nno=21&pageNum=3)

2009년 정책13 - 자율형사립고 도입 및 지정

자율형 사립고등학교란 학생의 학교선택권과 사립학교 본연의 자율성을 확대하기 위하여 건학이념에 따른 교육과정 운영, 능력에 따른 무학년제 수업, 수업일수 증감 등 학사운영의 자율성을 확대하는 고등학교로, 기존 전국 6개의 자립형 사립고 시범운영 과정에서 나타난 학생선택권 확대, 학생·학부모 만족도 증가 등 성과는 확대시키고, 사교육비 유발 등 문제점은 최소화하는 모델입니다.
2008년에는 10월 1일 정책토론회, 12월 30일 입법예고 실시 등 다양한 의견 수렴을 통해 자율형 사립고등학교의 바람직한 모델을 마련하는 데 중점을 두어 추진하였습니다.
2009년에는 자율형 사립고등학교 제도 도입을 완료하고, 상반기 중에 대상학교를 지정할 계획입니다. 올해는 30개교를 예상하고 있으나, 신청학교 수 지역적 여건에 따라 그 수는 탄력적으로 적용될 수 있을 것입니다. 2009년 하반기 학생을 선발하여, 2010년부터 학교를 운영할 예정입니다.
자율형 사립고등학교 도입으로 다양하고 특성화된 교육과정을 기준으로 학생이 학교를 선택하고, 학교가 선택을 받기 위해 경쟁하는 구조가 확립되면, 학생·학부모의 공교육에 대한 만족도가 높아질 것으로 기대됩니다.

(http://www.mest.go.kr/me_kor/intro/general/1/1/policy.jsp?ucd=E01&nno=20&pageNum=3)

2009년 정책14 - 방과후학교 활성화

"방과후학교"는 정규수업 이외에도 학생과 학부모가 원하는 다양한 교육 프로그램을 제공하는 학교 교육 활동입니다. 방과후학교는 교육 수요자가 원하는 교과, 특기·적성, 보육 등의 프로그램을 제공함으로써, 학교의 교육 기능을 보완하고, 사교육비 부담을 경감하며, 교육격차를 해소하는 것을 목표로 하고 있습니다.
교육과학기술부는 교육 복지 실현을 위하여 농산어촌 지역의 방과후학교 운영을 지속 지원하고, 자우수강권 지원 대상 인원을 2012년 49만명까지 확대해 나갈 계획입니다. 또한 맞벌이 가정의 자녀 보육 부담을 덜어주기 위하여 초등 돌봄 교실을 2010년 2,000개 교실을 추가로 확대할 것입니다. 앞으로 교육과학기술부는 지역과 학교에서 자율성을 바탕으로 방과후학교를 활성화하도록 지원하는 한편 방과후학교의 질적 수준 제고, 운영 시스템 정착 등을 위하여 노력하겠습니다.

(http://www.mest.go.kr/me_kor/intro/general/1/1/policy.jsp?ucd=E01&nno=19&pageNum=3)

2009년 **정책**15 - **교육과정 운영 자율화**

시대와 사회의 변천에 따라 창의성과 개성을 강조하는 지식기반 사회의 교육개혁 요구에 부흥하기 위하여 교육과정 전반에 걸친 개정작업을 준비해 오고 있으며, 창의적 교육활동 지원을 위해 미래형 교육과정을 위한 방안을 마련하고 연차적으로 학교 현장에 맞는 교육과정으로 개편하고자 합니다.

이에 따라 단위학교의 교육과정 편성·운영권을 확대하는 방안을 마련하고, 중·고교의 시수가 적은 일부 과목에 대한 학년·학기 집중 이수제 도입을 활성화 하며, 학생들의 학습부담을 완화할 수 있도록 교과 교육과정의 학습량 적정화 등 다각적인 방안을 검토 중에 있습니다.

또한, 미래형 교육과정의 방향을 설정하기 위해 교육과정 포럼 및 정책연구 등을 통하여 많은 대안을 마련하고 있습니다. 2009년에는 교육과정 개정을 위한 기초 연구와 교육과정 시안 등을 개발할 예정이며, 학교 단위에서 교육과정 편성·운영의 자율권을 확대할 수 있는 방안도 마련됩니다.

2010년에는 주5일 수업 대비를 위해 교육과정을 일부 개정하고, 미래사회를 준비를 위한 핵심역량을 파악하여 이를 학교교육과정에 반영하기 위한 교육과정 개편도 추진할 것입니다.

(http://www.mest.go.kr/me_kor/intro/general/1/1/policy.jsp?ucd=E01&nno=17&pageNum=4)

생각시루에 물주기

<교사 - 사회·문화> 상호작용에서

☺ 교사의 법률적 의무를 설명해 보세요.
☺ 교사가 법률적 의무를 지키지 않는 경우를 제시해 보세요.
☺ 교사의 법률적 권리를 설명해 보세요.
☺ 교사가 법률적 권리를 남용하는 경우를 제시해 보세요.
☺ 교과부의 추진 과제에 첨가할 과제를 그 이유와 함께 제시해 보세요.
☺ 교과부의 추진 정책에 첨가할 정책을 그 이유와 함께 제시해 보세요.
☺ 교과부의 추진 과제와 정책에도 불구하고,
공교육의 신뢰가 저하하는 이유를 제시해 보세요.

참고문헌

기순신(2001). **교사론**. 학지사.

이칭찬, 주상덕(2010). **교직실무이론**. 동문사.

교육과학기술부(2010). **교육과학기술부의** 2010**년도 비전** (http://www.mest.go.kr/me_kor/intro/general/vision/index.html)

교육과학기술부(2008). 2008**년 주요 업무 계획** (http://www.mest.go.kr/me_kor/intro/general/duty/1202959_11205.html)

교육과학기술부(2009). 2009**년 주요 업무 계획** (http://www.mest.go.kr/me_kor/intro/general/duty/1257755_11205.html)

교육과학기술부(2010). 2010**년 주요 교육 업무 계획** (http://www.mest.go.kr/me_kor/intro/general/duty/1261325_11205.html)

교육과학기술부(2010). '2**단계 연구중심대학 육성 사업**(BK21)' (http://www.mest.go.kr/me_kor/intro/general/1/1/policy.jsp?ucd=F01&nno=12&pageNum=1)

교육과학기술부(2010). **'대학정보공시제도'** (http://www.mest.go.kr/me_kor/intro/general/1/1/policy.jsp?ucd=F01&nno=11&pageNum=1)

교육과학기술부(2009). **'친환경 그린스쿨 조성'** (http://www.mest.go.kr/me_kor/intro/general/1/1/policy.jsp?ucd=E01&nno=29&pageNum=1)

교육과학기술부(2009). **'국제과학비즈니스벨트 조성'** (http://www.mest.go.kr/me_kor/intro/general/1/1/policy.jsp?ucd=G01&nno=6&pageNum=1)

교육과학기술부(2009). **'개인·소규모기초연구지원확대'**

(http://www.mest.go.kr/me_kor/intro/general/1/1/policy.jsp?ucd=G01&nno=1&pageNum=2)

교육과학기술부(2009). **'대학 장학금 및 학자금 지원확대'** (http://www.mest.go.kr/me_kor/intro/general/1/1/policy.jsp?ucd=F01&nno=10&pageNum=2)

교육과학기술부(2009). **'대학입학사정관제 활성화'** (http://www.mest.go.kr/me_kor/intro/general/1/1/policy.jsp?ucd=F01&nno=9&pageNum=2)

교육과학기술부(2009). **'대학 교육역량강화사업'** (http://www.mest.go.kr/me_kor/intro/general/1/1/policy.jsp?ucd=F01&nno=7&pageNum=2)

교육과학기술부(2009). **'국립대학 법인화'** (http://www.mest.go.kr/me_kor/intro/general/1/1/policy.jsp?ucd=F01&nno=5&pageNum=2)

교육과학기술부(2009). **'학업성취도 평가'** (http://www.mest.go.kr/me_kor/intro/general/1/1/policy.jsp?ucd=E01&nno=26&pageNum=3)

교육과학기술부(2009). **'교원능력개발평가제 전면시행'** (http://www.mest.go.kr/me_kor/intro/general/1/1/policy.jsp?ucd=E01&nno=25&pageNum=3)

교육과학기술부(2009). **'교장공모제'** (http://www.mest.go.kr/me_kor/intro/general/1/1/policy.jsp?ucd=E01&nno=24&pageNum=3)

교육과학기술부(2009). **'기숙형고등학교 지정·운영'** (http://www.mest.go.kr/me_kor/intro/general/1/1/policy.jsp?ucd=E01&nno=22&pageNum=3)

교육과학기술부(2009). **'마이스터 고등학교'** (http://www.mest.go.kr/me_kor/intro/general/1/1/policy.jsp?ucd=E01&nno=21&pageNum=3)

교육과학기술부(2009).‘**자율형사립고 도입 및 지정**’
(http://www.mest.go.kr/me_kor/intro/general/1/1/policy.jsp?ucd=E01&nno=20&pageNum=3)
교육과학기술부(2009). ‘**방과후학교 활성화**’
(http://www.mest.go.kr/me_kor/intro/general/1/1/policy.jsp?ucd=E01&nno=19&pageNum=3)
교육과학기술부(2009). ‘**교육과정 운영 자율화**’
(http://www.mest.go.kr/me_kor/intro/general/1/1/policy.jsp?ucd=E01&nno=17&pageNum=4)
SBS 20시 뉴스(2010.7.19). “**체벌 전면금지**” **극약처방**. “**심각한 교권 침해**”

생각시루를 바탕으로 한 교사의 전문성 함양 평가지표

			매우그렇다	그렇다	보통이다	그렇지않다	전혀그렇지않다
교사-학생	학생-자기자신	☺ 학생의 특성에 관한 글을 제시하고, 설명할 수 있다. ☺ 학생집단의 다양성을 설명할 수 있다. ☺ 개개 학생의 독특함을 설명할 수 있다. ☺ 학생이 자기자신과의 상호작용에서 당면 가능한 고뇌를 설명할 수 있다. ☺ 교사로서 학생에게 줄 수 있는 관심의 종류와 정도를 설명할 수 있다.					
	학생-가정	☺ 학생이 가정과의 상호작용에서 당면할 수 있는 고뇌를 설명할 수 있다. ☺ 위 고뇌에 교사가 도움 줄 수 있는 방법을 설명할 수 있다.					
	학생-교우	☺ 또래집단의 기능을 설명할 수 있다. ☺ 손가락질·눈총 받는 학생을 도울 수 있는 방법을 제시할 수 있다. ☺ 학생이 고민을 선생님과 나누게 할 수 있는 방법을 제시할 수 있다.					
	학생-교사	☺ 학생집단과 교사집단의 차이를 설명할 수 있다. ☺ 특성의 눈으로 비특성의 존재를 이해할 수 있는 방법을 설명할 수 있다. ☺ 교사의 긍정·부정적 말과 행동을 촉진·억제시킬 수 있는 방안을 설명해 보세요. ☺ 교·강사의 '효율적 학습지도'에 대한 학생, 학부모, 교·강사의 기대도를 비교할 수 있다. ☺ 학습결손인 각각의 학생에게 취할 수 있는 조치를 설명할 수 있다. ☺ 어떤 방법으로 학생, 특히 노는 애들에게 이해를 줄 수 있는지 설명할 수 있다. ☺ '교사가 수업을 잘한다'는 의미를 설명할 수 있다. ☺ '학습은 있어도 교육은 없다'는 의미를 설명할 수 있다. ☺ '공부를 하지 않으려는 아이들'이 하고 싶어하는 공부를 하지 못하도록 막고 있는 이유를 설명할 수 있다. ☺ 일반 학교에서 학생들의 교육과정 선택권을 뒷받침할 수 있는 방안을 제시할 수 있다. ☺ 학교의 다양한 형태가 지니고 있는 장점을 설명할 수 있다. ☺ '2007 개정교육과정'과 '2009 개정교육과정'의 차이를 설명할 수 있다. ☺ 2009 중학교 공통 교육과정 단위 배당 기준표를 설명할 수 있다. ☺ 2009 고등학교 선택 교육과정 단위 배당 기준표를 설					

			매우그렇다	그렇다	보통이다	그렇지않다	전혀그렇지않다
		명할 수 있다.					
	학생-학교	☺ 학교의 무엇이 학생들로 하여금 학교를 싫어하게 하는지를 설명할 수 있다. ☺ 교사는 학교 싫어하는 학생들을 어떻게 대처할 수 있는지 설명할 수 있다.					
	학생-사회	☺ 학교와 교사는 왜 학생을 가르치고자 하는 지를 설명할 수 있다. ☺ 학생의 행복을 위해 가르칠 수 있음을 설득할 수 있다. ☺ 교육이 사회를 변화시킬 수 있는 방안을 제시할 수 있다. ☺ 교사가 학생의 행복을 위해 무엇을, 어떻게 하면 되겠는지 제시할 수 있다. ☺ 행복한 삶이란 무엇인지 설명할 수 있다. ☺ '이해>심판' 문화를 산출할 수 있는 교사의 역할을 설명할 수 있다.					
	소계						
교사-학부모	자녀 정보요구	☺ 교사의 신뢰도를 높일 수 있는 방안을 설명할 수 있다. ☺ 학교정보공시제의 공시항목을 제시하고, 설명할 수 있다. ☺ 나이스의 공시항목을 제시하고, 설명할 수 있다. ☺ 말로 하는 상담과 문자로 하는 상담의 차이를 설명할 수 있다. ☺ 전화를 통한 상담문의에 갖추어야 할 매너를 설명할 수 있다. ☺ 친구의 '행동특성 및 종합의견'을 기술한 후, 기술한 것을 평가할 수 있다. ☺ 면대면 만남을 통해 학부모가 얻고자 하는 정보를 제시하고 설명할 수 있다. ☺ 교사가 학부모를 통해 얻을 수 있는 정보가 무엇인지 설명할 수 있다.					
	교사평가	☺ 학습지도 영역의 평가요소와 평가지표를 설명할 수 있다. ☺ 생활지도 영역의 평가요소와 평가지표를 설명할 수 있다.					
	소계						
교사-학급·학교	학급경영자	☺ 담임교사의 학급경영 역할을 설명할 수 있다. ☺ 왜 성공·실패한 사장은 있는데, 이에 상응하는 담임은 없는지 설명할 수 있다. ☺ 담임으로서 학급 학생들에 대한 학습지도 방법을 설명할 수 있다. ☺ 같은 학과 급우들 개개인 모두의 생활기록부를 작성할 수 있다. ☺ 부정적 상황의 중등학생을 선택하여 생활지도할 수 있다. ☺ 자치활동을 무슨 프로그램으로 어떻게 운영할지 설계할 수 있다. ☺ 학급활동 지도계획서를 작성할 수 있다.					

			매우그렇다	그렇다	보통이다	그렇지않다	전혀그렇지않다
	공립 · 사립	☺ 공립과 사립학교에서의 근무분위기 차이를 파악할 수 있다.					
	급지	☺ '가'급지와 '다'급지의 근무환경과 분위기가 어떻게 다른지 파악할 수 있다.					
	운영위원회	☺ 학교운영위원회의 운영실태를 분석할 수 있다. ☺ 학교운영위원회의 권한을 설명할 수 있다. ☺ 학교운영위원회의 기능을 설명할 수 있다. ☺ 학교운영위원회의 구성을 설명할 수 있다.					
	소계						
교사-교사	교사-자기자신	☺ 근무평정에서 한 교사는 무엇 무엇을, 누구로부터 평가받는지 설명할 수 있다. ☺ 교원근무평정제도의 장단점을 분석할 수 있다. ☺ 동료교원평가에서, 한 교사는 누구, 누구로부터 평가받는지 설명할 수 있다. ☺ 동료교원평가에서, 한 교사는 무엇, 무엇을 평가받는지 설명할 수 있다. ☺ 교장·교감능력개발평가에서 한 교사는 무엇, 무엇을 평가하는지 설명할 수 있다. ☺ 교원능력개발평가제의 장단점을 분석할 수 있다. ☺ 교사가 되면, 몇 단계의 성과급을 받는지 그 이유와 함께 설명할 수 있다. ☺ 교원성과급제도의 장단점을 분석할 수 있다. ☺ 수석교사의 자격과 임무 및 어드벤티지를 설명할 수 있다. ☺ 수석교사제의 장단점을 분석할 수 있다. ☺ 교장공모제의 장단점을 분석할 수 있다. ☺ 교직에 대한 사회적 신뢰 저하의 원인을 분석할 수 있다. ☺ 교직에 대한 사회적 신뢰 저하를 회복할 수 있는 방안을 제시할 수 있다. ☺ 교사의 업무과중을 경감시킬 수 있는 방안을 제시할 수 있다. ☺ 교사의 교직발달 3단계와 각 단계의 특징을 설명할 수 있다. ☺ 교사의 학습지도방법 3단계와 각 단계의 특징을 설명할 수 있다. ☺ 교원의 사회적 지위를 향상시킬 수 있는 방안을 제시해 보세요. ☺ 교원의 경제적 지위를 향상시킬 수 있는 방안을 제시할 수 있다. ☺ 교원의 사회적 공헌도를 향상시킬 수 있는 방안을 제시할 수 있다.					
	교사-동료교사	☺ 교원단체를 제시하고, 각각의 특징을 분석할 수 있다. ☺ 교직관의 세 유형을 제시하고, 각각의 특징을 설명할					

			매우그렇다	그렇다	보통이다	그렇지않다	전혀그렇지않다
		수 있다. ☺ 교직이 전문직임을 타당하게 주장할 수 있다.					
	교사-교감·교장	☺ 관리자가 바라는 교사상을 설명할 수 있다. ☺ 교사가 바라는 관리자상을 설명할 수 있다.					
교사-사회·문화	교사-의무·권리	☺ 교사의 법률적 의무를 설명할 수 있다. ☺ 교사가 법률적 의무를 지키지 않는 경우를 제시할 수 있다. ☺ 교사의 법률적 권리를 설명할 수 있다. ☺ 교사가 법률적 권리를 남용하는 경우를 제시할 수 있다.					
	교사-교과부	☺ 교과부의 추진 과제에 첨가할 과제를 그 이유와 함께 제시할 수 있다. ☺ 교과부의 추진 정책에 첨가할 정책을 그 이유와 함께 제시할 수 있다. ☺ 교과부의 추진 과제와 정책에도 불구하고, 공교육의 신뢰가 저하하는 이유를 제시할 수 있다.					
	소계						
합계							

각 지표에 대한 반응을 매우그렇다 +5, 그렇다 +2, 보통이다 0, 그렇지 않다 -2, 전혀 그렇지 않다 -5점으로 환산

부 록

부록 1. 특수, 보건, 영양, 사서, 전문상담교사에 대한 평가영역, 요소, 지표

특수교사에 대한 평가영역, 요소, 지표

평가 영역	평가 요소	평가지표	평가지표 개요
학습 지도	수업준비	개별화교육계획 수립 및 운영	개별화교육계획지원팀의 업무 조정 및 지원을 얼마나 잘 수행하고 있으며 개별화교육계획에 인적사항, 현재 학습수행수준, 교육목표, 내용, 방법, 관련서비스 등을 포함하여 장애아동의 개별화된 교육적 요구를 반영한 수업 계획을 수립하는가에 대한 평가
		학습자 특성 및 교과내용 분석	학생의 장애 유형이나 정도, 생활 연령을 적절하게 고려하여 수업을 준비하는가를 평가
		교수·학습 전략수립	얼마나 장애의 유형, 특성 등을 고려하여 교수 학습 전략을 수립하고 있는가를 평가
	수업실행	수업의 도입	수업의 진행방향을 명확하게 제시하고, 학생들의 학습동기와 호기심을 유발할 수 있도록 도입 부분을 적절하게 운영하는가에 대해 평가
		교사의 발문	교사의 언어와 발문은 학생의 특성과 수준을 고려하여 사용하며, 학생의 흥미와 사고를 유도하는가에 대해 평가
		교사의 태도	학생들의 개별화된 교육적 요구를 정확히 이해하고 학생들이 수업에 잘 참여할 수 있도록 지속적으로 촉진하는지를 평가
		교사-학생 상호작용	학생들의 적극적 참여를 유도하고, 학생들의 행동에 대해 적절히 대처하면서 학생과의 상호작용을 효과적으로 유도하는가에 대한 평가
		학습 자료의 활용	학생의 장애 특성을 고려한 학습 자료나 매체를 활용하는가를 포함
		수업의 진행	학생들의 이해 정도를 정기적으로 체크하며 학생들의 수업에 대한 흥미도를 유지하면서 전체적으로 자연스럽게 수업을 진행하는가에 대한 평가
		학습 정리	학생들의 학습내용에 대한 이해수준을 확인하고 학습내용을 요약하며 필요한 학습정리 활동을 적절하게 하는가에 대해 평가
	평가 및 활용	평가 내용 및 방법	평가문항이나 도구를 선정할 때 장애 특성을 고려하여 개별화된 평가방법을 개발하고 적용하고 있는지 여부 포함
		평가 결과의 활용	평가결과를 학생의 보호자와 공유해야 하며, 보호자가 학생의 학업성취를 이해할 수 있도록 평가결과를 쉽게 이해할 수 있도록 제공하는지 여부 포함

평가 영역	평가 요소	평가지표	평가지표 개요
생활 지도	개인생활 지도	개인문제 파악 및 지도	학생들의 일반적인 가정 및 학교생활 뿐 아니라 개인적 문제에 대한 정보를 파악하고 적절한 방법으로 지도하는가에 대한 평가
		가정연계지도	개별화교육계획 개발에 보호자의 협력을 적극적으로 유도하는지 여부 포함'
		진로 및 특기적성 교육	효과적인 전환교육의 실시 여부 포함
	사회생활 지도	기본생활습관지도	신변관리, 의사소통, 문제행동지도와 같이 일상생활에 필요한 기능들을 지도하는지 여부 포함
		학교생활적응지도	통학지도 여부 포함
		장애영역별 학교 특성에 따른 지도(특수학교)	※ 장애의 영역이나 종류에 따른 구체적인 지표 개요를 마련하여 평가문항 제작
		통합교육 관련 지도(특수학급)	학생들의 통합학급 적응을 위한 계획 수립 및 통합학급의 학생 및 교사와의 연계 지도 실시에 대한 평가

보건교사에 대한 평가영역, 요소, 지표

평가 영역	평가 요소	평가지표	평가지표 개요
학습 지도		※ 수업을 담당할 경우 일반교사의 평가지표와 동일	
생활 지도 (학생 지원)	학생건강 증진사업	학교보건 기본계획	학교보건 기본계획을 적절한 절차에 따라 수립, 실행, 및 평가하는가에 대한 평가
		학생건강검사	학생들의 건강과 관련하여 계획한 대로 검사를 실시하고 그 결과를 적절하게 활용하는가에 대한 평가
		질병예방관리	질병에 대한 정보를 시기적절하게 제공함으로써 학생들의 질병예방을 위해 노력하는가를 평가
	보건 의료 서비스	응급환자관리	응급환자 발생 시 대처 요령에 대한 업무지침을 적절하게 수립하고 그에 따라 응급환자 발생 시 대처하는가에 대해 평가
		일반 건강 및 의료상담	학생들에게 건강에 대한 상담을 제공하고 적절한 의료서비스를 제공하는가에 대한 평가
		요양호 학생관리	통상질환을 가지고 있거나 요보호가 필요한 학생들을 파악하고 그들에게 적절한 조취를 취하는가에 대한 평가
	※ 보건 교육 (재량수업 담당의 경우 추가)	보건 교육 계획	보건교육내용과 특성에 맞는 수업계획과 설계를 하고 그에 따른 교과내용 연구를 하는가에 대한 평가
		보건교육 운영	학교교육과정에 의거한 보건교육을 충실히 하는가에 대한 평가
		보건 교육 평가	보건교육내용에 대한 학생들의 이해 정도를 확인하고 그 결과를 파악할 수 있는 평가의 실시 여부 평가

영양교사에 대한 평가영역, 요소, 지표

평가영역	평가요소	평가지표	평가지표 개요
생활지도(학생지원)	영양교육	영양교육 및 식생활 지도	학생들의 고른 영양섭취를 위한 영양교육 및 식생활지도와 식습관 및 식생활 예절 등에 대한 지도를 지속적으로 실시하고 있는지에 대한 평가
		식생활 정보제공 및 상담	건강증진 및 질병예방을 위한 다양하고 유익한 식생활 정보를 제공하고 영양 상태에 문제가 있는 학생들을 대상으로 적절한 상담을 실시하는가에 대한 평가
	위생 및 안전관련 지도	조리실 종사자 지도 및 감독	조리실 종사자들에게 조리작업, 개인위생, 작업위생 및 안전관리에 대한 지도를 실시하는가에 대한 평가
		식재료 공급업체 지도 및 감독	정기적으로 식재료 공급 업체에게 품질 및 위생 등과 관련된 기준을 공지하고, 이에 대한 지도를 철저하게 실시하는지에 대한 평가
		시설 및 기기 관리	급식 시설 및 기기가 항상 청결하게 유지되고, 조리실 및 식당의 화재 및 폭발 등의 사고를 예방하기 위해 정기적으로 안전점검을 실시하는가에 대한 평가
		검식 실시 및 위생 관리	최적의 상태에서 음식을 제공하기 위해 배식 전에 조리된 음식의 맛, 온도, 상태 등을 확인하는지에 대한 평가
	식단 작성	영양소 및 열량 분석	다양한 영양소를 포함하고 적절한 열량을 갖춘 식단을 계획하는지에 대한 평가
		맛과 다양성	단조롭지 않고 다양한 맛있는 제철 음식을 제공하려는 노력이 식단에 반영되는지에 대한 평가
	식재료 선정 및 검수	식재료의 예산 편성·집행	합리적인 예산편성 및 집행을 통해 식재료를 구매하는가에 대한 평가
		식재료 검수기준 이행	식재료가 주어진 기준에 적합한지를 매일 확인하여 기록하고, 식재료에 대한 문제가 발생한 경우 적절한 조치를 취하는가에 대한 평가

사서교사에 대한 평가영역, 요소, 지표

평가영역	평가요소	평가지표	평가지표 개요
학습지도			※ 수업을 할 경우 일반교사의 평가지표와 동일
생활지도(학생지원)	도서관 운영	도서관 이용의 활성화	학교도서관 이용의 활성화를 위해 창의적인 계획을 수립하고, 편리한 도서관 이용 및 서비스의 질적 개선을 위해 다양한 노력을 하는가에 대한 평가
		예산의 집행	도서관 운영에 필요한 최적의 예산을 산출하고, 합리적인 예산 집행을 위해 예산을 적절하게 편성하는가에 대한 평가
		도서 및 교수·학습 자료 구입	이용자의 요구 및 정규교육과정에 대한 분석을 통해 도서 및 교수·학습 자료 구입이 이루어지는지와 구입 거래처 선정이 합리적이고 공정한 절차에 의해 이루어지는지에 대한 평가
		도서관 시설 및 비품 관리	도서관 운영 및 관리에 필요한 시설 및 비품 등에 대한 관리 및 소모품의 조달이 적시에 이루어지는가에 대한 평가
		도서관 인적자원관리	도서관 운영에 필요한 각종 위원회의 구성 및 협력을 통해 업무를 추진할 뿐만 아니라, 운영 보조 인력(독서반 생활 또는 학부모 도우미 등)을 체계적으로 활용하고 있는지에 대한 평가

	자료 관리	도서대출 및 반납	도서 대출 및 반납 업무의 전산화를 통한 체계적 관리, 도서 도난방지를 위한 시스템 구축 및 반납연체도서 관리를 위한 효과적인 제도 수립 여부를 평가
		자료조직 및 관리	체계적인 도서 관리를 위해 청구기호의 부여가 적절하고, 도서목록데이터의 입력이 정확하고, 레이블의 부착 및 반납 도서의 배치 등을 제대로 수행하고 있는가에 대한 평가
		장서점검	정기적인 장서점검을 통해 도서목록데이터의 갱신 및 정기적인 백업이 제대로 이루어지는가와 최적의 장서상태를 유지하기 위해 장서의 폐기 및 제적업무를 규정과 절차에 따라 수행하고 있는가에 대한 평가
	교육 및 정보제공	도서관 이용 및 협력수업	효과적이고 효율적인 도서관 이용법에 대한 교육 및 웹정보 검색에 대한 교육을 실시하는지와 도서관 활용 수업을 적극적으로 계획하고 실행하는지를 평가
		독서지도	도서자료의 특성 및 생활수준에 적합한 독서법에 따라 독서가 이루어지도록 지도할 뿐만 아니라, 도서 및 교수 · 학습 자료에 대한 안내와 홍보를 적절하게 수행하고 있는가에 대한 평가

전문상담교사에 대한 평가영역, 요소, 지표

평가영역	평가요소	평가지표	평가지표 개요
학습지도			※ 수업을 할 경우 일반교사의 평가지표와 동일
생활지도 (학생지원)	상담계획	연간 계획 및 홍보	상담실 활동에 대한 연간 계획을 수립하여 성실히 이행하는가에 대한 평가
		실태 분석 및 활용	전체 학생 대상과 위험군에 속하는 학생들에 대한 심도 있는 실태조사를 하며, 조사한 내용을 바탕으로 상담 대상자를 파악하여 상담 계획을 수립하고, 필요한 검사의 실시 및 그 결과에 대해 분석하고 활용하는가에 대한 평가
		상담전략 수립	상담요구에 따라 개인상담, 집단상담, 및 사이버상담 등 각 상담에 적합한 상담전략을 수립하여 상담하는가에 대한 평가
	상담수행	개인상담	적절한 상담목표를 수립하고 상담 절차를 구조화하여 개인 상담 요구에 맞게 성실하게 상담을 수행하고 상담일지를 기록, 관리하는가에 대한 평가
		집단상담	학생들의 발달과정을 고려하고, 학생들의 요구를 반영하여 학교실정에 맞게 흥미있고 다양한 집단상담 프로그램을 개발하여 성실하게 실시하는가에 대한 평가
		사이버상담	사이버 상담망을 효율적으로 구축 관리하고 사이버 상담을 홍보하며, 사이버 상담에 대한 응답을 즉각적으로 실시하는가에 대한 평가.
	추수관리	추수 지도	개인상담, 집단상담, 사이버 상담 실시 후 상담에 대한 추수지도 계획을 수립하여 실시하며 필요할 때 즉시 개입하여 상담을 실시하는가에 대한 평가
		연계 지도	외부 전문기관과의 다양한 연계 및 학교 내의 학생 의뢰교사나 타 부서와의 협력 관계가 유기적으로 이루어지고 있는가에 대한 평가

부록 2. 동료교원에 의한 특수, 영양, 사서, 전문상담교사에 대한 평가지의 예

동료교원에 의한 특수교사 평가지

동료교원에 의한 특수교사 평가지(특수학교용)

구분	평가지표	평 가 지 표 문 항	매우 우수	우수	보통	미흡	매우 미흡
1	개별화 교육계획 수립 및 운영	학생의 장애 유형, 정도에 따른 교육적 요구를 파악하고 적절하게 교육계획에 반영하는가?					
		개별화교육계획 지원팀의 업무를 적절히 지원하는가?					
		개별화교육계획 수립에 필요한 절차를 잘 이행하는가?					
		개별화교육계획 대로 실제 수업을 수행하는가?					
		개별화교육계획 수립에 보호자의 의견을 적극 반영하는가?					
2	학습자 특성 및 교과내용 분석	학생의 장애 유형이나 정도, 생활연령을 반영하여 수업계획을 수립하였는가?					
		학생의 교과에 대한 태도와 흥미를 반영하여 수업을 설계하는가?					
		평상시 수업과 관련된 교재 및 교과내용 연구를 충실히 하는가?					
3	교수·학습 전략수립	학생들의 개별화교육계획의 장기적 목표를 고려하여 단위 수업 목표, 방법, 주제 등을 선정하였는가?					
		수업목표가 명확하고 구체적인가?					
		교과특성을 고려하여 그에 적합하게 수업을 설계하는가?					
		학습주제에 적합한 수업방법과 자료를 계획하는가?					
		창의적 수업방법 고안을 위해 노력하는가?					
4	수업의 도입	학습자의 선수학습 수준(출발점 행동)을 확인하는가?					
		흥미로운 질문, 호기심 유발 등을 통해 학습자의 내적 학습동기를 자극하는가?					
		학습목표를 학습자에게 분명하게 전달하는가?					
		진행될 수업내용이나 진행방법에 대한 안내를 명확하게 하는가?					
		단위 차시에서 활용하는 다양한 학습활동에 대해 분명하게 안내하는가?					
5	교사의 발문	교사의 언어와 발문은 학생의 특성과 수준을 고려하여 사용하는가?					
		수업 내용을 분명한 어조와 발음으로 전달하는가?					
		학생의 흥미와 사고를 유도하며 쉽게 답변할 수 있는 발문을 하는가?					

구분	평가지표	평 가 지 표 문 항	매우 우수	우수	보통	미흡	매우 미흡
6	교사의 태도	학생들이 자유롭게 자신의 의견을 표현할 수 있도록 허용적인 분위기를 조성하는가?					
		학생에 애정을 가지고 수업에 임하는가?					
		교사의 태도가 안정되고 자신감이 있는가?					
		학생의 말을 듣고 그 의견을 적극적으로 반영하는가?					
7	교사-학생 상호작용	학생들이 수업활동에 적극적으로 참여하도록 유도하는가?					
		학생들의 돌발행동 및 문제행동에 대해 적절하게 대응하는가?					
		상황에 알맞은 칭찬과 격려가 이루어지는가?					
		수업 중 학습에 대한 피드백을 적절하게 제공하는가?					
8	학습 자료의 활용	수업내용과 목표에 적합한 학습 자료나 교수매체를 활용하는가?					
		학생의 장애 특성을 고려한 학습 자료나 교수매체를 활용하는가?					
		학습 자료 또는 교수매체를 적절한 시기에 알맞은 양을 제공하는가?					
		학습 자료 또는 교수매체를 능숙하게 활용하는가?					
9	수업의 진행	수업내용을 잘 전달하고 학생들의 이해수준을 확인하는가?					
		학습의 흐름에 알맞게 학습단계별로 시간을 융통성 있게 운영하는가?					
		학습동기를 지속시킬 수 있도록 수업내용을 전개하는가?					
		전반적으로 수업의 흐름이 자연스러운가?					
10	학습정리	전체적인 학습내용에 대해 요약·정리하는가?					
		학습내용에 대한 학생들의 이해 정도를 확인하는가?					
		개인능력에 따른 적절한 양의 과제를 제시하는가?					
		다음 차시에 대한 안내 시 과제해결 방법을 제시하는가?					
11	평가내용 및 방법	평가내용이 수업 목표를 적절히 반영하고 있는가?					
		평가문항이나 도구가 학생들의 장애 특성 및 수준을 고려하였는가?					
		평가계획에 따라 적절하게 평가를 실시하는가?					
12	평가결과의 활용	평가 결과를 누가 기록하여 활용하는가?					
		평가결과를 학생들이나 보호자에게 정확하게 전달하는가?					
		평가결과를 바탕으로 추수지도를 실시하는가?					
		평가결과를 자신의 수업개선을 위해 활용하는가?					
13	개인문제	학생의 가정 및 학교생활에 대한 일반적 정보를 파악					

구분	평가지표	평 가 지 표 문 항	매우 우수	우수	보통	미흡	매우 미흡
	파악 및 지도	하고 있는가?					
		학생의 문제행동에 대하여 파악하고 중재계획을 수립하고 있는가?					
		학생의 문제행동 지도를 위해 가정, 동료 교사, 관련서비스 담당자와 협력을 하고 있는가?					
		학생들의 문제행동에 대해 긍정적인 방법으로 지도하는가?					
14	가정연계 지도	학생지도에 보호자의 협력을 적극적으로 유도하는가?					
		학생들의 학교생활에 대한 정보를 보호자에게 제공하고 있는가?					
		학생들의 원활한 학교적응을 위해 가정과 공동의 노력을 기울이고 있는가?					
15	진로지도 및 특기 적성 지도	필요한 경우 개별화전환교육계획을 수립하여 실행하고 있는가?					
		학생들의 적성과 특기를 파악하기 위해 노력을 기울이는가?					
		학생들의 적성과 특기를 고려한 진로지도 자료나 정보를 학생과 보호자에게 제공하는가?					
		학생의 적성·능력·창의성을 고려한 진로지도를 위해 개별지도를 실시하는가?					
16	기본생활 습관지도	학생의 기본생활 수행 능력(신변관리, 의사소통 등)정도를 파악하고 있는가?					
		학생의 기본생활 수행 능력에 따른 지도 계획을 수립하고 있는가?					
		학생의 기본생활 수행 능력을 수시로 파악하고 있는가?					
17	학교생활 적응지도	학교의 제반 규정을 잘 준수하도록 지도하는가?					
		학생의 안전한 생활(예 : 통학, 급식 등)을 위한 정보를 파악하고 지도하는가?					
		학교에서 발생할 수 있는 문제(예 : 집단따돌림, 학교폭력 등)를 파악하고 예방하기 위한 조치를 취하는가?					
18	장애 영역별 학교특성에 따른 지도	학생과 다양한 방법으로 의사소통을 원활히 할 수 있는가?					
		학생과 정서적인 안정감을 확보하여 자연스럽게 의사소통할 수 있는가?					
		학생들의 장애특성 및 지적능력에 맞는 교재교구를 제작·선택하여 활용하는가?					
		중복장애 학생들의 특성을 이해하고 일상생활 훈련을 적절하게 지도하는가?					
		ACC(보완대체의사소통기기)등 다양한 방법으로 의사소통을 위한 노력을 기울이는가?					
		점자지도(정자, 약자)를 적절하게 하는가?					

구분	평가지표	평 가 지 표 문 항	매우 우수	우수	보통	미흡	매우 미흡
		저시력 관련기기들을 적절하게 사용하고 활용할 수 있는가?					
		보행 훈련 시 지팡이 사용법을 알고 적절하게 지도하는가?					
		시력의 제한성에 대한 보완으로 촉각 및 다른 감각기관의 활용을 적절히 지도하는가?					
		학생들을 지도할 때 수화사용이 능숙한가?					
		집단 보청기 및 개인보청기 등 관련 기기들의 사용법을 알고 적절히 지도하는가?					
		크러치(목발), 휠체어 등 보조 공학기기의 사용법을 알고 적절히 지도하는가?					

* 위의 내용 이외에 동료교원의 교육활동과 관련된 의견을 아래에 자유롭게 써 주시기 바랍니다.

동료교원에 의한 영양교사 평가지

능력개발을 위한 동료교원 평가지(영양교사)

평가대상자 : ○○○ 선생님

연번	평가지표	평 가 지 표 문 항	매우 우수	우수	보통	미흡	매우 미흡
1	영양교육 및 식생활 지도	식사시간에 학생들이 고른 영양섭취를 하도록 식생활 지도를 하는가?					
		학생들에게 식습관 및 식생활 예절에 대한 지도를 하는가?					
		계발활동, 재량활동 시간을 통하여 식생활 교육을 실시하고 있는가?					
2	식생활 정보 제공 및 상담	건강증진 및 질병예방을 위한 유익한 식생활 정보를 제공하는가?					
		학부모 및 학생들에게 영양교육 관련 자료를 제공하는가?					
		비만, 편식, 당뇨, 고혈압 등 식사조절이 필요한 학생 을 대상으로 상담을 실시하고 있는가?					
		학교홈페이지에 급식게시판을 운영하여 당일 제공되는 식단사진과 식단과 관련된 영양교육 자료를 게시하고 있는가?					
		연2회 이상 학교급식 기호도 조사 및 만족도 조사를 실시하고 그 내용을 학교 홈페이지에 게시하고 있는가?					
3	조리실 종사자 지도 및 감독	조리실 종사자가 식품 취급 및 조리를 하기 전에 개인위생과 관련된 규정(손씻기, 조리복 및 모자 착용, 정기적 건경진단 실시 등)을 철저하게 준수하고 있는지 기록을 통하여 점검하는가?					
		조리종사원들에게 HACCP 교육을 시키고 관련 규정을 준수하도록 관리하고 있는가?					
		안전사고의 예방을 위해 관련 게시물 부착 및 교육을 실시하는가?					
4	식재료 공급 업체 지도 및 감독	식재료 공급 업체에게 품질 및 위생 등과 관련된 기준을 공지하는가?					
		정기적으로 식재료 공급 업체에게 품질 및 위생관련 지도를 하는가?					
5	시설 및 기기 관리	급식시설, 설비, 식기구 등이 항상 청결이 유지되도록 청소, 세척, 소독 등에 관하여 계획을 세우고 실천하고 있는가?					
		급식설비(냉장·냉동고, 식기소독 보관고 또는 식기세척기 최종 헹굼 수 등)의 온도를 매일 기록하고 점검 하는가?					
		관계 규정에 따라 필요한 안전검사(가스, 전기, 보일러 등)를 정기적으로 실행하는가?					
6	검식 실시	배식하기 전에 조리된 음식의 맛, 온도, 재료의 균형, 이물					

	및 식품 위생관리	질, 불쾌한 냄새, 조리상태 등을 확인하기 위한 검식을 실시하며 이에 대한 결과를 기록하는가?					
		학부모들의 급식모니터링 운영을 통하여 위생관리 상태 점검 및 검식을 할 수 있는 기회를 정기적으로 제공하는가?					
		정해진 규정에 따라 음식물 쓰레기를 처리하고 있는가?					
7	영양소 및 열량 분석	영양소가 골고루 함유된 균형 있는 식단을 작성하는가?					
		학교급식법령의 영양관리 기준을 준수하여 식단을 작성하고 있는가?					
		학교급식 영양표시제를 시행 하고 있는가?					
8	맛과 다양성	식단이 단조롭지 않고 다양하게 제공되는가?					
		맛, 질감, 색의 조화 등을 고려한 식단을 작성하는가?					
		신선한 제철음식을 제공하기 위한 식단을 작성하는가?					
9	식재료의 예산 편성·집행	식품비 예산을 적정하게 책정하고 있는가?					
		식재료 구매가 정해진 예산 범위 내에서 적절하게 이루어지는가?					
10	식재료 검수 기준 이행	식재료 검수를 매일 수행하는가?					
		식재료 검수 시 "학교급식 식재료의 품질 관리 기준"에 적합한 품질, 신선도, 수량, 위생상태 등을 확인하여 기록하는가?					
		식재료 원산지 표시제를 시행하고 있는가?					
		식재료 검수 결과 신선도, 품질 등에 이상이 있거나 규격 기준에 맞지 않는 식재료는 반품하고 재 납품토록 조치하고 있는가?					
		반품 시에는 반품확인서를 발급하고, 2회(계약기간 중) 이상 위반 시는 계약기간에 상관없이 납품업체 즉시 교체하고 있는가?					

* 위의 내용 이외에 선생님의 교육활동과 관련된 여러분의 의견을 자유롭게 써주시기 바랍니다.

※ 과다하게 많은 문항은 적절히 지표별로 유목화(2~5개)하여 단위학교 자율의 평가문항 제작·구정

※ 위 설문지를 참조하여 지표별로 묶어 5단 체크하도록 하거나, 학교실정에 맞게 내용을 수정할 수 있음

동료교원에 의한 사서교사 평가지

능력개발을 위한 동료교원 평가지(사서교사)

연번	평가지표	평 가 지 표 문 항	매우 우수	우수	보통	미흡	매우 미흡
1	도서관 이용의 활성화	학교도서관 이용의 활성화를 위해 다양한 아이디어를 제시하는데 적극적인가?					
		도서관 이용의 활성화를 위한 구체적인 계획을 수립하는가?					
		다른 학교 도서관 및 관련 기관과의 협력을 통해 정보서비스의 질을 향상시킬 수 있도록 노력하는가?					
		학교도서관 홈페이지를 구축하여 학생들이 도서관 자료에 쉽게 접근하고 활용할 수 있도록 운영하고 있는가?					
		학교도서관 홈페이지는 사용이 용이하도록 도서목록시스템과 연결되어 있는가?					
2	예산의 집행	도서관 예산을 필요한 자료와 물품의 구매를 중심으로 합리적으로 집행하는가?					
3	도서 및 교수·학습 자료 구입	학생 및 교직원(이용자들)의 요구 및 자체요구(예 : 청소년을 위한 권장 도서)를 반영하여 각종 도서 및 교수·학습 자료를 구입하는가?					
		정규교육과정 교육에 필요한 자료의 유형 및 성격을 파악하여 구매하는가?					
4	도서관 시설 및 비품관리	교육정보화 및 도서 관리의 전산화를 위한 시설 및 프로그램을 구비하고 있는가?					
		비품에 대한 파악 및 이에 대한 조달이 적시에 이루어지는가?					
		소모품에 대한 파악 및 이에 대한 조달이 적시에 이루어지는가?					
5	도서관 인적 자원관리	학교도서관운영위원회, 자료선정위원회와 같은 도서관 운영에 필요한 각종 위원회를 구성하여 운영하는가?					
		도서관 운영을 위해 위원회와 협력을 잘 하는가?					
		도서관 운영을 위한 보조 인력(독서반 학생 또는 학부모 도우미 등)을 확보하고 있는가?					
		도서관 운영 보조 인력을 적절하게 활용하고 있는가?					
		도서관 운영을 위한 보조 인력(독서반 학생 또는 학부모 도우미 등)이 맡은 역할을 수행하는데 필요한 교육을 실시하는가?					
6	도서대출 및 반납	도서 대출 및 반납 현황이 전산화되어 체계적으로 관리되는가?					
		반납연체도서를 관리하기 위한 효과적인 제도를 수립하여 운영하는가?					
7	자료조직 및 관리	등록된 개별 도서들 간의 구별을 명확하게 하기 위해 각각의 도서에 일관성 있고 체계적인 청구기호를 부여하는					

연번	평가지표	평 가 지 표 문 항	매우 우수	우수	보통	미흡	매우 미흡
		등 도서관리를 체계적으로 하는가?					
		자료를 필요로 하는 학생이나 교사가 쉽게 자료를 찾을 수 있도록 도서목록 데이터가 정확하게 입력되었는가?					
		개별도서에 레이블이 정확하게 잘 부착되어 있는가?					
		반납된 도서가 바로바로 진열되며 서가 배열이 바르게 정돈되어 있는가?					
8	장서점검	정기적으로 장서를 점검하는가?					
		도서목록데이터의 갱신 및 정기적인 백업이 제대로 이루어지는가?					
		최적의 장서상태를 유지하기 위해 장서의 폐기 및 제적업무를 규정과 절차에 따라 정기적으로 수행하는가?					
9	독서지도	도서자료의 특성 및 학생수준에 적합한 독서법에 따라 독서가 이루어지도록 지도하는가?					
		이용자의 요구 시 도서의 내용(줄거리)에 대한 소개를 적절하게 하는가?					
		신간 도서 및 교수 · 학습 자료에 대한 홍보 및 안내가 시기적절하게 효과적으로 이루어지는가?					
10	도서관 이용지도 및 협력수업	효율적인 도서검색 및 이용을 위한 교육을 실시하는가?					
		효과적이고 효율적인 웹 검색법 및 검색된 다양한 웹정보를 평가하는 방법에 대한 교육을 실시하는가?					
		교과교사와의 협의를 통해 도서관 활용 및 협력수업을 적극적으로 계획하고 실행하는가?					
		도서관 활용 및 협력수업 에 이용이 가능한 교수 · 학습 자료에 대한 정보를 교과교사에게 제공하는가?					

*위의 내용 이외에 선생님의 교육활동과 관련된 여러분의 의견을 자유롭게 써주시기 바랍니다.

※ 과다하게 많은 문항은 적절히 지표별로 유목화(2~5개)하여 단위학교 자율의 평가문항 제작·구성
※ 설문제작시 조사지표 내용은 삭제하고 제시

동료교원에 의한 전문상담교사 평가지

능력개발을 위한 동료교원 평가지(전문상담교사)

<table>
<tr><th>연번</th><th>평가지표</th><th>평 가 지 표 문 항</th><th>매우 우수</th><th>우수</th><th>보통</th><th>미흡</th><th>매우 미흡</th></tr>
<tr><td rowspan="3">1</td><td rowspan="3">연간 계획 및 홍보</td><td>상담실 운영에 관한 연간 계획이 적절하게 수립되어 있는가?</td><td></td><td></td><td></td><td></td><td></td></tr>
<tr><td>상담실에 쉽게 접근할 수 있도록 환경을 조성하고 있는가?</td><td></td><td></td><td></td><td></td><td></td></tr>
<tr><td>상담실 안내와 정보에 대한 홍보가 다양하게 이루어지고 있는가?</td><td></td><td></td><td></td><td></td><td></td></tr>
<tr><td rowspan="5">2</td><td rowspan="5">실태 분석 및 활용</td><td>전체 학생의 실태를 주기적으로 파악하고 있는가?</td><td></td><td></td><td></td><td></td><td></td></tr>
<tr><td>학생들의 요구를 다양한 방법(예 : 설문조사, 면담, 관찰, 교사면담 등)을 통하여 파악하고 있는가?</td><td></td><td></td><td></td><td></td><td></td></tr>
<tr><td>학교상담실에서 학생들이 원하는 심리검사를 받을 수 있는가?</td><td></td><td></td><td></td><td></td><td></td></tr>
<tr><td>학생들에게 결과에 대한 피드백을 적절하게 해주고 있다고 생각하는가?</td><td></td><td></td><td></td><td></td><td></td></tr>
<tr><td>전문상담교사가 심리검사결과를 잘 활용하여 상담 계획을 잘 수립하고 있다고 생각하는가?</td><td></td><td></td><td></td><td></td><td></td></tr>
<tr><td rowspan="3">3</td><td rowspan="3">상담전략 수립</td><td>개별 내담자에 대한 정보를 적절히 수집하고 분석하였는가?</td><td></td><td></td><td></td><td></td><td></td></tr>
<tr><td>내담자의 요구에 적합한 상담 전략을 수립하였는가?</td><td></td><td></td><td></td><td></td><td></td></tr>
<tr><td>다양한 상담 전략을 활용하고 있는가?</td><td></td><td></td><td></td><td></td><td></td></tr>
<tr><td rowspan="7">4</td><td rowspan="7">개인상담</td><td>개인상담 대상자 선발에 다양한 요구를 반영했는가?(예 : 자진요청, 교사추천, 검사결과, 기초조사결과 등)</td><td></td><td></td><td></td><td></td><td></td></tr>
<tr><td>상담과정에 대하여 내담자에게 잘 안내하는가?</td><td></td><td></td><td></td><td></td><td></td></tr>
<tr><td>학생들을 잘 이해하고 있다고 느껴지는가?</td><td></td><td></td><td></td><td></td><td></td></tr>
<tr><td>학생마다 상담영역별(가정, 학업, 진로, 성격, 폭력 등) 접근을 잘 하고 있다고 파악되는가?</td><td></td><td></td><td></td><td></td><td></td></tr>
<tr><td>상담약속을 정확히 지키는가?</td><td></td><td></td><td></td><td></td><td></td></tr>
<tr><td>상담일지 기록 및 관리를 잘하고 있는가?</td><td></td><td></td><td></td><td></td><td></td></tr>
<tr><td>학생 개인적인 내용에 대한 비밀을 잘 지켜주고 있다고 보여지는가?</td><td></td><td></td><td></td><td></td><td></td></tr>
<tr><td rowspan="8">5</td><td rowspan="8">집단상담</td><td>집단상담 프로그램을 학생들에게 흥미있는 프로그램으로 구성하였는가?</td><td></td><td></td><td></td><td></td><td></td></tr>
<tr><td>집단상담 프로그램은 학생들의 요구를 반영하였는가?</td><td></td><td></td><td></td><td></td><td></td></tr>
<tr><td>집단상담 프로그램이 다양한가?</td><td></td><td></td><td></td><td></td><td></td></tr>
<tr><td>집단상담 프로그램은 학교 실정에 맞는 프로그램으로 구성되었는가?</td><td></td><td></td><td></td><td></td><td></td></tr>
<tr><td>집단상담 프로그램은 학년에 맞는 프로그램으로 구성되어 있는가?</td><td></td><td></td><td></td><td></td><td></td></tr>
<tr><td>집단상담 프로그램이 적절한 시기에 이루어지고 있는가?</td><td></td><td></td><td></td><td></td><td></td></tr>
<tr><td>집단상담 프로그램 계획이 잘 지켜졌는가?</td><td></td><td></td><td></td><td></td><td></td></tr>
<tr><td>프로그램에 관한 평가를 실시하는가?</td><td></td><td></td><td></td><td></td><td></td></tr>
</table>

연번	평가지표	평 가 지 표 문 항	매우 우수	우수	보통	미흡	매우 미흡
6	사이버상담	사이버상담망이 잘 구축되어 있는가?					
		학생 및 학부모들이 편리하게 접근할 수 있도록 서브 메뉴들이 잘 갖추어져 있는가?					
		사이버상담 요청에 신속하게 응답하고 있는가?					
		사이버상담이 학생들에게 도움이 된다고 생각하는가?					
		사이버상담 시 학생들의 개인적인 비밀이 잘 보장되는가?					
7	추수지도	내담자에 대한 체계적인 추수지도 계획이 수립되어 있는가?					
		내담자를 지속적으로 관찰하고 필요할 때 적절하게 개입하고 있는가?					
		전문상담교사가 상담 후에도 지속적인 추수관리를 하고 있다고 생각하는가?					
8	연계지도	외부 전문기관과 다양한 연계가 이루어지고 있는가?					
		전문상담교사를 통해 학생지도에 대한 조언을 구할 수 있다고 생각하는가?					
		상담실에 상담의뢰를 통해 학생에 대한 이해와 지도에 도움이 된다고 생각하는가?					
		학생의뢰교사와의 협력관계가 유기적으로 이루어져 있다고 느끼는가?					
		타부서와의 업무 협력체계가 잘 이루어지고 있다고 보여지는가?					

*위의 내용 이외에 선생님의 교육활동과 관련된 여러분의 의견을 자유롭게 써주시기 바랍니다.

※ 과다하게 많은 문항은 적절히 지표별로 유목화 또는 선택하여 2~3개의 문항으로 단위학교 자율로 제작·구성

※ 평가문항별로 준비된 제시 설문을 참조로 학교 실정에 맞게 지표 단위로 체크하도록 하거나, 문항 내용을 수정할 수 있음.

참고문헌

강성빈 편저(1995). 깨어있는 것 자체가 고통이었다, **교육이라는 이름의 신화**. 양서원.

강성빈(1999). **교육과정과 평가 제3판**. 상조사.

강성빈(2009a). 기대하는 학교교사상과 학원강사상의 비교. **인문학논총**, **제14집**, **1호**, 229-253. 경성대학교 인문과학연구소.

강성빈(2009b). 학습자, 학부모 및 교사가 기대하는 교사상 분석. **한국교원교육연구**, Vol. 26, No 3, 417-437. 한국교원교육학회.

경기도교육청(2009.12.31a). 「**교육공무원승진규정**」**에 따른 평정업무 처리요령**(**중등**).

경기도교육청(2009.12.31b). **중등 교육공무원 근무성적 평정 시 유의사항**.

경기도교육청(2010a). 2010 **교육공무원 성과상여금 지급 지침**.

경기도교육청(2010b). **수석교사 시범운영 기본계획**.

경기도남지중학교(2010). **남지중학교 교원성과상여금 시행 계획**.

경상남도교육청(2008.09.11). 08**년 교육공무원 성과상여금 지급 지침**

곽영우 외(1997). **예비교원을 위한 교사론**. 한국교원단체총연합회 편, 교육과학사.

교육과학기술부 보도자료(2010.1.19). **수석교사 시범운영 주요내용**.

교육과학기술부 보도자료(2010.7.6). **전북교육청 교원능력개발평가 실시 거부에 대한 입장**.

교육과학기술부(2008.12). 2009**학년도 수석교사 시범운영 기본계획**.

교육과학기술부(2008.8.28). '08**년 교육공무원 성과상여금 지급 지침**.

교육과학기술부(2009). 2009 **교육통계연보**.

교육부(2008). **교육법전**.

기순신(2001). **교사론**. 학지사.

김남성 외(2005). **교사교육론**. 학지사.

김대유(1995). **이 아이들을 어찌할 것인가**. 내일을 여는 책.

김정자(1985). **중등학교 학생이 바라는 바람직한 교사의 자질**. 이화여자대학교 교육대학원 석사학위논문.

김종철 외(1987). **교사론**. 교육과학사.

김희복(1992). **학부모 문화 연구**. 서울대학교 대학원 박사학위 논문.

마정구(2008). **중등교원의 수석교사제 도입에 대한 인식연구**. 공주대학교 교육대학원 교육행정전공, 석사학위논문.

민무숙(1993). 고교생 또래문화의 지역간 차이에 관한 연구. **한국청소년연구, 제13호, 여름**, 31-47.

박완식(2008). **우리나라 교원단체의 조직정체성에 관한 연구**. 한국교원대학교 교육대학원 교육행정전공, 석사학위논문.

부산광역시교육청(2010). **교원능력개발평가 표준매뉴얼**.

성찬회(2010. 01). 2009 **개정 교육과정의 올바른 이해**. 교육과학기술부.

송인섭(2007). **공부는 전략이다**. 팝콘북스.

송홍근(2000). **신임교사의 교직 적응에 관한 연구**. 전북대학교 교육대학원 교육행정전공 석사학위논문.

심상보(2003). **신임교사의 교직적응을 위한 학교중심 현직연수에 관한 연구**. 한신대학교 교육대학원 교육행정전공, 석사학위논문.

안창규(1991). 교육평가의 형태와 방향. **교육평가 일반연수교재(중등학교) 부교연수** 90-25. 부산직할시 교원연수원.

유홍준 외(2010). 한국 교원의 사회·경제적 지위에 대한 교육관련 주체들의 인식 : 현황, 변화 및 결정요인. **한국교육**, 제37권 제1호.

이인효(1990). **인문계 고등학교 교직문화 연구**. 서울대학교 대학원 박사학위 논문.

이칭찬, 주상덕(2010). **교직실무이론**. 동문사.

이혜정(1989). **'노는 애들'의 세계**. 서울대학교 대학원 석사학위 논문.

이희연(1994). 청소년 또래문화 조사연구. **한국청소년연구, 제17호, 여름**, 155-173.

전국교직원노동조합(1991). **학급경영**(**1학기-2학기**). 돌베게.

전국교직원노동조합(2007). **교원평가 기자간담회 정책자료**.

정영숙 외 역(2009). 청소년 심리학 제12판. Rice, F. P., & Dolgin, K. G.(2008). *The Adolescent : Development, Relationships, and Culture 12ed.*, 시그마프레스.

정우현(1992). **교사론**. 배영사.

정일환·권상혁(1993). **교사론**. 교육출판사.

조상일 · 강환웅(2007). **교육공동체를 위한 교사론**. 동문사.

조영진(2005). **초임교사의 교직생활 적응을 위한 현직연수 프로그램 개선방안 연구**. 서울교육대학교 교육대학원 초등교육행정 전공, 석사학위논문.

한국교육신문(2010.4.19). **'교장공모 50% 확대' 교원 82% 반대**.

한국산업인력공단 중앙고용정보원(2003). 2003 **한국직업사전**.

한국청소년쉼터협의회(2007). 2007 **가출청소년 및 청소년쉼터 실태 조사**.

현병호(2001). 대안교육의 의의와 현황 그리고 전망. **진보평론, 제10호**, 101-123.

황정규(1989). **학교학습과 교육평가**. 교육과학사.

황정규(1998). **학교학습과 교육평가, 개정판**. 교육과학사.

교육과학기술부(2010). **교육과학기술부의 2010년도 비전** (http://www.mest.go.kr/me_kor/intro/general/vision/index.html)

교육과학기술부(2008). 2008**년 주요 업무 계획** (http://www.mest.go.kr/me_kor/intro/general/duty/1202959_11205.html)

교육과학기술부(2009). 2009**년 주요 업무 계획** (http://www.mest.go.kr/me_kor/intro/general/duty/1257755_11205.html)

교육과학기술부(2010). 2010**년 주요 교육 업무 계획** (http://www.mest.go.kr/me_kor/intro/general/duty/1261325_11205.html)

교육과학기술부(2010). '2**단계 연구중심대학 육성 사업**(BK21)' (http://www.mest.go.kr/me_kor/intro/general/1/1/policy.jsp?ucd=F01&nno=12&pageNum=1)

교육과학기술부(2010). **'대학정보공시제도'** (http://www.mest.go.kr/me_kor/intro/general/1/1/policy.jsp?ucd=F01&nno=11&pageNum=1)

교육과학기술부(2009). **'친환경 그린스쿨 조성'** (http://www.mest.go.kr/me_kor/intro/general/1/1/policy.jsp?ucd=E01&nno=29&pageNum=1)

교육과학기술부(2009). **'국제과학비즈니스벨트 조성'** (http://www.mest.go.kr/me_kor/intro/general/1/1/policy.jsp?ucd=G01&nno=6&

pageNum=1)
교육과학기술부(2009). **'개인·소규모기초연구지원확대'** (http://www.mest.go.kr/me_kor/intro/general/1/1/policy.jsp?ucd=G01&nno=1&pageNum=2)
교육과학기술부(2009). **'대학 장학금 및 학자금 지원확대'** (http://www.mest.go.kr/me_kor/intro/general/1/1/policy.jsp?ucd=F01&nno=10&pageNum=2)
교육과학기술부(2009). **'대학입학사정관제 활성화'** (http://www.mest.go.kr/me_kor/intro/general/1/1/policy.jsp?ucd=F01&nno=9&pageNum=2)
교육과학기술부(2009). **'대학 교육역량강화사업'** (http://www.mest.go.kr/me_kor/intro/general/1/1/policy.jsp?ucd=F01&nno=7&pageNum=2)
교육과학기술부(2009). **'국립대학 법인화'** (http://www.mest.go.kr/me_kor/intro/general/1/1/policy.jsp?ucd=F01&nno=5&pageNum=2)
교육과학기술부(2009). **'학업성취도 평가'** (http://www.mest.go.kr/me_kor/intro/general/1/1/policy.jsp?ucd=E01&nno=26&pageNum=3)
교육과학기술부(2009). **'교원능력개발평가제 전면시행'** (http://www.mest.go.kr/me_kor/intro/general/1/1/policy.jsp?ucd=E01&nno=25&pageNum=3)
교육과학기술부(2009). **'교장공모제'** (http://www.mest.go.kr/me_kor/intro/general/1/1/policy.jsp?ucd=E01&nno=24&pageNum=3)
교육과학기술부(2009). **'기숙형고등학교 지정·운영'** (http://www.mest.go.kr/me_kor/intro/general/1/1/policy.jsp?ucd=E01&nno=22&pageNum=3)
교육과학기술부(2009). **'마이스터 고등학교'**

(http://www.mest.go.kr/me_kor/intro/general/1/1/policy.jsp?ucd=E01&nno=21&pageNum=3)

교육과학기술부(2009). **'자율형사립고 도입 및 지정'**
(http://www.mest.go.kr/me_kor/intro/general/1/1/policy.jsp?ucd=E01&nno=20&pageNum=3)

교육과학기술부(2009). **'방과후학교 활성화'**
(http://www.mest.go.kr/me_kor/intro/general/1/1/policy.jsp?ucd=E01&nno=19&pageNum=3)

교육과학기술부(2009). **'교육과정 운영 자율화'**
(http://www.mest.go.kr/me_kor/intro/general/1/1/policy.jsp?ucd=E01&nno=17&pageNum=4)

SBS 20시 뉴스(2010.7.19). **"체벌 전면금지" 극약처방. "심각한 교권 침해"**

BKlove(2006). 행복한 지구지수(행복지수) '102등'의 초라한 성적표. **논쟁과 진실, 블로그** BKlove, http://bklove.net/302

교육관련기관의 정보공개에 관한 특례법(2008). 일부개정 2008.2.29, **법률 제**8852**호**.

http://www.schoolinfo.go.kr/index.jsp

국가공무원법과 교육법. **법률지식정보시스템**. http://likms.assembly.go.kr/law

김윤정(2004). 교사 발달 단계 관점에서의 교육인사행정. **(구)삼척대학교 교육행정 까페**.

http://cafe.naver.com/govn.cafe?iframe_url=/ArticleRead.nhn%3Farticleid=118

김효석(2007). 웃음이 떠나지 않는 얼굴 - 행복지수 1위의 바누아투를 찾아서. Ohmy News, 2007.05.27.

http://www.ohmynews.com/nws_web/view/at_pg.aspx?CNTN_CD=A0000412717

마이스터고등학교. http://www.meisterschool.or.kr/introduction/meister.jsp

박노자(2009). '학습'은 있어도 '교육'은 없다. **한겨레, 박노자 칼럼**, 2009/05/25.

http://hani.co.kr/arti/opinion/column/356942.html

부산광역시교육청 나이스학부모서비스. http://neis.pen.go.kr/mw/hakbumo.html

부산광역시교육청 나이스학부모서비스 자녀정보 조회안내.

http://neis.pen.go.kr/mw/hakbumo.html

성문규(2008.6.22). 교육단체, 초빙형 교장공모제 반발. YTN.

http://search.ytn.co.kr/ytn_2008/view.php?s_mcd=0103&key=200806221112135711&q=%C3%CA%BA%F9%C7%FC+%B1%B3%C0%E5%B0%F8%B8%F0%C1%A6+%B9%DD%B9%DF손대선(2008.

손대선(2008). 탈학교 청소년 5만 시대 ①: 꿈 잃은 10대, **뉴시스**, 2008.09.29.

http://www.newsis.com/article/view.htm?cID=article&ar_id=NISX20080928_0000179136

신비로운 그녀 블로그(2006). **교장초빙 공모제를 중심으로 본 행정사례 연구**.

http://blog.naver.com/jjan009?Redirect=Log&logNo=100025271398

위키백과(2009). 또래집단, http://ko.wikipedia.org/wiki/

이종규(2009.05.15). 교원 절반 이상 '최근 1-2년새 만족도 떨어져. **한겨레**.

http://www.hani.co.kr/arti/society/schooling/355060.html

임용태(2008.11.11). 교원근무성적평정, 잣대는 없고 비밀만 있다. 1318**교육신문·뉴스**.

http://www.1318news.com/news/service/article/mess_01.asp?P_Index=395&flag=

전국교직원노동조합. http://www.eduhope.net

차등성과급 전액 반납교사 모임. http://www.chamtec.kr

최순영(2005.11.17). **'교장선출 보직제와 학교자체 입법발의'에 관한 기자회견** 내용. http://www.eduhope.net/commune/view.php?board=eduhope-4&id=2971&page=175

통계청, http://kostat.go.kr/. 가출 청소년 현황, 2008 **청소년통계**.xls, 8.2.

통계청, http://kostat.go.kr/. 국가통계포털 국내통계, 인구·가구>인구동향조사>**혼인/이혼**.

통계청, http://kostat.go.kr/. 청소년 고민상담 대상, 2008 **청소년통계**.xls, 1.12.

학교정보공시제 취지. http://www.schoolinfo.go.kr/si/po/pnsipo_a01_s0.jsp

학교정보공시제(초/중등학교) 분류기준. http://www.schoolinfo.go.kr/si/pi/pnsipi_a01_s0.jsp

학교정보공시제(초/중등학교) 지침기준. http://www.schoolinfo.go.kr/si/pi/pnsipi_a01_s1.jsp

한국교원노동조합. http://www.kute.or.kr

한국교원단체총연합회. http://www.kfta.or.kr

찾아보기

지은이 **강성빈**

학력 및 경력

- 고려대학교 교육학과 학사/석사
- The University of Texas at Austin, Ph.D. majored in Curriculum and Instruction
- 1982~1983 정신여자중학교 교사

저 · 역서

- 강성빈 (1999). 야! 신난다, 드디어 나도 학교간다-우리들은 1학년-. (전자서적, http://www.educyber.org/drkang/bookele/index.shtml)
- 강성빈 (1999). 교육과정과 평가(3판). 서울:상조사.
- 강성빈 (1998). 21세기 교육공동체(홈페이지, http://www.educyber.org).
- 강성빈외 역(1998). 열린교육의 철학(The Philosophy of Open Education by David Nyberg). 서울:학지사.
- 강성빈 (1998). 마음을 여는 소리(일반이 수화를 알기 쉽게 배울 수 있도록 제작한 CD).
- 강성빈 (1995). 교육과정과 평가. 서울:상조사.
- 강성빈 (1992). 교육이라는 이름의 신화. 서울:양서원.

논문

- 강성빈(2009). 학습자, 학부모 및 교사가 기대하는 교사상 분석. 한국교원교육연구, 26/3. 한국교원교육학회.
- 강성빈(2009). 기대하는 학교교사상과 학원강사상의 비교. 인문학논총, 14/1. 경성대학교 인문과학 연구소.
- 강성빈, 김경미 (2005). 임상장학을 통한 유치원 교사의 소집단 과학활동 분석. 교육과학연구, 36/1. 이화여자대학교 사범대학 부설 교육과학연구소.
- 강성빈외 4 (2005). 인터넷 중독 및 관련 심리적 요인 탐색을 위한 웹 평가프로그램 개발. 서울대학교 교육연구소. 아시아교육연구 제6권 1호.
- 강성빈, 박상호 (2004). 초등학생용 웹기반 음악적성검사 개발. 안암교육학회. 한국교육학연구 제10집 1호.
- 강성빈외 2 (2003). 웹 기반 창의성 성향검사 개발. 한국교육학회. 교육학연구 제 41집3호.
- 강성빈외 2 (2002). 오프라인 상담과 웹상담의 비교연구. 한국교육학회. 교육학연구, 제40집 5호.
- 강성빈외 4 (2002). 유아용 문제행동 진단검사의 개발 연구. 한국유아교육학회. 유아교육 연구 제22집 1호.
- 강성빈, 김경미 (2001). 유치원 임상장학활동에 대한 인식과 운영실태 분석. 한국유아특수 교육학회. 유아특수교육연구 제1집 2호.
- 강성빈, 김경미 (2001). 유치원 소집단 과학 활동에 대한 임상장학활동 분석. 영유아교육학회. 영유아교육연구 제4집.
- 강성빈 (2001). 온라인 교사평가시스템의 개발 및 구현. 한국교육과정학회. 교육과정연구 제19집 2호.
- 강성빈외 2 (2001). 초등학생용 문제행동 진단검사의 개발연구. 한국초등교육학회. 초등교육연구 제14집 8호.
- 강성빈외 4 (2000). 세기적 대전환과 대안적 교육. 한국교육과정학회. 교육과정연구 제18집 2호.

- 강성빈외 10 (2000). 외래교육사상의 한국적 수용. 고려대학교 교육문제연구소.
- 강성빈, 윤명희 (1999). 인터넷을 이용한 적성검사 시스템 구현. 한국교육평가학회. 교육평가연구 제12집 1호.
- 강성빈, 윤명희 (1999). 온라인 적성검사를 이용한 표준화검사 개발. 한국교육과정평가원. 교육과정평가연구 제2집 1호.
- 강성빈외 4 (1999). 평생교육기관 유형별 표준평가도구 개발. 교육부.
- 강성빈 (1998). 중학교 2학년 '도덕'교과서 내용분석. 경성대학교 교육연구소. 경성교육연구 제4집.
- 강성빈 (1998). 원격수업과 강의실수업의 차이점과 유사점. 한국교육심라학회 부산지회. 부산교육심리학연구 제2집 1호.
- 강성빈, 홍순옥 (1998). 부산과 광주의 초등학교 4학년 지역생활 교과서 '사회과 탐구'의 내용, 성취도, 흥미도, 요구도 분석. 한국교육과정평가원. 교육과정평가연구 제1집 1호.
- 강성빈외 4 (1998). "멀티미디어를 활용한 교육시스템". 경성대학교와 삼성전자(주).
- 강성빈외 2 (1997). 경성대학교 97학년도 입시결과 및 합격자 설문조사 분석. 경성대학교.
- 강성빈 (1997). 이상적 교육세계의 구축방안. 부산교육연구소. 부산교육연구소 소식 제2집.
- 강성빈 (1997). 학교 시험문항으로부터 수업목표 추출 가능성. 한국교육심리학회. 교육심리 연구 제11집.
- 강성빈 (1995). 현장수업 내용으로부터의 목표추출 및 위계화와 세분화의 가능성. 한국교육학회 교육과정연구회. 교육과정연구 제13집.
- 강성빈외 3 (1993). 부산교육발전계획 연구보고서. 경성대학교 교육연구소.
- 강성빈 (1991). 사회의 생활상이 교육의 내용으로서 규정되어질 수 있는 가능성. 경성대학교 논문집 제12집.
- 강성빈 (1988). Effect of Test-like Practice and Mnemonic Pictorial Method on Prose Learning. The University of Texas-Austin 박사학위논문.
- 강성빈 (1984). 중등교원 양성기관의 전문성에 관한 연구-사범대학 교직교육과 교과교육을 중심으로. 고려대학교 대학원 석사학위논문.